[期货投资者教育系列丛书]

聚氯乙烯（PVC）

中国期货业协会　编

中国财政经济出版社

图书在版编目（CIP）数据

聚氯乙烯/中国期货业协会编 .—北京：中国财政经济出版社，2010. 12（2023.11重印）
（期货投资者教育系列丛书）
ISBN 978 -7 -5095 -2592 -0

Ⅰ. ①聚… Ⅱ. ①中… Ⅲ. ①聚氯乙烯 - 期货交易 - 基本知识
Ⅳ. ①F830. 9

中国版本图书馆 CIP 数据核字（2010）第 213026 号

责任编辑：耿 伟　　　　责任校对：徐艳丽
封面设计：陈 瑶　　　　版式设计：孙俪铭

中国财政经济出版社出版
URL：http：//www. cfeph. cn
E - mail：cfeph @ cfeph. cn

社址：北京市海淀区阜成路甲 28 号 邮政编码：100142
发行处电话：010-88191537 财经书店电话：64033436
北京财经印刷厂印刷 各地新华书店经销
787 × 1092 毫米 16 开 14. 25 印张 221 000 字
2010 年 12 月第 1 版 2023 年 11 月北京第 4 次印刷
定价：30. 00 元
ISBN 978 -7 -5095 -2592 -0/F · 2206
（图书出现印装问题，本社负责调换）
本社质量投诉电话：010 -88190744
打击盗版举报热线：010-88191661，QQ:2242791300

期货投资者教育系列丛书编委会

总 序 言

近年来，在党中央国务院的正确领导下，随着《国务院关于推进资本市场改革开放和稳定发展的若干意见》的深入贯彻落实，我国期货市场取得了稳步较快发展的良好局面。但是由于当前我国期货市场"新兴加转轨"的特征依然突出，市场制度和结构仍存在缺陷，风险防范和化解的自我调节机制尚未完全形成，市场主体发育不成熟，我国期货市场的整体波动和投机性仍较强，这些都对期货市场的改革发展提出了新的挑战。

与此同时，在新的市场环境和对外开放的条件下，随着我国期货市场规模的不断发展壮大，国内市场与国际市场的联系日趋紧密，影响期货市场运行的外部因素也更为多样化和复杂化，由美国次级债危机引发的国际金融市场动荡不安，国内外商品市场价格频繁而剧烈的波动，都增加了期货市场风险控制和日常监管的难度，给我国期货市场的稳定、健康的运行带来了新的挑战。

在这样一个新的形势下，期货市场的持续活跃和规范运作吸引了许多新的市场参与者，期货市场的开户数快速增长，特别是新入市的个人投资者比重较大且呈持续上升趋势。大宗商品和资产价格的频繁剧烈波动也使越来越多的企业开始意识到利用期货市场进行风险管理的重要性。但是由于对期货市场的交易特点和运行机制缺乏详细了解，同时风险意识淡薄，受期货高杠杆高回报的诱惑，而忽视了期货的高风险特征，导致了非理性投资行为上升，产生了不必要的损失。投资者是期货市场的重要主体，期货市场的发展离不开投资者的积极参与，特别是成熟投资者的参与。因此，在当前我国期货市场的快速发展时期，做好投资者教育工作更加意义深远。

做好投资者教育工作，既是保护投资者合法权益，促进期货市场稳步发展的客观需要，也是加强我国期货市场建设、促进市场稳定运行的关键环节。持续不断地开展行之有效的投资者教育活动，使投资者了解期货高杠杆、高风险的特点，了解期货市场的产品及交易规则，减少投资者的盲目性，特别是牢固树立“买者自负”的风险意识，从而理性的参与期货交易，增强投资者的自我保护能力，才是对投资者最好、最有效的保护。同时，通过投资者教育，有助于投资者客观、正确地认识和参与期货市场，可以进一步促进培育诚实守信、理性健康的市场文化，促进期货市场功能的有效发挥和市场的平稳有序运行。期货市场的投资者教育工作任重而道远，是一项长期的、系统性的工程，需要持之以恒地开展下去。

近年来，围绕投资者教育工作，期货市场的监管部门、自律组织与中介机构都深入进行了形式多样、内容丰富和卓有成效的大量工作。由中国期货业协会组织编写的这一套《期货投资者教育系列丛书》就是协会按照中国证监会的统一部署，贯彻落实期货投资者教育工作的重要措施之一。该丛书作为期货市场第一套系统介绍我国上市期货品种的投资者教育普及读物和中国期货业协会期货投资者远程教育学院课程的基础性教材，以广大普通投资者为服务对象，兼顾了现货企业等专业机构的需求。本套丛书在体例上采取简单明了的问答体例，在语言上深入浅出，通俗易懂，可读性强。在内容上，丛书以“风险教育”为主线，不仅对国内上市的期货品种基本知识和交易规则进行了详细的介绍，更从期货品种相关的现货生产、加工、贸易和消费等产业链的各个环节对该产品的特性进行了系统的介绍，从而使得投资者能够得到更加全面、深刻的理解。同时，丛书还选取了大量包括套期保值、套利交易等典型实务操作案例，作为投资者了解和学习该产品的辅助材料，充分体现了丛书的实用性和可操作性特点。衷心地希望本丛书的出版能够为期货投资者了解期货市场，树立风险意识，理性参与交易提供有益的帮助。

姜　洋

2010 年 3 月

目录

第一章
聚氯乙烯基础知识

【本章要点】

本章主要介绍了 PVC 的主要用途、生产工艺，国际上 PVC 的生产状况、消费状况、产能分布状况以及国内 PVC 的生产、消费、贸易和产能分布等状况，使投资者进入 PVC 期货市场前对 PVC 有一个感性的认识，也为投资分析、展望 PVC 期货行情打下一定的基础。

一、聚氯乙烯是什么？

做期货的朋友们都应该知道大连商品交易所上市了新品种 PVC。那 PVC 是什么呢？是一种化工原料，好像叫聚氯乙烯吧，这一点可能很多朋友也是知道的。那聚氯乙烯（PVC）到底是什么呢？为什么是化工原料呢？下面听我为你慢慢分解。

大家看看我们的四周，你用的电脑、穿的衣服、玩的篮球，虽然样子差别很大，但是都有一个共同的特点：它们的材料很有可能是类似的。那属于什么材料呢？高分子这个名词你听说过吧，它们取材就是高分子材料。高分子本身是天然存在的，像蚕丝、棉花、木材，还有你吃的米饭、馒头，甚至包括你本身的身体组织，比如毛发、皮肤、肌肉等等，都是由高分子组成的，只是种类、结构有所不同。天然存在的高分子分为淀粉、蛋白质、多糖、核酸、天然橡胶等几大类，可以这样说，高分子是生命的载体，是生命起源与演化的基础。

随着社会的发展，人们发现天然的高分子在产量与性能上开始逐渐不能完全满足生产、生活的需要了。在19世纪30年代，美国人 Charles Goodyear 发明了利用硫磺对天然橡胶进行改性的方法，大大地提高了橡胶的性能，这一成就开启了人工制造高分子材料的先河，虽然此时还只是对天然高分子材料进行半合成改造。紧接着，进入20世纪后，高分子材料发展迎来了黄金时期。1909年，美国人 Leo Baekeland 利用小分子苯酚与甲醛合成了第一种全合成高分子材料——酚醛树脂，这是人类历史上划时代的发明。此后，随着高分子理论与工程学研究的深入，各种塑料、纤维、橡胶纷纷登场，特别是经过战后数十年的发展，人工高分子材料遍布我们生活的每一个角落。

现在让我们再回到开始的那个问题。我们在本节开头说过，平时用的电脑、穿的衣服、玩的篮球都采用了高分子材料，那它们采用了什么样的高分子材料呢？

首先来说说电脑吧，大家可以看到我们手边的电脑几乎都是由两种材质制作的，一是金属，比如钢、铝、镁之类的，另外更多的就是大家说的塑料。塑料是个大类，准确说，电脑主要使用的是塑料中的一种，叫 ABS 工程塑料，是一种重要的人工合成高分子材料。

那我们穿的衣服又是什么材质呢？大家不妨把缝在衣缝里的内牌翻出来看看，上面的材质一栏里可能写着棉、涤纶、粘胶之类的，棉是天然的高分子，涤纶和粘胶就属于人工高分子材料的另一大类：化纤。篮球就更不用说了，从里到外，全是高分子材料。球胆用的是丁基橡胶，这是人工合成的一种高分子材料，属于高分子材料的又一大类：橡胶；而篮球的外皮，就是我们今天要介绍的主角——聚氯乙烯。

聚氯乙烯早在1835年就在实验室中被观察到其存在，当时法国化学家勒尼奥发现氯乙烯在光照下会生成白色固体；直到1912年，德国人克拉特（Fritz Klatte）才首先合成出聚氯乙烯并注册专利，但可惜没有开发出合适的产品；20世纪30年代，经过各国化学家的努力，聚氯乙烯开始工业规模的生产，并逐渐得到了广泛的应用。

目前，聚氯乙烯（PVC）与聚乙烯（PE）、聚丙烯（PP）、聚苯乙烯（PS）、ABS工程塑料一起，被称为五大合成树脂。聚氯乙烯的英文名叫Polyvinyl Chloride，其中poly指高聚物，vinyl是指与乙烯有关系的化合物，而chloride是氯化物的意思，缩写就是PVC。下面就从这三部分来给大家介绍聚氯乙烯。

如果你留心这几大合成树脂，你会注意到它们的缩写都是P开头的，如PVC、PE。这里的P代表poly，指的是高聚物。为什么叫高聚物呢？前面我们给大家介绍过，聚氯乙烯最初的发现过程就是在阳光的照射下，氯乙烯气瓶中出现了白色固体，后被证明是生成的新物质。在化学的世界里，有一条基本的规律，结构相似的分子，比较大的分子组成的物质常温下是固体，稍小的是液体，再小一点的就是气体。氯乙烯分子很小，体积跟空气中的氧气分子、二氧化碳分子大小差不多，而聚氯乙烯却是固体，这说明分子变大了。如果我们用高科技手段观察聚氯乙烯的分子，我们会发现聚氯乙烯实际上是成千上万个氯乙烯分子手牵着手连在一起，所以聚氯乙烯的分子非常大，因而它就与单个的氯乙烯看起来很不同。实际上，如果我们把上述的聚乙烯、聚苯乙烯，甚至前面说到的涤纶、蛋白质、天然橡胶等高分子材料都用同样的高科技手段进行观察，我们会发现它们都是由成千上万个相同或类似的小分子手拉手连成一片的，正是由于它们如此巨大，所以我们把它们称为高分子，或者也可以称为高聚物。

再来说说PVC中的V吧，V是vinyl，指的是与乙烯有关的东西，所以聚氯乙烯肯定是跟乙烯是有关系的。上面我们说过，聚氯乙烯实际上是成千上万个氯乙烯小分子连在一起，而氯乙烯与乙烯非常类似，化学上叫衍生物。大家应该知道，乙烯是一种从石油得来的化学原料，它是石化产业最基础的东西。我们见到的大部分塑料、橡胶、化纤，甚至是某些食品添加剂、药物，都是用乙烯做原料制造而来的。那怎么从乙烯得到氯乙烯呢？我们会在后边的讲述中给大家介绍相关的内容。

最后一个要介绍的就是C，chloride也就是氯化物的意思。听起来很专业的词汇，好像距离我们的生活很远。其实并不尽然，如果你现在把家里的食盐包装袋拿出来，您会看到“氯化钠”的字样，有些品牌的食盐甚至还会出现英文品名“Sodium Chloride”，这里怎么也会有氯化物Chloride的字样呢？它们之间是不是也会有什么联系呢？这些问题的答案我们也将在下文中介绍，现在我们只需记住聚氯乙烯跟我们平时吃的食盐是有关系的，而实际上，食盐正是聚氯乙烯的原料之一。

二、聚氯乙烯有什么用途？

生活中还有哪些地方可以见到聚氯乙烯呢？

首先，你皮鞋的鞋底很有可能就是聚氯乙烯制品，这属于软制品类。同样的，还有很多其他软制品，特别是电器、通讯线路等领域，比如电线包皮，塑料软管等。这是因为聚氯乙烯有一个很突出的优点，即阻燃。在我们的印象里，塑料都是比较容易燃烧的，但聚氯乙烯跟其他塑料不同，点不着，也就是阻燃。而且，聚氯乙烯也具有良好的电绝缘性，正由于以上这两个优点，所以在电器领域得到了广泛的应用。

除此之外，还有容易发现聚氯乙烯身影的地方就是人造革。我们知道，真皮制品相对比较昂贵，而且受到产量限制，不可能普遍使用。所以，人造仿皮制品就有了很宽广的应用领域。聚氯乙烯是制造人造革最主要的原料之一，它们可以被调成糊状涂在布上，然后经过一系列加工，就可以得到精美的仿皮制品。比如，大街上随处可见的人造革服装、人造革箱包，还有我们爱不释手的皮面日记本、钱包，等等。

不过，聚氯乙烯主要的应用领域是在建筑行业。目前，聚氯乙烯已经和钢铁、水泥、铝合金等一起，成为我们住房、写字楼的主要建筑材料。这归因于聚氯乙烯良好的机械性能与可加工性。其实，聚氯乙烯本身是一种硬性塑料，机械强度较大，而且到80度以上才会软化，前边介绍的软质品，是因为里面添加了一些化学物质，使其变软。而如果不加这些东西，就可以将聚氯乙烯加工成水管、门窗、装饰板等，坚固耐用，不易变型。但聚氯乙烯固有的弱点是光热稳定性不好，长时间暴晒，会使其老化，现在通过加入各种添加剂，逐渐地缓解了老化过程。

在其他领域，聚氯乙烯还有多种用途。比如可以制成泡沫塑料，用于包装及填充。我们还可以将它加工成薄膜，以前在农用地膜、温室等领域应用广泛，但后来发现聚氯乙烯在长期使用中有可能产生氯乙烯、氯化氢等危害农作物生长的物质，所以目前在农膜市场多被聚乙烯所替代。在工业生产中，由于聚氯乙烯耐酸、耐碱，化学稳定性好，也被用于制作容器及生产设备。

三、聚氯乙烯的生产工艺有哪些？分布状况如何？

既然聚氯乙烯是这么有用的东西，那它是怎么生产出来的呢？

还是先让我们来看看周围吧，五颜六色、千差万别的现代化工制品充满了我们日常生活的每一个角落。如果我告诉你，它们中大多数只来自于两种东西，你可能会怀疑；进一步，如果我告诉你这两种东西是石油和煤炭，你一定会觉得不可思议，难以置信。

这就是现代化工工业的奇妙。就拿汽车来看吧，汽车的外壳是钢铁，不过，汽车内部的方向盘与仪表盘是工程塑料，来自于石油；汽车的坐椅是化纤制品，来自于石油；汽车喷漆、内部材质的涂料所使用的颜色来自于煤炭与石油；汽车里的电子线路包皮、电路板，树脂材质为主，来自于石油或者煤炭；汽车的轮胎，很大一部分来自于石油；汽车的燃料，汽油、柴油，来自于石油，现在很流行的新能源燃料甲醇来自于煤炭……

这只是我们生活中的一个缩影，还有很多很多这样的例子，可见，石油和煤炭跟我们所享受的高品质现代生活之间联系紧密，有言道：石油是工业的血液，煤炭是工业的粮食。说到这里，你可能会很自然想到，我们将要讨论的 PVC 生产工艺是不是也和石油与煤炭相关呢？

的确是这样，石油和煤炭不仅都是 PVC 的原料，而且我们的工程师们还分别为它们量身设计了两套不同的生产工艺，这两种生产工艺的学名叫电石法、乙烯法。

由于我国煤炭资源丰富，资源价格相对低廉，而石油资源却相对不足，这就使得我国的工业体系特别是化学工业体系长期以来对煤炭比较倚重，所以不仅是聚氯乙烯，我国早期的许多大宗化学品多以煤炭作为起始原料。

目前来看，电力成本在电石法生产成本中所占比例较大。前几年间，有部分地区的当地政府对工业用电实行价格优惠，这就更使得电石法生产聚氯乙烯的成本优势很大；另一个方面，电价、煤价的定价由国家控制，波动相对较小，生产企业运营的风险也较小，加之电石法的生产设备投资较小，扩产建设周期短，这就使得我国电石法聚氯乙烯产能扩充较快，占比例较大。

但是乙烯法就显示出了明显的不同。首先，乙烯法的成本是由原油控制的，而近年来原油价格巨幅波动，导致了乙烯法成本随之波动剧烈；并且，我们已经介绍过，乙烯法生产设备投资巨大，建设周期长，这对于生产企业来说，进入门槛较高，运营风险也相对较大。所以，我国采取这种生产工艺的企业也较少，有条件的企业多采取直接将石油裂解一体化设备中生产出的乙烯直接用于制造聚乙烯，这样得到的利润更高。

结果就造成了我国聚氯乙烯产能在这两种路线上的分布不均衡。据统计，截至2008年底，电石法约占我国聚氯乙烯总产能的75%以上，乙烯法仅占到25%左右。就分布地区来看，电石法生产工艺主要分布在华北、西北、华中、西南等地区，乙烯法生产工艺主要分布在东部沿海地区。下面我们将具体介绍两种生产工艺是如何生产聚氯乙烯的。

四、煤炭是如何变成聚氯乙烯的？

首先，我们来看看从煤炭出发而设计的电石法。此法既然是从煤炭出发的，首先就是以煤炭为原料。煤炭炼焦得到焦炭，将焦炭与生石灰混合后，电炉加热，就得到了电石。电石是煤化工从无机原料转化为有机产品的重要中间体，将电石用水进行处理，就可以得到乙炔。乙炔与氯化氢气体反应，产品就是氯乙烯，氯乙烯再进一步聚合得到最终产物聚氯乙烯。

这种方法的特点除了是利用煤炭为初始原料外，最显著的是电能消耗非常大。根据统计，生产1吨聚氯乙烯需要消耗电石1.45吨~1.5吨，消耗氯化氢气体0.75吨~0.85吨，直接耗电量450千瓦时~500千瓦时；而生产1吨电石又需要耗电3450千瓦时，所以加上生产聚氯乙烯的直接耗电量，这样估算起来电石法生产1吨聚氯乙烯需要耗电超过5600千瓦时。经过成本估算，电石占聚氯乙烯成本的65%~70%，而电石的成本主要由电价来确定，所以可见电石法聚氯乙烯的成本与电价的关系非常大。

这就解释了为什么我国电石法生产企业主要分布在华北、中西部省份。因为华北、中西部省份煤炭资源丰富，电价相对便宜，电石法聚氯乙烯生产企业立足于此，就有着比较大的成本优势。而且，电石本身是怕潮、怕高温的化工原料，在气候条件比较干燥、寒冷的中西部地区，生产操作也相对容易一些。不过，从环保的角度来看，电石法生产聚氯乙烯产生大量的"废渣"、"废液"等三废污染。此外，从氯碱平衡的角度来看，联合氯碱装置在生产PVC的时候也会生产出另一产品——烧碱，而生产烧碱过程中会产生大量的废水，因此，国外的氯碱装置一般建在水源丰富的地区，如海边等。

五、石油是如何变成聚氯乙烯的?

我们再来看看乙烯法生产工艺，此法后于电石法出现，但对技术、设备的要求比较高，在国际上电石法工艺基本上遭到淘汰，乙烯法工艺才是主流。目前比较先进的工艺路线是利用氯气直接对乙烯进行催化单氯代，得到氯乙烯，进而聚合得到聚氯乙烯；另外一种应用更为普遍的生产工艺是先利用氯气对乙烯进行加成得到二氯乙烷，对二氯乙烷做消除反应，得到氯乙烯，再行聚合得到聚氯乙烯，这种方法没有前者经济性好，但由于技术要求相对低，是我国目前比较通行的方法。

乙烯法的主要原料是乙烯与氯气，两者约占聚氯乙烯总成本的60%。经验表明，乙烯法生产1吨聚氯乙烯需要消耗乙烯0.5吨，氯气0.65吨。其中，乙烯是典型的石油化工产品。乙烯的主要生产工艺是先利用原油炼制石脑油，再对石脑油进行裂解，分离得到乙烯，这是目前生产乙烯的主要方法，约占总产能的一半。氯气的来源我们将会在下文有所阐述。

总体来说，对于乙烯、氯气两者而言，乙烯在成本中占的比例较大，而且波动也比氯气要大得多。所以，在对乙烯法生产成本的分析中，乙烯是最需要重视的变量。在乙烯的价格构成中，主要的两方面是原料与设备折旧。乙烯法的生产设备投资比电石法要大得多，但由于生产设备折旧在一定时期内，可看作是等速折旧，所以这一块儿的成本可以认为是固定的。这样一来，对乙烯法成本而言，最具影响力的因素就是原油价格。

由于我国目前国内油品消耗中进口原油占的比例比较大，所以为了原料节约运输成本，乙烯法聚氯乙烯生产企业多集中于沿海地区，特别是在华东与北方沿海地区。

但值得注意的是，乙烯法聚氯乙烯的生产模式与电石法有所不同。我国的电石法生产企业进行生产都是全套工艺流程，部分西部企业甚至采取了电石、聚氯乙烯一体化的生产模式。而乙烯法却不是这样的，更多的呈现出半合成方式，甚至直接购买国外半成品单体氯乙烯，然后聚合加工得到聚氯乙烯。

电石法和乙烯法生产 PVC 工艺流程见图 1－1。

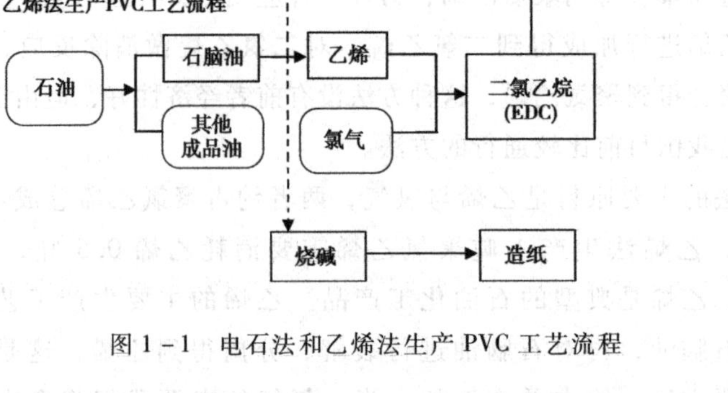

图 1－1　电石法和乙烯法生产 PVC 工艺流程

延伸阅读：聚氯乙烯主要的聚合工艺有哪些？

生产聚氯乙烯的聚合工艺主要有悬浮聚合法、本体聚合法、乳液聚合法和微悬浮聚合法4种。其中，悬浮聚合法产量占80%，本体聚合法占10%，乳液和微悬浮聚合法占10%。

悬浮聚合法为国内主要聚合工艺，其中以日本信越公司的生产工艺为代表。其主要的操作方式是这样的：以水为分散介质，使用水溶性自由基型引发剂，聚合温度大约45~65摄氏度，在搅拌和分散剂共同作用下将液态聚氯乙烯单体分散成液滴，聚合结束后获得聚氯乙烯颗粒。

而本体聚合法的历史比悬浮聚合法要长，但由于工艺上技术要求比较高，发展历程较长，技术成熟期较晚。本体聚合法不使用水和其他分散剂，其后处理工艺相对比较简单，产品纯度比较高。但是，由于聚合过程中存在搅拌和聚合反应热导等难题，其在技术开发及成熟推广上耗时较长。此法在20世纪40年代即进入技术研发阶段，但一直到1978年才由法国ATO公司开发出“两段立式聚合”工艺解决聚合反应中的导热难题。此后，该法经过技术推广，目前已经被世界20多个国家与地区采用，年生产能力已经达到145万吨。本体聚合法生产工艺具有对环境污染较小，工艺流程相对简单，占地面积较小，设备生产能力较大，单体及公用工程消耗较小等优点。

更重要的是，本体聚合法生产出的聚氯乙烯产品质量较悬浮聚合法要好很多，可以扩大聚氯乙烯的使用范围。比如，本体聚合法生产出的聚氯乙烯中氯乙烯残留量极低，可以达到食品级及医用级的标准，因而本体法聚合得到的聚氯乙烯可以用以制作餐具、食品包装及医疗器械；此外，本体聚合法生产的聚氯乙烯对增塑剂的吸收速度快，加工性能要好，纯度高，吸水率低，这就使得本体聚合法较悬浮聚合法具备了不易吸湿且制品透明度高、雾度小的优点，可以经过吹塑制成高强度的透明薄膜，代替聚乙烯制作农膜与地膜。

总体看来，聚氯乙烯聚合工艺的本体聚合法虽然成熟较晚，但相对悬浮聚合法是一种更为先进的工艺，而且其同等产能规模下的投资也较悬浮聚合法低20%，因此本体聚合法的前景较好，未来有望替代悬浮聚合法成为聚氯乙烯生产的主流工艺。

世界上第一份聚氯乙烯是如何生产出来的？

简单地说，把氯乙烯加入催化剂穿成像珍珠项链一样的珠串，就得到了聚氯乙烯。那么世界上首例聚氯乙烯是怎样被生产出来的呢？下面我们就通过聚氯乙烯产业的发展讲述聚氯乙烯的故事。

从世界上第一例聚氯乙烯的诞生到它被广泛的应用，到今天成为化工行业不可或缺的成员，聚氯乙烯产业大致经历了四个主要时期：工业化萌芽期、大量生产应用期、技术进步革新期和高性能化生产阶段。

1835 年，法国化学家雷诺（V Regnault）首先在实验中发现了氯乙烯（VC），而后经过 3 年的实验研究，他又观察到聚氯乙烯（PVC）的存在，可以说雷诺是聚氯乙烯的发现者。雷诺在实验室采用碱皂法制取氯乙烯，即把 1，2 – 二氯乙烷与芳性钾酒精溶液混合，静置 4 天，然后加热进行反应。在这个实验中，一种白色的粉末引起雷诺的注意。但是，由于当时人们并不知道这种白色粉末是什么，可以用来干什么，所以世界上最早的聚氯乙烯虽被发现，但却没有引起人们的注意。世界上首个确定聚氯乙烯分子结构的是科学家包曼。1842 年，包曼（Baumann）通过研究确定它了的密度和基本结构式。之后，虽然人们又进行了大量研究改进，但由于技术原因，此前的生产方法都不适用工业化生产。

氯乙烯的聚合方法则是 1872 年由包曼开始详细研究，并试验成功的。包曼采用了光聚合和热压聚合的方法，这也是世界上最古老的制作方法。而后的 20 世纪一二十年代里，聚氯乙烯树脂的研究工作异常活跃。此后的化学家在改进热压聚合方法的基础上开发了引发聚合、溶液聚合、乳液聚合、连续乳液聚合、悬浮聚合和特种聚合等多种方法。其中，乳液聚合方法生产比较容易控制，聚合速度较快，能得到颇为均一的长链聚合物。由于技术的改进，此后聚氯乙烯进入了大量生产应用期。

这种情况在 1912 年发生了改变。德国化学家克拉特（F KLatte）发明了最简单地制造氯乙烯的工业生产方法。这种生产方法是先利用电石制造乙炔，然后让乙炔在高温和催化剂作用下与氯化氢加成反应而生成最终产物氯乙烯。电石法制氯乙烯实现了规模化生产，这是聚氯乙烯树脂工业发展史上重要的里程碑。不过电石法因乙炔生产的高能耗和高成本及高污染等原因，在实行 30 年后逐渐被淘汰。1940 年以后，工业上开始以廉价的乙烯为原料，由乙烯直接氧化制二氯乙烷，在加以热裂解得到氯乙烯，其副产品氯化氢与乙炔反应制取氯乙烯，也就是现在被世界范围内广泛应用的乙烯法的雏形了。

聚氯乙烯树脂被发现的 100 年间，被束之高阁并没有被应用到现实生产中去。聚氯

乙烯树脂发展的真正大规模加工利用，得益于氯乙烯与乙酸乙烯共聚物和增塑聚氯乙烯树脂的发现。1928 年，美国联合碳化物公司将氯乙烯与乙酸乙烯共聚使之具有内增塑性质而容易被加工，可以用做真漆和硬模塑制品。1932 年，美国古德里奇公司（B. F. Goodrich）研究一种用于粘接橡胶与金属罐的新粘胶剂时，偶然发现增塑了的聚氯乙烯树脂，这种树脂具有柔软和富有弹性的“橡胶状”性质，并耐强酸、强碱腐蚀。利用聚氯乙烯树脂的这种特性，制成弹性高尔夫球和聚氯乙烯氯苯溶液。此后，聚氯乙烯树脂被广泛的应用到鞋跟制造、电线护套、帐篷、胶管、电器绝缘套及运动器材行业里。1937 年，英国 ICI 公司采用磷酸脂类增塑聚氯乙烯得到类似橡胶的物质，成功地替代当时特别短缺的橡胶，用于电线绝缘层。作为橡胶的替代，聚氯乙烯的价值大大提升，此后才开始大量生产。

随着研究的不断深入，聚氯乙烯的生产工艺得到不断的改进。聚氯乙烯树脂早期作为橡胶的替代品，被应用在涂料还有包装容器、片材等领域。工业化阶段主要生产方法是乳液聚合和溶液聚合，主要用途是替代橡胶制作涂层、涂布制品、包装容器、棒材、片材等柔性材料。但是，乳液树脂杂质含量多、生产成本高、性能也差，限定了它的应用范围。1941 年，美国 B. F. Goodrich 公司悬浮聚合生产的聚氯乙烯树脂，质量好，特别是电绝缘性、机械强度和耐腐蚀等性能明显优于乳液聚合法树脂，在耐燃性、耐磨性方面优于橡胶，因而，在电线电缆铺地材料等方面获得大量应用，消费量迅速增加。悬浮法由于比乳液法操作简单，助剂用量少，产品纯度高，能耗少、成本低，因而迅速被世界各国采用。以后的 70 年中，通过技术革新世界聚氯乙烯产业得到了前所未有的发展。

六、国际上聚氯乙烯产能分布以及发展有何特点？

我们知道，聚氯乙烯作为第二大合成树脂，消费量仅次于聚乙烯。全球聚氯乙烯的总产能在近几年中一直保持扩张状态，在世界各国中，中国的表现尤为突出。

受 2004 年全球经济转好的影响，2005 年产能增长的速度最快，增长率由 2004 年的 4.19% 增加到 9.72%；2006 年，全球聚氯乙烯产能约 4291.1 万吨，较 2005 年的 4041.1 万吨，增长了 6.48%。我国近年的扩产力度很大，仅 2005 年一年，总产能就增加了 280 万吨，增长率高达 35.45%。除我国外，中东地区近年的表现也是较为突出的。为了适应本地区及东亚各国的需求增长，中东各石油产区国家纷纷建厂扩产，该地区2005年产能增幅也达到了29%。虽然前两年北美地区的聚氯乙烯产能没有显著增长，但2008年以后这一情况有所改变，该地区产能增加接近100万吨，增幅达到12.60%。2005~2011年全球PVC产能见表1-1。

表1-1　　2005~2011年全球PVC产能　　单位：万吨/年

地区	2005年	2006年	2007年	2008年	2009年	2010年	2011年
北美	823.1	822.1	820.9	833.8	804.2	840.1	859.9
南美	148.8	158.9	163.6	163.6	168.6	168.6	168.6
西欧	678.3	677.8	678.1	680.6	688.4	688.4	688.4
东欧	185.4	191.4	194.9	216.8	221.6	231.5	244
亚洲	1703.2	1911.3	2065.1	2329.4	2463.8	2670.5	2736.1
非洲	43.5	43.5	43.5	43.5	58.5	63.5	63.5
中东	79.1	79.1	79.1	79.1	87.1	134.5	174
全球总计	3660.4	3883.1	4044.2	4337.4	4481.8	4794.2	4919.1
增幅	273.8	222.7	161.1	293.2	144.4	312.4	124.9
增长率/%	8.08	6.08	4.15	7.25	3.33	6.97	2.61

数据来源：CMAI（2011年为预测值），广发期货整理。

从产量的地域分布情况看，目前亚洲和北美地区依然是全球聚氯乙烯产量最大的地区。大家可以参考2007年的产量统计数据：欧洲（含俄罗斯）年产量达到835万吨、北美（含墨西哥）地区年产量约为732万吨、南美年产量143万吨、中东（含印度）地区年产量为193万吨、而以中国（含台湾地区）、日本、韩国以及东南亚等国家为代表的东亚各主要国家年产量为1651万吨，约占2007年全球聚氯乙烯总产量的46.5%。

2007年全球PVC产量情况见表1-2。

表1-2　2007年全球PVC产量情况　单位：万吨

地　区	产量
北美（包括墨西哥）	732
南美	143
欧洲（包括俄罗斯）	835
中东（包括印度）	193
中国	972
日本	212
韩国和中国台湾地区	283
东南亚	184
合计	3554

数据来源：广发期货整理。

北美地区聚氯乙烯生产企业由于产能规模已经很大，所以近几年并没有积极的扩张计划。根据目前的投资和新增项目的情况分析，以西湖、信科、吉昂等企业为代表的美国和加拿大生产商在2010年前后可能会在一定范围内提高产能。2004~2010年美国、加拿大PVC产能扩增情况见表1-3。

表1-3　2004~2010年美国、加拿大PVC产能扩增情况　单位：万吨/年

公司名称	2004年	2005年	2006年	2007年	2008年	2009年	2010年	总计
西湖	0	13.6	13.6	0	0	0	0	27.2
信科	0	0	0	0	30	0	30	60
吉昂	0	0	0	0	20.4	0	0	20.4
台塑	0	0	0	0	18.1	0	0	18.1
Oxy Vinyls	0	0	-15	0	0	0	0	-15
新增总计	0	13.6	-1.4	0	68.5	0	30	110.7
产能合计	771.12	784.73	783.37	783.37	851.86	851.86	881.8	881.8
新产能增幅	—	1.70%	-0.20%	0%	8%	0%	3.40%	12.60%

数据来源：大连商品交易所。

全球化势头日盛，目前行业内呈现出聚氯乙烯产能向大型跨国企业集中的趋势。以2006年统计数据为例，信越化学、台塑、Oxy Vinyls、欧洲乙烯基、LG化学、吉昂等全球最大的六家聚氯乙烯生产厂商的产能总和占全球聚氯乙烯总产能的27.75%左右，各自的年产能分别为345万吨/年、287万吨/年、176.9万吨/年、132.5万吨/年、127万吨/年和122.5万吨/年。2008年国际金融风暴以后，由于经营环境的恶化，企业间的兼并重组会越来越多，近两年可能会出现聚氯乙烯产能进一步集中的趋势。

七、国际上聚氯乙烯消费区域及发展有何特点？

进入21世纪，由于科技进步，新材料应用领域越来越大，全球对聚氯乙烯的需求逐年扩大。在2006年，全球聚氯乙烯市场需求总量达到3200万吨，增长率约为6%，其中，亚洲市场需求增速最高达到7%左右。在亚洲各国中，印度增长率位居榜首，达到了12%。除此之外，北美市场需求增速为3.4%，中东为6%，欧洲为2%。我们预计2009年聚氯乙烯需求的年增长率在4%左右。

近几年来全球聚氯乙烯需求、开工率状况见表1-4。现阶段聚氯乙烯产能大幅增长，这导致我国聚氯乙烯开工率明显低于全球平均值；而与此同时，北美由于产能扩充有限，该区域开工率明显高于全球平均值，约为90%。预计全球的聚氯乙烯开工率未来将维持在近85%，并持续到2009年以后。

表1-4　历年全球聚氯乙烯需求增速以及开工率情况

年　份	2002	2003	2004	2005	2006
全球需求率	5%	1.60%	4.30%	—	6%
北美需求	6%	-1.80%	2.40%	3%	3%~5%
全球开工率	—	—	85%	90%	84%~85%
北美开工率	90%	—	—	—	90%

数据来源：大连商品交易所。

预期未来世界各区域的需求增速将显示出较大差别。2007年，北美建筑业疲软，市场对聚氯乙烯建材需求萎缩，导致聚氯乙烯利润下滑；同年，欧洲建筑市场需求强劲，聚氯乙烯市场表现较好；亚洲地区受产能扩充影响，聚氯乙烯生产利润停滞不前，其中以中国为典型。

在下面我们将分地区给大家介绍聚氯乙烯市场情况：

（一）北美聚氯乙烯市场情况

北美聚氯乙烯市场需求量和建筑市场密不可分，其中聚氯乙烯总量的75%用于建筑和房屋建筑方面。2006 年第 4 季度聚氯乙烯市场为 5 年来最糟糕的一个季度，聚氯乙烯的需求 9 月份以前降低12%，10 月、11 月份达到 14%，降幅较大，而考虑季节性因素，在通常情况下，房屋住宅对 PVC 需求的降低范围为 2% ~7%。随着房屋建设需求的低迷，北美聚氯乙烯价格自 2006 年以来一直处于逐步下滑的趋势，由 2006 年初的 61 美分/磅下降到 2007 年初的 54 美分/磅，年均价为 58 美分/磅，2007 年前两个月又下降 2 美分/磅。

2006 年，美国聚氯乙烯需求量为 653 万吨，比 2005 年降低 3%。硬制管材和管件消耗聚氯乙烯总量的 46%，其他挤出耗用 35%。由于住宅市场需求下滑，美国大部分聚氯乙烯生产商都降低了开工率，聚氯乙烯的利润也在降低，但幅度小于价格下滑。尽管来自于乙烯和氯气的成本压力在减轻，但由于产能过剩较大，聚氯乙烯利润仍然较低。软制用聚氯乙烯比硬制用聚氯乙烯受到的影响要大，因为硬制品市场方面，市政使用的大直径管材量比小直径的多，且市政应用不像房屋市场直接受市场需求疲软的影响。美国建筑受房屋需求循环下滑的趋势将比预期持续的时间长，估计将在 2007 年上半年的某个时段达到最低点，另外其国内产能的增加和亚洲扩能流的到来也将影响到聚氯乙烯市场。

（二）中东聚氯乙烯市场情况

2006 年，中东聚氯乙烯市场需求达到 75 万吨，增长率为 6%。2007 年中东聚氯乙烯需求增长 5% ~6%，有些国家显示更强劲的需求，例如埃及增长率为 5% ~6%，达到 18 万吨/年，而其产量只有 7 万吨/年。海湾地区的供需平衡则完全相反，2007 年需求增长 0.7%，由 2006 年的 14 万吨增至 14.98 万吨，而该地区产量为 37.5 万吨，是中东最大的出口地区。2007 年中东供需平衡会因中国的出口政策而转移，可能引起中东 PVC 价格疲软。

2007 年，中东聚氯乙烯市场受供应紧张和需求强劲的影响比较大。由于聚氯乙烯生产受限，中东聚氯乙烯市场需求的50%依赖于进口。因美国信科公司计划停产其位于得克萨斯州 Freeport 的聚氯乙烯装置，使得中东2007年1季度聚氯乙烯供应紧张。由于建筑业尤其是管材和门窗应用的急速发展，导致2007年聚氯乙烯市场仍然保持上涨牛市，直至2008年。另外，电讯业的发展也使得在电线和电缆方面的聚氯乙烯需求增加。

（三）欧洲市场情况

PVC 在欧洲窗框节能方面扮演着重要的角色，每年可帮助家庭房屋节约热成本10亿欧元。另外，污水系统需用的 PVC 管也是重要的需求增长点。受德国门窗装修及管材需求强劲增加的影响，2006年欧洲 PVC 需求达到570万吨，增长2%。2006年德国需求同比增长5%，增长的主要驱动因素是窗框和管道，其中，门窗占 PVC 需求的28%，管材占25%。德国大部分的污水系统正趋于革新和置换，这也为 PVC 新管提供了一个很好的机会。

八、我国聚氯乙烯的生产状况如何？

近十年来，我国聚氯乙烯行业的发展可谓突飞猛进。2000年，我国聚氯乙烯产能只有239万吨。随着国内经济持续、高速增长，全国各行业对聚氯乙烯的需求显著增加，这在客观上产生了对聚氯乙烯产能扩张的巨大推动力。据统计，2000~2004年，我国聚氯乙烯行业产能平均年增速为18%，而在2004年以后，国内聚氯乙烯的扩产扩能更加进入了高潮，2004~2008年的产能增长幅度高达28%，其中2005年产能增长幅度最大，年增长率高达46.38%，是五大通用合成树脂中增速最快的品种。统计数据显示，在2003年到2007年的时间里，我国聚氯乙烯的总产能年增长率一直保持在两位数。2009年我国聚氯乙烯的产能约为1781万吨，较2008年的1581万吨增长200万吨。

但是，一个行业的发展，往往会出现矫枉过正的现象。2004年以后，与国内聚氯乙烯产能和产量快速增长相比，下游需求的发展速度相对较慢，这导致了国内聚氯乙烯装置开工率已有所下降，加上全球性“金融危机”的影响，国内聚氯乙烯产能和产量的扩张速度在2008年都出现了明显的下滑，2008年是近6年来我国聚氯乙烯产能增长率首次低于10%。2009年，受我国

4 万亿经济刺激政策拉动，国内聚氯乙烯产能和产量出现了恢复性增长。

聚氯乙烯的产量方面，2009 年我国聚氯乙烯产量约为 910 万吨，较 2008 年的 882 万吨增加了约 3.17%。资料显示，2005 年我国聚氯乙烯总产量同比增长了 33.20%，在 2003 年到 2007 年五年时间里，我国聚氯乙烯总产量的年增长率一直保持在两位数，年均增长率为 27.65%。直到 2008 年，我国聚氯乙烯年产量才首次出现近年罕见的缩减现象。2009 年我国聚氯乙烯产能为 1781 万吨，较 2008 年增长 12.65%。2002 ~ 2007 年的 6 年期间，受我国经济快速发展、国际原油处于上升周期推动，我国的聚氯乙烯产能以接近或超过 20% 的增速快速发展。2008 ~ 2009 年期间，受全球经济危机、经济增速放缓以及我国国内聚氯乙烯产能过剩严重影响，我国聚氯乙烯产能增速放缓。2010 年我国计划新增聚氯乙烯产能 444 万吨，其中电石法生产 374 万吨，乙烯法生产 70 万吨，新增产能中约有 40% ~ 50% 能够如期投产，未来三年超过 1200 万吨的聚氯乙烯产能有望建成。根据上面列出的数据，对近年来我国聚氯乙烯产能扩张和产量增长变动情况分析，可以得出结论，聚氯乙烯的总供给与我国整体经济形势联系紧密，并大致呈如下关系：在经济处于扩张时期，聚氯乙烯的总产量和总产能都增长很快；一旦经济发展放缓，聚氯乙烯的总产量和总产能相对增长速度以及绝对增长速度都有所下降，而且产量还可能出现负增长。

表 1 - 5　　2003 ~ 2009 年中国聚氯乙烯产能、产量和增长情况　　单位：万吨

年份	2001	2002	2003	2004	2005	2006	2007	2008	2009
产量	287	338	400	503	670	823	972	882	910
产能	365	434	523	664	972	1158	1448	1581	1781
产量增长率	—	18%	18%	33%	33%	23%	18%	-9%	3%
产能增长率	—	19%	21%	27%	46%	19%	25%	9%	13%

数据来源：国家统计局，广发期货整理。

从聚氯乙烯产能的区域分布来看，聚氯乙烯的产能主要集中在华北、西北、西南等地区。包括天津、山东等省市在内的华北地区是最大的聚氯乙烯生产地，占全国产量的 42%，其后依次为华东、华中、西北、西南等区域。从省市分布来看，山东是产量最大的省份，其后依次为天津、四川、江苏、

河南、新疆等，前10位的省市产量占国内总产量的75%以上。

近年来，我国聚氯乙烯装置规模水平虽在不断提高，但仍不及国际平均水平。从生产企业数量来看，聚氯乙烯生产厂家有90余家，在27个省市自治区都有分布，生产装置平均规模不足10万吨/年，而国际上聚氯乙烯装置平均规模为15万吨~20万吨/年，最大装置规模超过100万吨/年。与发达国家相比差距更大，如美国，平均装置规模为30万吨/年，日本的聚氯乙烯平均装置规模为15万吨/年。在我国主要的生产企业中，天津大沽化工股份有限公司是最大的聚氯乙烯生产厂家，2009年，大沽化的总产量为80万吨。产能、产量位列前10名的生产企业分别是天津大沽、齐鲁石化、新疆天业、宜宾天原、上海氯碱、昊华宇航、山西榆社、亿利化学、LG大沽和四川金路。2007年，中国聚氯乙烯产能前十位的企业生产能力达到全国总产能的30%，到了2008年，该份额占到37%，生产集中度有逐年提高之势，根据历年经验，每一次价格下跌周期之后都会导致整个行业的企业重组，集中度提升一个台阶以强化企业的抵御风险能力，按照目前氯碱产业的运行情况来看，专家预计整个行业内部重新洗牌的机会已经成熟。2009年我国聚氯乙烯十大企业产量情况见表1-6。

表1-6　　2009年我国聚氯乙烯十大企业产量情况　　单位：万吨

产能排名	企业	产能	所属省市自治区	所属区域
1	天津大沽	80	天津	华北
2	新疆天业	72	新疆	西北
3	齐鲁石化	60	山东	华北
4	宜宾天原	52	四川	西南
5	中泰化学	48	新疆	西北
5	上海氯碱	48	上海	华东
6	台塑宁波	40	浙江	华东
6	昊华宇航	40	河南	华中
6	山西榆社	40	山西	华北
6	亿利化学	40	内蒙古	华北
	总计	520		

数据来源：广发期货整理。

近些年来，我国PVC新增扩产的省份和自治区主要集中在新疆、河南、内蒙、青海等中西部地区。新疆、内蒙、青海、陕西地区存在丰富的煤、石灰石等矿产资源，这都是电石法聚氯乙烯生产所必需的基础原料，同时由于该地区较为低廉的电价，使其在成本方面的优势更为明显。在河南地区，除了也具有较为丰富的煤炭等矿产资源外，当地盐业资源也很丰富，更重要的是河南省长期以来形成了比较完善的化学工业体系，特别是其电解铝产业对聚氯乙烯的副产品烧碱有着较大的需求，这在一定程度上促进了河南省聚氯乙烯产业的发展。而其他地区的扩产多为原生产企业在既有规模上的扩建，新建项目较少，特别需要注意的是东部沿海地区近年来受到环保、成本压力等方面的限制逐渐加大，扩产企业数量及扩产规模均比较小，产能基本维持现状。2010~2012年中国聚氯乙烯扩产情况统计见表1-7。

表1-7　2010~2012年中国聚氯乙烯扩产情况统计（预测）　单位：万吨

省市自治区	2010年	2011年	2012年
内蒙古	69	80	0
河南	12	32	30
新疆	40	92	90
山西	20	20	0
山东	70	20	0
陕西	50	95	0
合计（含糊树脂）	458	564	186

数据来源：中国氯碱协会，广发期货整理。

2009~2012年中国聚氯乙烯生产企业产能扩充一览表见表1-8。

表1-8　2009~2012年中国聚氯乙烯生产企业产能扩充一览表

企　业	扩产产能（万吨/年）	扩产计划
乌海新希望	120	2012年前建成投产
乌海宜化	40	在恢复海吉化工8万吨产能的基础上已建成扩产40万吨，计划2012年前再扩产40万吨
中盐吉兰泰	40	2010年建成投产
亿利化学	40	2010年年初建成投产
乌海化工	30	2010年建成投产

续表

企　业	扩产产能（万吨/年）	扩产计划
君正科技	16	在已有24万吨产能的基础上扩产
北元化工	100	2010年下半年建成投产
新疆天业	120	分为三期，各40万吨；一期已经投产，二期已进入试车阶段，三期在建
甘肃银光	12	2011年上半年建成投产
山西瑞恒化工	20	2010年建成投产，远期规划60万吨产能
宁夏金昱元化工	40	在既有20万吨产能的基础上再扩产40万吨，2012年前建成投产
韩华化学	30	乙烯法设备，目前处于土建阶段

数据来源：广发期货整理。

根据目前聚氯乙烯产业发展情况以及国家新近颁布的相关导向性政策，业内人士普遍预计我国未来聚氯乙烯的生产重心将逐步由东部向西北转移。据悉，新疆天业已经凭借年产52万吨的生产能力位列全国第三位，而且已经在2008～2009年开始了新一轮的扩产动作，可以预计其将成为国内第一个产能超百万吨的“航母级”企业。而与之相比，虽然华东、华北目前仍是产能相对集中的地区，但随着国家环保要求的逐渐提高，节能减排战略的逐渐实施，这些地区特别是东部沿海省份发展聚氯乙烯相关产业将受到越来越多的制约。因此，未来一段时期里，我国聚氯乙烯的扩产将主要集中在新疆、内蒙、宁夏、青海等西部地区，另外山西、陕西、河南地区可能也会有一定数量的新建、扩建项目。

西部地区发展聚氯乙烯项目的主要优势在于资源方面，首先西部有着丰富的煤炭、盐矿、石灰等矿产资源，为聚氯乙烯产业的发展提供了大量的基础原料，而低廉的电价与人力资源，也在一定程度上降低了生产成本。目前西部多数新建生产装置所采取的是一体化设备，即“电石—氯碱—聚氯乙烯”一条线，这就使得厂家省去了很大一笔电石等危险品的运输、保险费用，从而具备更大的成本优势。按着目前的扩产格局与趋势展望，未来中国聚氯乙烯的行业将形成以新疆、内蒙等西部省份（自治区）为主要生产基地，华东、华南地区为主要消费地区的产业格局。原本占产能比重较大的华东地区，受环保、原料因素的制约，产能新增有限，甚至可能会出现产能压缩，这将使其产能比重逐年下降。

预计在未来较长的一段时间内，我国新增产能仍以电石法为主，或者可以说电石法生产工艺仍然会在聚氯乙烯产业中占主导地位。不过，需要注意的是，电石法仍然是一种能耗高、污染较为严重的生产工艺，而且随着电价逐年上涨，其成本优势将逐渐丧失。近年来，国外对乙烯法生产工艺进行技术改造，特别是利用天然气作为原料后，使其成本显著降低。虽然目前我国实行的聚氯乙烯反倾销保护能阻止聚氯乙烯成品的进入，但对其前体氯乙烯单体（VCM）并无限制，所以沿海地区未来可能会新建一些进口 VCM 加工生产聚氯乙烯的产能。而且，如果从更长的历史时期来考虑，电石法被乙烯法替代，将会成为历史必然。

另外还需要注意的是，行业集中度提升将成为一个大趋势。目前，我国聚氯乙烯产能较为分散，单厂平均产能规模较小，由此衍生出技术改造缓慢、政策依赖度较大、无序竞争、重复建设等诸多问题。可以说，聚氯乙烯行业的产能过剩是现阶段这种产业格局的必然结果，所以解决产能过剩、重复建设的出路就在于改变现行的产业格局。从种种动向来看，聚氯乙烯行业已经开始出现优胜劣汰、重组集中的迹象，而如果从产业经济学角度来看，这种趋势也是一种客观规律所驾驭的必然结果。提高产业集中度，有利于发挥规模经济的优势，增强企业科技创新水平，增强企业的核心竞争力，降低单位能耗，节约社会资源。

九、我国聚氯乙烯的消费状况如何？

聚氯乙烯是农业、工业、建筑、能源、交通运输等国民经济各领域不可缺少的重要材料之一。在高速发展的国民经济刺激下，我国已经成为世界上最大的聚氯乙烯消费国。

据统计，2007 年我国聚氯乙烯表观消费量为 1027 万吨，产量 972 万吨。但进入 2008 年，受国际“金融危机”的影响，加之国内房地产不景气，我国聚氯乙烯的消费出现了明显的下滑，全年我国聚氯乙烯表观消费量下降为902万吨，出现了－12.85%的增长。2000～2009年我国聚氯乙烯下游消费量增长变化见表1－9。

表1－9　　2000～2009年我国聚氯乙烯下游消费量增长变化

年　份	表观消费量（万吨）	增长率（%）
2000	445	20.1
2001	538	20.9
2002	557	3.5
2003	625	12.18
2004	664	6.2
2005	817	22.99
2006	920	12.6
2007	1035	12.5
2008	902	－12.85
2009	1049	16.34

数据来源：国家统计局，广发期货整理。

我国聚氯乙烯消费分为两大类：

（1）以电线电缆、各种用途的膜（根据厚度不同可分为压延膜、防水卷材、可折叠门等）、铺地材料、织物涂层、人造革、各类软管、手套、玩具、塑料鞋以及一些专用涂料和密封剂等产品为主的软制品。

（2）以门窗、各种型材和管材、硬片、瓶等产品为代表的硬制品。

近年来，我国聚氯乙烯消费结构中硬制品比例不断提高，目前硬制品比例已近60%，这和全球聚氯乙烯硬制品59.83%的消费比例大致相当。中国聚氯乙烯制品消费构成比例见表1－10。

表 1-10　　　　中国聚氯乙烯制品消费构成比例

聚氯乙烯制品名称	消费比例%		合计%
软制品	鞋及鞋底材料	5.2	40.8
	人造革	6	
	薄膜	12	
	电缆料	7	
	地板革、壁纸、发泡材料	2.1	
	其他	8.5	
硬制品	管材	13.3	59.2
	管件	2.3	
	型材、门窗	22.9	
	硬片、板材及其他型材	9	
	其他	11.7	

数据来源：大连商品交易所。

2006～2009 年我国聚氯乙烯建材产品产量见表 1-11。

表 1-11　　　　2006～2009 年我国聚氯乙烯建材产品产量

年　份	塑料板材、型材产量（吨）	塑料管材产量（吨）
2006	2969732.19	2799105.49
2007	3338566.77	3215648.05
2008	3613227.63	4580594.75
2009	4735611.57	5640805.96

数据来源：国家统计局，Wind 资讯。

聚氯乙烯作为仅次于聚乙烯的第二大树脂，广泛应用于经济活动的各个领域。我国目前经济最活跃的区域是长三角、珠三角和环渤海区域，自然这些地方对聚氯乙烯的需求量最大。据统计，以 2008 年为例，三地区累计量占国内总消费量的 62.7%。从掌握的数据来看，珠三角的广东省一直是国内聚氯乙烯消费的第一大省，2008 年共消费 162 万吨聚氯乙烯，其次是浙江省 125 万吨与江苏省 90 万吨（见表 1-12）。

表 1-12 **2008 年我国聚氯乙烯消费分布** 单位：万吨

省份（自治区）	2008 年消费量	省份（自治区）	2008 年消费量
山东	53	重庆	10
河南	35	云南	9
新疆	10	广东	162
东三省	50	广西	10
安徽	26	贵州	12
湖北	17	陕西	12
湖南	15	宁夏	8
江西	10	北京	10
江苏	90	天津	24
上海	56	河北	43
浙江	125	内蒙	7
福建	69	山西	9
四川	26	其他	26
合计：924			

数据来源：中国氯碱协会。

预计未来，聚氯乙烯在中国还有较大的发展空间。从人均消费量来看，发达国家的聚氯乙烯人均消费量为 15 千克~20 千克，而我国目前仅 6 千克左右。聚氯乙烯需求的 70% 以上来自建筑业、农业和医药行业，所以随着我国建筑业的发展，农村城市化进程的加快以及医疗技术条件的改善，上述行业的发展都将拉动国内聚氯乙烯需求的快速增长。据预测，未来几年国际聚氯乙烯年需求量将以 4.1% 的速度增长，而中国将成为聚氯乙烯消费增长的主要国家，未来几年表观消费增速将达 10%~15% 左右。

美国 Freedonia 咨询公司发布的最新报告称，鉴于中国建筑业呈繁荣态势，到 2010 年中国 PVC 需求量将达到 1200 万吨。在 2007 年，中国市场 PVC 消费量已经超过 1000 万吨，从而超过美国成为全球最大的聚氯乙烯消费国。未来，中国高度活跃的建筑业大约能消耗国内聚氯乙烯年产量的 70%，特别是华南、华北和东北地区建筑业的强劲增长，将成为拉动我国聚氯乙烯消费需求的重要力量。

十、我国聚氯乙烯贸易有何特点？

近年来，我国电石工业的大发展和聚氯乙烯产能的高速扩张，聚氯乙烯自给率逐年提高。2000～2004年期间，我国聚氯乙烯产能年均增速为18%；2004～2008年期间，产能的年均增速高达28%。目前国内聚氯乙烯供应主要以国产料为主，进出口逐渐趋于平衡，并有由净进口国向出口国转变的趋势。

根据近年统计数据，我们可以知道，我国聚氯乙烯的进口量呈逐年下降趋势。2004年之前，聚氯乙烯的对外贸易主要以进口为主，比如说，2003年我国聚氯乙烯表观消费量600多万吨，进口230万吨，对外依存度为38%。但形势从2003年开始有了变化，在这一年，我国大陆对美国、俄罗斯、我国台湾地区、韩国、日本的聚氯乙烯实施反倾销。在此之后，国内聚氯乙烯行业迅速发展，我国聚氯乙烯的自给率逐年提高。到2008年，我国聚氯乙烯表观消费量902万吨，其中进口106万吨，自给率达到88%。

在出口方面，我国聚氯乙烯出口也开始从无到有，并呈现逐年增长的态势。2004年，我国聚氯乙烯出口仅仅4.44万吨，而到了2007年，出口量就达到76万吨。2008年，由于国内外金融环境影响，聚氯乙烯整体需求下降，同时由于国内聚氯乙烯生产成本居高不下，导致出口略有降低，但仍维持在64万吨左右。

表1－13　我国聚氯乙烯纯粉进出口量的历年变化情况　单位：万吨

年　份	进口量	出口量	净进口量
2000	190.22	4.14	186.08
2001	251.66	3.63	248.03
2002	226.84	4.05	222.79
2003	230.71	5.512	225.2
2004	212.92	4.44	208.48
2005	167.87	15.17	152.7
2006	146.79	50.13	96.66

续表

年　　份	进口量	出口量	净进口量
2007	132.53	75.77	56.76
2008	106.35	63.87	42.48
2009	163.00	23.60	139.4

数据来源：中国海关。

目前，我国聚氯乙烯进口主要以来料加工为主，加工为成品后再返销国外，以一般贸易方式进口的聚氯乙烯很少。2007 年，我国共进口聚氯乙烯 130 万吨，以一般贸易方式进口的只有 4.7 万吨，不到全年进口总量的 4%，而来料加工贸易则达到 118 万吨，占进口总量的 90% 左右。出口方式则以一般贸易为主，2007 年我国共出口聚氯乙烯 76 万吨，其中一般贸易方式出口达到 49 万吨，约占出口总量的 65%。

从进口来源来看，我国大陆聚氯乙烯进口主要来自日本、我国台湾地区、美国、韩国、印尼、泰国等，来源于这些地区的进口量占到总进口量的 96%。其中从日本进口的最多，以 2007 年前 10 个月份为例，共进口 84.7 万吨的 PVC，日本就占了 46.16% 的比例，几乎是进口量的一半；其次为我国台湾地区，所占比例为 32.4%；随后是美国、韩国等，不过进口比例都比较小，均在 6% 以下。

从进口料进口以后在国内的流向看，90% 以上的进口聚氯乙烯流向了东南沿海地区。2007 年，我国进口聚氯乙烯超过了 130 万吨，其中广东省位列第一，占全国进口总量的三成左右，广东、江西、浙江、上海四省市共占进口总量的 80% 左右。若按照城市细分，2007 年进口排名前五位的城市依次为：广州、九江、杭州、上海和厦门。这五个城市的进口量占我国聚氯乙烯进口总量的 78% 以上，其中仅广州就占了 30%。广州的黄埔港是我国进口聚氯乙烯的第一大港，年进口量近 40 万吨。2007 年我国聚氯乙烯进口城市分布情况见表 1－14。

表 1-14　　2007 年我国聚氯乙烯进口城市分布情况

排名	城市	进口量（吨）	比例（%）	海关	进口量（吨）	比例（%）
1	广州	477085.8	28.57	黄埔海关	368495.5	22.07
2	九江	315909.0	18.92	九江海关	315909	18.92
3	杭州	306153.1	18.33	杭州海关	306153.1	18.33
4	上海	150580.3	9.02	上海海关	150580.3	9.02
5	厦门	61409.7	3.68	广州海关	108590.3	6.50
6	大连	42751.5	2.56	南京海关	77495.6	4.64
7	珠海	41977.4	2.51	天津海关	75996.7	4.55
8	福州	38266.2	2.29	厦门海关	61409.7	3.68

数据来源：中国石油和化学工业协会，大连商品交易所。

从出口情况来看，贸易流向比较分散。比如，2008 年 1～10 月份出口约 60 万吨，但超过 2 万吨的国家只有印度、俄罗斯、埃及、巴西、阿联酋等 5 个国家，占出口总量的 68.3%。我国聚氯乙烯出口的主要通过新疆铁路出口，或者由天津及青岛海运出口。2007 年，这三个城市的一般贸易出口量占到了我国出口总量的 50% 左右。2007 年我国聚氯乙烯一般贸易出口城市分布情况见表 1-15。

表 1-15　　2007 年我国聚氯乙烯一般贸易出口城市分布情况

排名	城市	出口量（吨）	比例（%）	累计百分比（%）
1	青岛	150556.09	20.0	20.0
2	天津	129031.32	17.1	37.1
3	乌鲁木齐	94381.41	12.5	49.7
4	上海	79092.46	10.5	60.2
5	南宁	6886.43	0.9	61.1
6	成都	5461.00	0.7	61.8
7	广州	4038.04	0.5	62.3
8	南京	3465.46	0.5	62.8
9	大连	3362.33	0.4	63.3
10	郑州	3190	0.4	63.7

数据来源：中国石油和化学工业协会，大连商品交易所。

2007 年，我国共进口聚氯乙烯纯粉 101.4 万吨，累计均价为 908.73 美元/吨，较 2006 年同期相比上涨了 89.5 美元/吨，进口数量降低了 13.3 万吨。从每月的进口量价关系来看，进口量与价格的相关性并不明显，虽然每月的进口价格有所差别，但每月的进口量基本持平。这种现象与我国聚氯乙烯品种少且多为通用料的产品结构有关，由于对高端料的刚性需求存在，所以价格对其影响较小。而出口量则与价格的关联明显，价涨即量跌，反之亦然。在 2007 年上半年月份，国内需求不旺，出口价格较低，出口量明显增多，但进入第三季度，出口价格上涨至 1000 美元/吨，出口不具备价格优势，因而出口量有大幅回落。

2003 年以前由于中国聚氯乙烯产能较小，需求不断上涨，国外廉价进口产品大量涌入国内，对国内聚氯乙烯产业构成威胁。2002 年 3 月 1 日，上海氯碱化工股份有限公司、河北沧州化工股份有限公司、北京化二股份有限公司、锦化化工（集团）有限责任公司、天津大沽化工有限责任公司代表国内聚氯乙烯行业，向对外贸易经济合作部正式提交反倾销调查申请，请求对来自美国、韩国、日本、俄罗斯四国和我国台湾地区的进口聚氯乙烯进行反倾销调查。2003 年 9 月该聚氯乙烯反倾销案终裁胜诉，对上述五个国家及地区的聚氯乙烯开始征收反倾销税，为时五年；到期后，我国聚氯乙烯行业申请继续维持该反倾销措施，被获准展期。

自 测 题

一、不定项选择题

1. 以下属于天然存在高分子化合物的是(　　)。

A. 蛋白质　　B. 淀粉

C. 纤维素　　D. 天然橡胶

2. 聚氯乙烯可以用于制造生活中的(　　)。

A. 篮球　　B. 汽车

C. 建材　　D. 人造皮革

3. 聚氯乙烯的生产原料主要有(　　)。

A. 石油　　B. 煤炭

C. 盐　　D. 木材

4. 聚氯乙烯的生产工艺主要有(　　)。

A. 电石法　　B. 电解法

C. 乙烯法　　D. 煅烧法

5. 下列不属于五大树脂的是(　　)。

A. 聚乙烯　　B. 聚丙烯

C. 聚丙烯酸甲酯　　D. 聚氯乙烯

6. 下列不属于聚氯乙烯上游原料的是(　　)。

A. 原油　　B. 铁矿石

C. 金红石　　D. 二氯乙烷

7. 我国目前聚氯乙烯产业主要采用电石法工艺而较少采用乙烯法工艺的原因是(　　)。

A. 我国化学工业体系以煤炭为主

B. 我国煤炭资源丰富

C. 我国电价受到国家管制，长期波动较小

D. 我国不允许利用原油为原料生产聚氯乙烯

8. 我国聚氯乙烯产能主要集中在(　　)。

A. 东北　　B. 华北

C. 华南　　D. 西北

9. 我国聚氯乙烯的主要消费地区是(　　)。

A. 东北　　B. 华东

C. 华南　　D. 西北

10. 我国聚氯乙烯出口遭遇的反倾销国家有(　　)。

A. 瑞士　　B. 土耳其

C. 印度　　D. 巴西

二、判断题

1. 聚氯乙烯是易燃、易爆物品。　　(　　)

2. 聚氯乙烯是一种常用的高分子材料，主要用于建材、人造皮革等产品的制造。　　(　　)

3. 五大树脂是聚乙烯、聚丙烯、聚苯乙烯、聚氯乙烯、ABS。（ ）

4. 我国与全世界其他地区一样，均采用电石法作为聚氯乙烯的主要生产工艺。（ ）

5. 我国聚氯乙烯消费对进口依赖程度很大，国内产能严重不足。（ ）

6. 我国聚氯乙烯的主要消费地是华东、华南地区。（ ）

7. 医疗器械制造占据国内聚氯乙烯消费量的60%以上。（ ）

8. 我国聚氯乙烯出口遭遇反倾销较多，但是对国外进口采取的政策比较宽松。（ ）

9. 我国聚氯乙烯产能有向西北地区集中的长期趋势。（ ）

10. 第四季度一般是国内聚氯乙烯消费的旺季。（ ）

参考答案

一、不定项选择题

1. ABCD　2. ABCD　3. ABC　4. AC　5. C　6. BC
7. ABC　8. BD　9. BC　10. BCD

二、判断题

1. 错　2. 对　3. 对　4. 错　5. 错　6. 对　7. 错
8. 错　9. 对　10. 错

第二章 聚氯乙烯期货基础知识

【本章要点】

本章主要介绍了PVC期货合约、PVC期货与现货、电子批发市场的区别；PVC期货的交割、交割库分布以及印度PVC期货等，使投资者掌握一些PVC期货的入门知识，为进入期货市场做好热身准备。

一、聚氯乙烯期货是什么？

所谓期货，一般指期货合约，就是指由期货交易所统一制定的、规定在将来某一特定的时间和地点交割一定数量标的物的标准化合约。简单地说，期货是标准化合约，在一张合约中，除价格以外，其他因素如交易品种、交易单位、报价单位、最小变动价位、涨跌停板幅度、合约月份、交易时间等都是由商品交易所事先规定的。聚氯乙烯期货是指以聚氯乙烯为标的物的期货合约。

（1）标的物。在聚氯乙烯国家标准中，根据黏数不同，聚氯乙烯区分为 SG0 - SG9 等 10 个型号。其中，SG5 型用途最广，消费量最大，其消费量占总量的 70% 以上。以我国第二大聚氯乙烯生产厂家齐鲁石化为例，2008 年该厂产能 60 万吨，生产型号有 5 型、7 型和 8 型，三者产量所占比例分别为 77%、18% 和 5%。根据 2008 年我国聚氯乙烯表观消费总量 902 万吨计算，按照 70% 的比例，SG5 型消费量超过 630 万吨，市场规模接近 500 亿吨。因为该型号市场规模大，所以大连商品期货交易所将其作为标的物，可供交割资源充足。同时，也能够发挥 SG5 型市场份额大、价格主导能力强的优势，对其他型号聚氯乙烯市场产生影响，实现有效的替代保值。

（2）合约简介。聚氯乙烯期货合约的设计在很大程度上参照了大连商品交易所另一化工品 LLDPE 合约的设计。聚氯乙烯合约交易代码为 V，交易单位为 5 吨/手，报价单位为元（人民币）/吨，最小变化价位为 5 元/吨，涨跌停板为上一交易日结算价的 ±5%，交易手续费为不超过 6 元/手。

大连商品交易所聚氯乙烯期货合约见表 2-1。

表 2-1　　大连商品交易所聚氯乙烯期货合约

交易品种	聚氯乙烯
交易单位	5 吨/手
报价单位	元（人民币）/吨
最小变动价位	5 元/吨
涨跌停板幅度	上一交易日结算价的 4%
合约月份	1，2，3，4，5，6，7，8，9，10，11，12 月
交易时间	每周一至周五上午 9：00～11：30，下午 13：30～15：00
最后交易日	合约月份第 10 个交易日
最后交割日	最后交易日后第 2 个交易日
交割等级	质量标准符合《悬浮法通用型聚氯乙烯树脂（GB/T 5761-2006）》规定的 SG5 型一等品和优等品
交割地点	大连商品交易所指定交割仓库
最低交易保证金	合约价值的 5%
交易手续费	不超过 6 元/手
交割方式	实物交割
交易代码	V
上市交易所	大连商品交易所

（3）保证金。聚氯乙烯的保证金与大连商品交易所现有品种保持一致。保证金制度包括一般月份保证金标准、临近交割期梯度增加保证金、根据合约持仓量变化调整保证金和市场出现涨跌停板单边无连续报价时等4个方面。此外，交易所为减少市场风险通常会在节假日前后提高保证金。一般月份合约最低交易保证金仍按合约价值的5%比例收取，其他规定详见表2-2。

表2-2 聚氯乙烯期货合约临近交割期时交易保证金收取标准

交易时间段	合约交易保证金（%）
交割月前一个月第1个交易日	合约价值的10
交割月前一个月第6个交易日	合约价值的15
交割月前一个月第11个交易日	合约价值的20
交割月前一个月第16个交易日	合约价值的25
交割月份第一个交易日	合约价值的30

聚氯乙烯期货合约持仓量变化时交易保证金收取标准见表2-3。

表2-3 聚氯乙烯期货合约持仓量变化时交易保证金收取标准

合约月份双边持仓总量（N）	交易保证金（%）
N≤100万手	合约价值的5
100万手<N≤150万手	合约价值的8
150万手<N≤200万手	合约价值的9
200万手<N	合约价值的10

出现三次停板之后交易所对该合约可予以强减，具体规定见表2-4。

表2-4 聚氯乙烯期货合约连续停板时交易保证金收取标准

交易状况	涨跌停板幅度	交易时保证金标准	结算时保证金标准
第1个停板	4%	5%	6%
第2个停板	4%	6%	7%
第3个停板	4%	7%	5%

（4）交割时间。聚氯乙烯合约的交割月份为1～12月，如聚氯乙烯0911，即聚氯乙烯2009年11月交割合约。期货合约又分为普通合约与主力

合约，通常持仓量最大、交易量最大的合约就是当前的主力合约，如聚氯乙烯期货刚上市的时候聚氯乙烯0909是主力合约，而2009年9月份的时候，聚氯乙烯0911成交量、持仓量均大于其他合约，成为主力合约。最后交易日为合约月份第10个交易日，最后交割日为最后交易日后第2个交易日。

(5) 交割等级。交割等级为达到《悬浮法通用型聚氯乙烯树脂（GB/T5761－2006)》SG5型号一等品质量标准的聚氯乙烯，采取实物交割的方式于大连商品交易所指定交割仓库进行交割，交割品不区分乙烯法和电石法，高于以上一等品质量标准的交割品无升水。

(6) 交割仓库。交割仓库的地点也是投资者所关注的问题之一。大连商品交易所在仔细分析聚氯乙烯现货市场生产、流通、消费格局的基础上，将华东地区的上海、杭州、宁波、苏州、常州、无锡，华南地区的广州、佛山、东莞作为聚氯乙烯期货交割地点，其中，以广州、佛山、东莞等地为代表的华南地区作为基准交割地点，其余地点为非基准交割地点，非基准交割地点与基准交割地点间不设升贴水。

延伸阅读：期货与现货关系

我们一直在说期货，那么究竟期货是在什么历史背景下产生的？经历了怎样的历程发展成目前在资本市场中占有重要地位的？期货又和现货有什么区别呢？

首先说期货的产生过程。

期货市场的历史可以追索到中世纪的欧洲。随着经济的发展，中世纪的欧洲已经出现了中央交易市场、大宗易货市场以及带有期货贸易性质的交易活动。最早的大规模交易市场出现在古希腊和古罗马时期。中世纪的欧洲，无论在经济地位还是军事地位，都是当时最具有实力的。当时的罗马议会大厦广场、雅典的交易市场等大规模的市场就逐渐发展成为中心交易场所。随着时间的推移，到12世纪的时候，这种具有期货贸易性质的交易方式，开始被后起之秀英、法等国采用，并发扬光大。

最初期货市场的创建目的是为了满足农民和商人的需要。1251年，英国宪法允许外国商人到英国参加季节性交易活动。但是当时的运输条件没有现代这样发达，货物在运送途中时，交易价格变动，往往会使贸易商遭受严重的损失。虽然后来引入了列明商品品种、数量、价格、预交保证金等在货物运送途中提前签署的交易模式，但是因为没有统一的部门监管，还是会出现很多意想不到的违约情况。时间到了1571年，英国创建了世界上第一家集中的商品市场——伦敦皇家交易所，这就是后来的伦敦国际金融期货期权交易所。此后世界各地的交易所如雨后春笋般涌现，荷兰的阿姆斯特丹建立了第一家谷物交易所、比利时的安特卫普开设了咖啡交易所。17世纪前后，荷兰又在早期期货交易的基础上发明了世界上最早的期权交易方式，在阿姆斯特丹交易所开始了郁金香的期权交易。

不过跟现在我们从事期货交易比较相近的交易方式的开始，是产生于19世纪中期的美国芝加哥。芝加哥因地理优势，成为美国中西部粮食交易的集散地。粮食特有的季节性，加上仓库不足和交通运输不便等因素，使粮食的供求矛盾异常突出。贸易商和粮食加工商总是在市场价格波动时无可奈何的遭受经济损失。1848年，芝加哥的82位商人发起组建了芝加哥期货交易所（Chicago Board of Trade）。不过早前的芝加哥期货交易所实际上只是一家为促进芝加哥商业发展而自然形成的商会组织。1851年，芝加哥期货交易所引进了远期合同。远期合同的引入对期货交易的产生具有重要意义。到了1865年，在改良远期合同的基础上，芝加哥期货交易所迈出了跨时代的一步，推出了世界上第一份标准化合约，同时开始实行保证金制度。从此真正意义上的期货交易诞生了。

从第一份期货标准化合约产生到现在，期货交易作为资本市场大家庭中的重要一员，得到了充分的发展。

从早期的农产品期货开始后的一百多年来，期货交易的对象不断扩大，种类日益繁多，花样不断翻新。有传统的农产品期货，如谷物、棉花、小麦、油菜籽、燕麦、黄豆、玉米、糖、咖啡、可可、猪、猪肚、活牛、木材等期货；有金属期货，如黄金、白银、铂、铜、铝等期货；有方兴未艾的能源期货，如原油、汽油等期货；有20世纪70年代后迅速崛起的金融期货，如外汇、利率、股票指数等期货。

我们知道在期货大家庭中，交易最活跃的是金融期货。金融期货自从20世纪70年代初问世以来，发展十分迅速，交易量可以说是呈“爆炸性”上升，在各国期货市场中占有极重的份额。金融期货主要包括利率期货、外汇期货和股票指数期货。在美国期货市场上，目前主要的外汇期货包括日元期货、德国马克期货、加元期货、欧元期货等。利率期货包括美国政府长期、中期和短期国债期货等。股票指数期货有标准普尔500股价指数（S&P500）期货、道琼斯指数期货、纽约证券交易所综合股价指数期货等。

我国的期货行业还是一个比较年轻的行业。

新中国建立时，期货市场的投机性与当时新中国稳定经济的目标不相容。由此我国的期货业经历了漫长的休眠期。新中国的期货市场发展开始于20世纪80年代末，随着改革开放的逐步深化，市场价格体制逐渐放开，期货市场被越来越多的人所熟知，虽然期间经历了1993~1998年的整顿治理，但是随着我国经济的腾飞，从2000年开始，我国期货市场逐步走出低谷。目前，上海期货交易所目前已经成为亚洲最大，世界第二的铜期货交易中心；大连商品交易所的大豆期货品种的交易量也跃居世界前列，成交量仅次于美国的芝加哥期货交易所。中国期货市场在这20多年中，得到了党中央的支持，发展势头良好，市场规范化程度进一步提高，监管措施日渐完善。2006年9月8日，中国金融期货交易所在上海成立，标志着中国期货市场与世界接轨，将在更广阔的天地中扬帆远航。

随着经济全球化和世界一体化的进程，影响企业经营成果的已经不在是以往单一的价格波动，经济因素的相互影响使企业面临比以往更复杂的经营环境。期货市场作为企业防范现货价格波动风险，锁定利润的有力手段，被越来越多的企业所应用。那么期货市场和现货市场到底有怎样的区别呢？

首先，我们说说什么是现货。现货就是我们通常所讲的商品买卖活动。买卖双方通过溢价，谈定价格而后完成银货交易。但是，企业在经营活动中经常遇到，买家提前几个月下定单，或者由于预期的销售高峰期到来而要大量储备原料的情况。这时候企业就会面临商品或者原料价格波动给自己经营带来的风险。期货就是可以为企业经营提供保障的交易方式。现货交易和期货交易的对象、目的、程序都是不同的。期货交易的是标准化合约，而现货则交易的是实实在在的商品；期货交易的目的是转移价格风险或进行投机获利，而现货交易是获取价差利润；最后期货交易是在规范的期货交易所内的标准化交易模式，而现货交易则可以根据不同的市场环境灵活变通。期货价格可以说是市场对商品价格的预期，现货价格是商品目前的交易双方的认可价格，但是期货通过交割这一环节，可以期货与现货价格归一。

近年来，期货交易从发达国家到发展中国家迅速发展，成为当今世界金融体系中重要的一员。至今期货交易已经成为当今经济全球化发展趋势中的标志性特征之一。利用期货与现货的联动性即可以让企业有计划组织生产，规避由商品价格波动引起的经济损失；又可以为企业灵活经营提供更多的渠道。

二、聚氯乙烯期货具有哪些商品特性？

以聚氯乙烯为代表的合成树脂是国民经济发展必需的基础性化工材料，为工业制造、建筑、医药和日用品生产等关系国计民生的产业提供了重要的原材料，在我国国民经济中占有重要地位，是我国经济发展的重要支柱之一。在国内，聚氯乙烯的产量和消费量都位居五大通用树脂之首。据统计，2008 年全国聚氯乙烯的总产值接近 670 亿元。聚氯乙烯下游制品的市场更为广阔，2008 年以聚氯乙烯为原料的下游制品产值超过千亿元。在建筑领域广泛应用的各类型材、管材，以及电力系统的电线电缆，农业用软管，医药用输血器材、医用手套等均来源于聚氯乙烯。可以说，聚氯乙烯在人民的生产生活领域无处不在、与国内整体经济发展形势紧密相连。

目前，我国正处于农村向城市化转变的进程之中，一系列惠农政策的相继出台和新医疗改革进程的推进，必将带动我国建筑、农业设施、基础公用设施建设和医疗等领域新一轮的快速发展。统计表明，GDP 每上升一个百分点可以带动聚氯乙烯的需求量增加约 50 万吨以上。

聚氯乙烯期货品种的上市，为广大投资者增加了另一个全新的投资工具，使投资者能够通过期货市场分享我国经济增长的成果。与此同时，受国际金融危机影响，专家预测未来世界经济仍将长期在底部运行，繁荣的国内市场将成为国际市场的主要投放目标，从而仍会导致国内商品价格的波动起伏，聚氯乙烯期货的上市能够为相关产业客户提供一个良好的避险工具。

聚氯乙烯的生产主要有两种制备工艺：电石法和乙烯法，从前文我们知道电石法属于煤化工路线，电石法聚氯乙烯的源头是煤炭；乙烯法是石油化工路线，源头主要是石油，可以说大连商品交易所上市的聚氯乙烯期货横跨煤化工和石油化工两个行业。

国际市场上聚氯乙烯的生产主要以乙烯法为主，而国内受到富煤、贫油、少气的资源条件限制，则主要以电石法为主。从生产成本角度分析，两种工艺在不同经济发展周期，成本差别较大。通常情况下，在国际宏观经济高速发展阶段，由于油价较高，乙烯法生产成本较高，电石法成本优势明显；而一旦国际经济进入衰退，油价将在低位运行，而电石法由于能耗较高，煤电油运等下游原材料价格有支撑，成本优势消失。

目前，我国聚氯乙烯产业已经进入高成本支撑时代，上游生产成本对其价格走势起决定性作用。近年来，国际原油和石化产品价格不断上升，使用乙烯法生产聚氯乙烯的成本相应升高，国内电石法生产的聚氯乙烯具有较明显的成本优势，煤炭价格的变化成为影响聚氯乙烯期货价格的主要因素之一。随着我国对煤炭价格的进一步放开，煤炭价格波动向聚氯乙烯期货价格的传导和影响作用日趋明显。

从远期情况看，随着我国经济开放程度的加深，国际聚氯乙烯价格的变化也传导和带动国内价格产生相应的变动，这就间接将国际石油价格变化与国内聚氯乙烯市场价格联系起来。据测算，聚氯乙烯价格与石油价格和煤炭价格的相关系数都超过了0.6，表明聚氯乙烯价格与煤炭、石油等能源价格之间存在较高的相关性，使得在我国尚无能源期货的今天，聚氯乙烯品种更具投资魅力。

作为一种产业链条长，参与企业多，影响范围广的实物商品，聚氯乙烯的供需与经济周期密切相关，聚氯乙烯的中长期价格运动呈现出明显的周期性。

从聚氯乙烯市场的中长期波动来看，完成一个周期的时间段一般在3～4年左右，呈现三段式走势特点：先缓慢持续上涨，到达周期高点后迅速转头，触及周期低点，然后小幅反弹并持续低迷，直至下一个周期性上涨的到来。三个阶段持续的时段大致比例为5∶1∶2。

从历史数据分析，虽然GDP是影响聚氯乙烯市场供求呈现周期性变化的重要原因，但聚氯乙烯的市场波动通常滞后于GDP的波动，且频率更快，波动幅度更大。聚氯乙烯中长期价格所具有的强周期性特点，不仅为企业制定经营生产决策和执行套保提供依据，也使投资者可以通过分析一系列影响宏观经济走势的因素，推测聚氯乙烯价格的中长期运动情况，把握投资机会，进行投资。

虽然国内聚氯乙烯生产以电石法为主，但天津大沽化、上海氯碱、齐鲁石化、宁波台塑等有石油资源优势或外资背景的化工企业仍采用乙烯法作为生产聚氯乙烯的主要工艺，目前国内采用乙烯法生产的聚氯乙烯还能占到1/5左右的市场总额。

我国聚氯乙烯的生产呈现电石法和乙烯法两种工艺共存的中国特色，加上煤炭、原油和电石等原材料价格波动频繁，导致聚氯乙烯价格不但具有强周期性，短期价格波动也非常频繁且剧烈。从聚氯乙烯历年价格走势情况来看，除市场供求变化，新、扩建企业的进入，生产成本和季节变化外，聚氯乙烯区域价格的联动性以及显著的市场主导价格等因素，都可能使聚氯乙烯价格在较短的时间里出现巨幅波动。据统计，华南、华东、华北三个地区的聚氯乙烯价格均相互存在长期协整关系，三地区两两之间的相关性均在0.97以上，华南和华东地区之间的价格相关性最好。华南价格是全国价格的主导价格，它对华东、华北地区的价格影响水平分别为95.7%和73.9%，而后两者对华南价格则无明显的影响，但他们两者之间可以相互影响，影响力水平大致相当。

此外，为了保障国内企业的发展，国内反倾销政策在一定程度上减少了国际市场对国内聚氯乙烯产业的冲击，这种保护政策经常随着经济形势变动，而且，这种保护伞不可能伴随整个产业的发展过程，一旦经济形势发生变动，国内聚氯乙烯市场的供求格局必将改变，从而引导价格变动。聚氯乙烯短期价格频繁波动的特点必将提高企业的套保需求，同时也为投资者创造更多的赢利机会。

目前，国内的聚氯乙烯生产企业有 150 家左右，据海关总署统计，2007 年我国从事聚氯乙烯进出口业务的企业约有近千家。根据中国塑料加工协会提供的统计数据，截止到 2006 年底，聚氯乙烯加工企业有 1097 家。期货为企业提供了一种方便的回避和转移价格风险的方式，面对价格的起起落落、大涨大跌，聚氯乙烯上、下游的广大企业都存在着套期保值的需求，这些成为聚氯乙烯期货市场上套保投资的中坚力量的现货企业群，不仅为聚氯乙烯品种铺垫了坚实的客户基础，也使得聚氯乙烯期货品种的价格发现过程更加便捷和理性，交易更加活跃和顺畅，更能满足理性投资者的要求。

印度国家商品和衍生品交易所公司（NCDEX）的聚氯乙烯期货

印度期货市场具有悠久的历史。目前印度有 3 家全国性质的商品交易所和 21 家地区性的商品交易所。印度全国性的交易所均为公司制，主要股东都是银行。从数据上看，印度近年来商品市场的交易量和成交额都呈快速增长之势。印度商品交易的成交量占世界前 20 家交易所成交总量的 10%左右，在世界期货领域里占有重要的地位。印度商品交易所交易的期货品种丰富，包括农产品、天然纤维、原油、天然气、金银等 100 多个品种。

中国并不是第一个推出聚氯乙烯期货的国家，在大连商品交易所推出聚氯乙烯期货之前 3 年，印度国家商品和衍生品交易所公司（NCDEX）已经成功推出了聚氯乙烯期货。2005 年 8 月，印度国家商品和衍生品交易所公司（NCDEX）推出塑料期货，涉及产品是聚乙烯（PE）和聚丙烯（PP）。由于印度的聚氯乙烯树脂产量巨大，在 2006 年 3 月，印度国家商品和衍生品交易所公司（NCDEX）又推出了聚氯乙烯塑料期货。印度国家商品和衍生品交易所公司（NCDEX）推出的塑料期货交易业务，是继伦敦金属交易所（LME）推出聚丙烯和线型低密度聚乙烯期货交易业务后，全球第二个可以进行塑料期货交易的场所。

印度国家商品和衍生品交易所公司（NCDEX）的聚氯乙烯期货主要是针对印度国内市场，充分发挥期货市场对现货市场的导向作用，指导印度国内的聚氯乙烯树脂行业有序健康的发展。出于同样的目的，于 2009 年 5 月 25 日，聚氯乙烯合约在大连商品交易所上市。

聚氯乙烯期货在大连商品期货交易所挂牌上市交易，不仅丰富了我国大宗商品期货市场品种体系，还可以起到推动我国聚氯乙烯产业长远发展，并对建立健全石化产品市场体系具有重大意义。我国聚氯乙烯合约上市有以下四点积极意义。

（1）聚氯乙烯期货上市将为聚氯乙烯现货企业提供有效的规避价格波动风险的金融工具。

（2）聚氯乙烯期货上市对促进聚氯乙烯产业的长远发展具有战略意义。

（3）聚氯乙烯期货上市将丰富我国合成树脂期货品种体系。

（4）聚氯乙烯期货上市对我国取得对聚氯乙烯产品的定价权具有长远的影响。

表2-5和表2-6是我国大连商品交易所聚氯乙烯合约和印度国家商品和衍生品交易所的聚氯乙烯合约。从两份合约中可以看出，基本条款是类似的，不过印度国家商品和衍生品交易所的聚氯乙烯合约设定了熔断机制，当期价碰触前日收盘价的±3%时，交易所将会暂时停止交易15分钟，而我国的聚氯乙烯合约却没有设定这一机制。还有一点主要的不同就是我国合约的报价单位是元/吨，而印度的是10比索（Paise）/kg，印度设置的报价单位相对较小，波动变化更为敏感，而我国的报价单位设定会使期货价格波动的相对平稳些。因为我国制定聚氯乙烯合约时参考了印度，所以其余条款都比较相似。

表2-5　大连商品交易所聚氯乙烯合约

交易品种	聚氯乙烯（PVC）
交易单位	5吨/手
报价单位	元（人民币）/吨
最小变动价位	5元/吨
涨跌停板幅度	上一交易日结算价的4%
合约月份	1，2，3，4，5，6，7，8，9，10，11，12月
交易时间	每周一至周五上午9：00~11：30，下午13：30~15：00
最后交易日	合约月份第10个交易日
最后交割日	最后交易日后第2个交易日

续表

交割等级	质量标准符合《悬浮法通用型聚氯乙烯树脂（GB/T5761－2006）》规定的SG5型一等品和优等品
交割地点	大连商品交易所指定交割仓库
最低交易保证金	合约价值的5%
交易手续费	不超过6元/手
交割方式	实物交割
交易代码	V
上市交易所	大连商品交易所

数据来源：大连商品交易所关方网站。

表2－6　印度国家商品和衍生品交易所公司聚氯乙烯合约部分内容

交易品种	Polyvinyl Chloride
交易单位	3吨/手
报价单位	比索/吨
最小变动价位	10比索（Paise）/kg（即100卢比/吨）
涨跌停板幅度	±4%（±3%设溶断价）
合约月份	全年12个月
交易时间	周一至周五10：00～11：30，周六10：00～14：00
最后交易日	每个交易月的20日
最后交割日	每个交割月份的20至23日
交割等级	交易所认可标准或进口级别，以及交易所曾经认可的任何其他品级
交割地点	Bhiwandi、Delhi
最低交易保证金	3%
交割方式	实物交割
交易代码	PVC6567MUM
上市交易所	印度国家商品和衍生品交易所公司（NCDEX）

数据来源：印度国家商品和衍生品交易所公司关方网站。

三、聚氯乙烯期货具体如何交易？

由于期货交易必须集中在交易所内进行，而在场内操作交易的只能是交易所的会员，包括期货经纪公司会员和自营公司会员。因此，期货经纪公司是介于普通投资者和交易所之间的桥梁。期货经纪公司将客户的交易指令下达到交易所，交易通过集中竞价，根据价格优先、时间优先的撮合成交原则完成交易。

作为一名普通投资者，在经过对比、判断后，选择一家期货公司。投资者必须通过与期货公司签署“期货经纪合同”，开立交易账户，交纳一定数量的保证金后才能开始期货交易。通常来讲，从事期货交易包括开户、交纳保证金、下单结算、交割等环节，具体见图 2 - 1。

期货交易过程中需要注意以下几个问题：

首先交易时间搞清楚。小张是个股民，听说期货市场有卖空机制，感觉是个新鲜事件，于是想做手聚氯乙烯期货，但不清楚期货的交易时间，于是想当然的认为期货市场的交易时间和股票市场的交易时间相同“从早上 9 点半到 11 点半，下午 1 点到 3 点”。期货市场，瞬息万变，搞错了时间那还得了？我国商品期货的交易时间与股票不同，而且三大期货交易所的具体交易时间也有差别，聚氯乙烯期货具体的交易时间是从“上午 9 点到 10 点 15 分，10 点 30 分到 11 点 30 分，下午 13 点 30 分到 15 点”。此外，每个交易日的8:55 ~ 8:59 是集合竞价时间。

其次仓位知识要懂得。期货对于许多投资者都是新鲜事物，仅知道交易时间远远不够。从一开始，我们还必须了解它的仓位知识。怎么开仓，怎么平仓，在期货交易中都是生死存亡之道。

例如，经朋友介绍老王进入期货市场，他本是个股民，且对新鲜事物都很好奇，不久就了解了期货市场相比股票市场的优势，如做空机制、限仓机制等，于是决定做 1 手聚氯乙烯期货。他分析了聚氯乙烯行情后，认为价格即将下调，于是他当下决定卖出开仓 1 手。当日行情果然下跌，老王十分开心，觉得期货有了卖空机制就是好，只要方向看对，看跌也有机会获利。收盘前，老王决定将盈利落袋为安，便在下单时选择了买入开仓 1 手。然而当

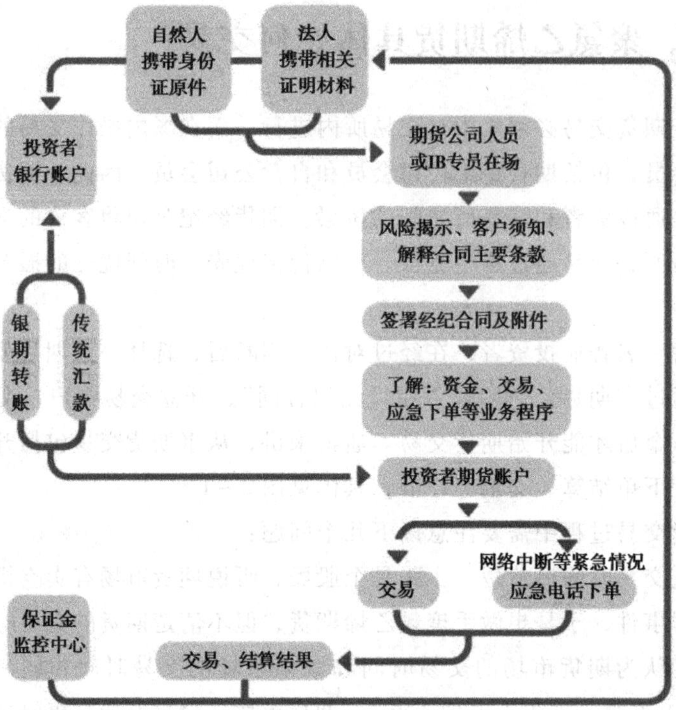

图 2－1 期货交易程序

交易结束后，他却突然发觉自己居然持有多空各 1 手持仓，大惑不解，怎么会是这样呢？

原来，开仓也叫建仓，是指投资者新买入或新卖出一定数量的期货合约，在最后交易日结束之前，择机将买入的期货合约卖出，或将卖出的期货合约买回。即通过一定数量相等、方向相反的期货交易，来冲销原有的期货合约的行为，就叫平仓。

再次投资者要了解什么叫强行平仓和限仓。

后来，老王懂得了开仓和平仓后，就算一只脚迈进了期货的门槛。他持有的很多期货品种，有些已经长期被套。在参与交易后，他对自己持有的有浮动亏损的头寸也没及时平仓。他总坚信自己的判断没错，但是行情却一直向他不利的方向发展。有一天，他接到了期货公司的追加保证金和强行平仓的通知，他未在意。结果第二天开盘，老王发现自己的仓位已经被期货公司平掉。他这才知道还有“强行平仓”一说，他认为期货公司无权对他的仓位进行平仓处理。

其实这还真不能怪期货公司，交易保证金不足，又未能及时追加的，投资者必须自行采取平仓措施，否则，期货公司有权对投资者所持的头寸采取强制平仓措施。期货公司按照期货经纪合同约定的强行平仓条件、时间、方式执行强行平仓，既是期货公司的权利，也是期货公司的义务。期货公司严格按照法规和合同的约定，对客户的持仓头寸进行强制平仓，其中所带来的损失，由客户自行承担。

通常来说，一般出现下列情况时，期货公司可能会对客户进行强行平仓：

（1）客户可用保证金小于零，并未能在规定时限内补足的；

（2）持仓超出持仓限额标准，并未能在规定时限内平仓的；

（3）因违规受到交易所强行平仓处罚的；

（4）根据由于交易所的紧急措施应予强行平仓的。

另外，对于期货公司来说，还有“限仓”这么一说。为了要防止和打击操纵市场行为，除了合理设计期货合约、完善保证金制度以外，实行限仓制度也是最重要的手段之一。一旦发现有操纵市场行为，可以通过将操纵者的头寸强行平仓，使其操纵行为流产。所谓限仓，就是规定投资者在某期货合约的最大允许开仓数量，不允许超量持仓。大户报告制度，就是当投资者所持有的持仓数量达到交易所规定的数量时，必须向交易所报告有关情况。

最后投资者需要关注保证金调整，在期货交易中，投资者只需按所买卖期货合约价值的一定比例交纳少量资金，作为履行期货合约的财力担保，便可进行全额交易。这种制度称为保证金制度。例如：聚氯乙烯 1001 价格为 6800 元/吨，假设保证金比例为 12%，则交易 3 手聚氯乙烯（5 吨/手）所需的资金为：$6800 \times 5 \times 12\% \times 3 = 12240$ 元。

我们知道，期货交易所在设计合约时即制定了最低保证金比例。一般而言即考虑了市场的流动性，也包含了对风险控制的考量。期货公司也会根据自身的实际风险控制能力，在最低保证金比例上会有所上调，在实际交易中也会根据市场运行的情况，作出保证金比例的变动。因此，保证金比例不是固定的。一般而言，风险较高的合约保证金比例较高，如金属期货；风险较低的合约保证金比例一般较低，如农产品期货。

保证金的及时调整，其实表示，期货交易所和期货公司可根据交易制度及市场防范风险的需要调整保证金比例，期货投资者也因此面临着保证金比例调整的风险。建议投资者不要满仓操作，同时在市场风险增大的时候，要留出足够多的资金以应付保证金比例的调整。

小李刚刚进入期货市场，参与了新上市场的聚氯乙烯期货交易，由于不了解期货交易，刚开始时，按照期货公司的提示小手数进行交易，不满仓操作。可随着对期货交易的逐渐熟悉，小李的胆量也在增加，每次交易手数越来越大。于是，小李按现行保证金比例满仓操作，行情走势也确实按小李判断的走，但第二天，小李还是接到了期货公司追加保证金通知。原来期货公司为防范风险，已将保证金比例相应提高，使小李的持仓保证金不足，面临追加保证金或减少持仓的压力，不然小李的持仓将面临被强行平仓的风险。

这是初入市的投资者常会遇到的问题，保证金为什么会调整，通常什么时候会调整呢？另外，对交易规则的不熟悉，也会使投资者经常发现，“我的保证金怎么又不够了？”下面，我们对上述问题进行一一解答。

首先，保证金调整的问题。为了防范风险，交易所通常会在节假日前、某合约进入交割前、连续涨跌停后对保证金进行调整。具体调整方法以保证金的比例参考第一章的保证金介绍。其次，保证金不足的问题也往往是技术的问题。比如有投资者反映，前面的委托明明没有成交，保证金怎么会不够呢？例如，尹小姐通过某期货公司参与了聚氯乙烯期货的仿真交易。她观察了现货市场的行情走势后，认为当天的价格将会下跌。于是在进行了技术分析以后，她选择了限价指令下单，可是没有成交。此后，当日行情不跌反涨，尹小姐当机立断，想买入开仓。然而当她下单的时候，突然发现无法开新仓，系统显示保证金有不足。尹小姐觉得很奇怪，刚才的委托单并未成交，怎么再做单会出现保证金不足呢？

其实，在客户下达委托指令后，相应的保证金就会被占用。委托指令在未执行之前可以进行撤单操作。因此，尽管前面的委托没有成交，但投资者仍需要撤回之前的委托单，才能释放出相应的保证金。

期货合约不能一直“捂着”

陈先生一直从事证券交易，2009 年随着三个期货新品种的推出，他对期货知识略知一二，开始关注期货市场。他开仓买入某聚氯乙烯期货合约后，就一直放着不予理会，因为他认为过一段时间，价格肯定会有更大幅度的上涨。然而，某天他突然接到期货公司通知，说本周周五是该合约到期日，之后他便不能继续持有。他很后悔没有在前几天价格较高的时候平仓获利，而不得不在最后几个交易日以稍稍高于买入价的价格进行了平仓。

相似的案例有很多，老蔡是十几年经验的“老股民”了，多年的股票操作经历使他养成了“买进且持有”的“策略”，有人给他起个绰号“老被套”。老蔡听说期货后，便在期货公司开户交易聚氯乙烯期货。老蔡心想，交易期货合约跟做股票一样，先买，等涨了就卖，如果跌了，就“捂着”等机会，便做多聚氯乙烯期货。不料 8 月中旬后市场展开大幅调整，价格下跌，聚氯乙烯期货合约价格也全面走低，老蔡心想，不就是被套了吗，没什么，不就下跌了几点吗！又过两天，行情继续下跌。此时他接到了期货公司发来的“追加保证金通知”，但他心想，不用追加，过两天就会上涨的。结果第二天被期货公司强行平仓了。强行平仓后第三天，价格有所反弹。遗憾的是，此时价格上涨跟老蔡已经没什么关系了。

期市里有句话：“不怕错，只怕拖”。捂股是很正常的，捂期货就万万不能了。正常情况下，股票买入后可以一直持有。但期货合约都有到期日，到期就要摘牌。因此，期货交易不能像买卖股票一样，交易后就不管，必须注意合约到期日，以决定是提前了结头寸，还是等待合约到期。自有期货以来，没有任何一个专家能够百战百胜，没有任何一种分析工具次次灵验，在交易中出现考虑不周或失算是难免的。问题在于出错后，怎么应对！止损观念是“不拖”原则的最直接体现，经验表明，期货交易最重要的就是养成第一时间进行“止损”的好习惯。第一时间止损的好处是：即使出现不利于你的突变情况，你已在第一时间止损了，不至于措手不及，面对已成事实的巨大差价，再作止损决策就更难了。

四、聚氯乙烯期货合约该如何了结？

小王在某家期货公司开了个个人户炒期货，他本是聚氯乙烯贸易商。2009 年 7 月初，小王在现货市场以 6650 元/吨的价格大量采购了聚氯乙烯现货，根据他多年贸易经验预计后期价格会上涨，他每日对比期货与现货价格进行认真分析。8 月 3 日，小王发现聚氯乙烯期货 909 合约价格达到7500

元/吨以上，完全达到他的盈利目标，于是他决定在期货市场上卖出聚氯乙烯期货100手。但是接下来几天，聚氯乙烯期货价格继续上涨，出乎小王的意料，他的期货账单出现浮亏。但结合现货进货价格，每吨还是有800~900元/吨的盈利，于是小王决定进行交割，即直接把他的现货聚氯乙烯卖到期货市场，不料被期货公司告知，由于小王所开的是个人户只能以平仓的形式了结。于是，小王开始思考期货到底有多少种了结方式？不同的客户该有哪些选择？

商品期货交易的了结（即平仓）一般有两种方式，一是对冲平仓；二是实物交割。

对于普通个人投资者来说，了结期货合约的方式是对冲平仓。平仓是指通过一定数量相等、方向相反的期货交易，来冲销原有的期货合约的行为。如前面案例：老王分析了聚氯乙烯行情，认为价格即将下调后，决定卖出开仓一手。当行情如他所料，老王想将盈利落袋为安时，应该选择买入平仓1手对冲买入的头寸。

对于企业法人户投资者来说，可采用期货交割的方式进行了结，期货交割是指期货交易的买卖双方于合约到期时，对各自持有的到期未平仓合约按交易所的规定履行实物交割，了结其期货交易的行为。期货交割又可分为集中交割和期转现。比如上述案例中的小王，作为贸易商如果开法人户更方便在期货市场上操作。

集中交割指所有到期合约在交割月份最后交易日过后一次性集中交割的交割方式，是仓库交割方式的一种，交割价格按交割月份所有交易日结算价的加权平均价格计算。如聚氯乙烯909合约的交割价格是按9月份所有交易日（总计10个交易日）结算价的加权平均价格计算的。采取集中交割可以有效避免交割违约，为卖方提供增值税发票和买方筹措货款留下充足时间。

期货转现货是指期货市场持有同一交割月份合约的多空双方之间达成现货买卖协议后，变期货部位为现货部位的交易。这种交割方式在全球商品期货和金融期货中都有广泛应用，我国三家期货交易所都已推出期转现交易。

尽管实物交割在期货合约总量中占的比例很小，然而正是实物交割和这种潜在可能性，使得期货价格变动与相关现货价格变动具有同步性，并随着合约到期日的临近而逐步趋近。实物交割就其性质来说是一种现货交易行为，但在期货交易中发生的实物交割则是期货交易的延续，它处于期货市场与现货市场的交接点，是期货市场和现货市场的桥梁和纽带，所以，期货交易中的实物交割是期货市场存在的基础，是期货市场两大经济功能发挥的根本前提。

延伸阅读：我国聚氯乙烯电子批发市场与期货市场有何区别？

大连商品交易所推出聚氯乙烯期货之前，我国的聚氯乙烯主要是在现货市场和电子批发市场中进行交易的。广义的现货市场可以理解为聚氯乙烯的生产方、贸易方和需求方，这三方进行聚氯乙烯买卖的场所。要是微观细分的话，又可以分成普通的现货交易市场、电子批发市场等。下面为读者介绍我国聚氯乙烯电子批发市场、期货市场的特点和区别。

首先，聚氯乙烯的电子批发市场，是主要从事聚氯乙烯的中远期交易的场所。交易双方通过电子盘面了解聚氯乙烯的价格信息，再根据自己的需求选择交易对手进行交易。电子批发市场的价格主要是通过撮合成交形成。通过媒体了解到，电子批发市场的手续烦琐且交易成本较高。除了交给电子批发市场的费用外，由于聚氯乙烯的生产地和消费地相距较远，交易双方往往要支付额外的运输成本，增加了企业运输成本负担。目前我国主要的聚氯乙烯电子批发市场有：广东塑料交易所、余姚塑料城、金银岛网交所等。从中可以看出，电子批发市场主要集中在聚氯乙烯的主销区域，因此，在电子批发市场成交的双方不得不考虑运输成本，这也在一定程度上制约了电子批发市场的发展前景。

虽然聚氯乙烯的电子批发市场可以为生产厂家提供一个集中交易的平台，但是聚氯乙烯的价格波动剧烈，并具有明显的周期性，电子批发市场不能解决交易双方因价格发生大幅变化时所产生的交易摩擦。因此，大连商品交易所聚氯乙烯期货拓宽了聚氯乙烯价格形成的途径，通过有效竞争的市场为聚氯乙烯提供更具权威性和公平性的价格，现货企业也可以利用期货市场的套期保值功能，规避现货价格波动产生的风险。

期货市场的一个重要功能就是形成有公信性的价格，并利用期货市场进行套期保值，更好地为交易双方服务。聚氯乙烯期货上市可以帮助现货企业利用期货市场进行套期保值，规避现货价格波动带来的风险。并且，聚氯乙烯期货的交割仓库主要分布在华东和华南，基准交割地为广州，更贴近聚氯乙烯主要消费市场。另外，期货合约有明确的交割标准，这也为交易双方提供了品质的保证，避免了因为货不对版所引起的法律纠纷；加上有交易所严格的监管，就为交易双方提供了双保险。

综合看来，聚氯乙烯期货交易相对于电子批发市场来讲，有交易成本低，合约标准化等优势，这对于健全我国合成树脂期货品种体系，促使期货市场更好地为国民经济服务十分有利。同时，通过期货市场的高度透明的竞争机制，有利于形成聚氯乙烯的权威性的价格，指导聚氯乙烯上下游企业合理安排生产和经营，规避市场风险。并且，由于期货市场可以客观地反映一段时间市场供需变化情况，有利于政府及相关部门及时、准确地把握市场变化趋势，适时制定保证行业持久稳定运行的规范措施，调控市场，保障资源的合理配置和市场的供求平衡。此外，聚氯乙烯期货可以为聚氯乙烯生产、贸易和消费企业提供低成本、高效率的风险控制手段，提高企业规避风险的能力，增强市场竞争力，促进聚氯乙烯行业的稳步发展。

五、大连商品交易所聚氯乙烯交割库有哪些？

我国聚氯乙烯的交割地分为基准交割地和非基准交割地，目前两者之间升贴水为零。广东是聚氯乙烯的基准交割地，华东地区是非基准交割地。

基准交割地应具备最具代表性的价格和最便利交割的特点，在基准交割地发生的交割量通常也最大。在不设置地区升贴水的情况下，应该在选定的交割地点中选择价格洼地作为基准交割地。对于聚氯乙烯来说，虽然多数情况下，华东聚氯乙烯价格要稍低于华南价格 50 元/吨，但从价格的影响力来看，华南的价格影响力更大一些。据统计，华南价格对华东、华北价格的主导力水平分别为 0.96 和 0.76，而华东、华北价格对华南价格并不具有主导作用。

其次，从现货市场情况来看，广东是我国聚氯乙烯消费最大的省。2007年，广东一省的消费量是江浙沪三省市的消费量总和，占全国消费总量的27%；而且，广州拥有聚氯乙烯进口的第一大港黄埔港。2007年，我国进口130万吨聚氯乙烯，其中广东省进口量占三成左右，黄埔港位列第一，占进口总量的22%；再次，广州聚氯乙烯现货贸易最为发达，价格最具有代表性，广州到岸价一直是全国贸易商的定价参照标准。

基准交割地与非基准交割地之间暂不设置地区升贴水。首先，华东、华南地区之间的价差特点不利于设置升贴水。交易所之所以暂不设置升贴水，主要有以下几点原因：第一，两地之间的平均价差较小。通过对2007年1月4日以来的日价格数据统计，华东和华南地区之间的平均价差为-49.7元/吨，相对于聚氯乙烯的价值来讲，这个价差水平较低，如按照近两年来聚氯乙烯的最低价和最高价计算，这个平均价差占其价值的0.5%~0.9%。第二，两地之间的价差并不稳定。从2005年至今两地之间的价差来看，数据时正时负。第三，两地之间价差有逐渐缩小的趋势，波幅和波动频率也逐渐降低。2007年7月，两地之间的价差大约为200元/吨，到了2008年7月，该值降到30元/吨。

其次，从现货市场情况来看，远期仓单市场在华东、华南两地之间的升贴水标准逐渐调低，如广东塑料交易所在两地之间设置的升贴水标准由开始的200元/吨贴水调到目前的50元/吨，而且，在调研过程中，各贸易商也纷纷要求广东塑料交易所取消地区升贴水。此外，从消费总量考虑，华东、华南两个市场的消费规模基本持平。2007年，广东和江浙沪聚氯乙烯消费量均为约270万吨，各占消费总量的27%左右。

最后，从LLDPE的期货运行经验来看，不设置升贴水也是可行的。聚氯乙烯和LLDPE同属于通用合成树脂，消费格局和贸易流向类似。

聚氯乙烯期货上市初期，指定交割库共有5家，即：中国物质储运广州公司、广东南储仓库管理有限公司、中储发展股份有限公司上海浦东分公司、国家物资储备局浙江八三七处、浙江荣大国际货运有限公司。2009年7月中下旬开始，出现了多头炒作交割库库容紧张的软逼仓行为，为了打击多头的过分炒作以及避免聚氯乙烯期现价差进一步扩大，大连商品交易所在

2009年8月初和8月中旬，分批两次对交割库进行了扩容工作，分别增加了上海华谊天原化工物流有限公司、浙江尖峰国际贸易有限公司和广东储备物资管理局八三〇处作为交易所指定交割库。聚氯乙烯上市后，由于生产企业参与积极，聚氯乙烯的交割创下了18436手的天量交割，交割反映出聚氯乙烯交割库库容仍然不能满足需求。2009年12月，大连商品交易所一次性增加了5处仓库作为交易所的交割库，分别是：上港集团物流有限公司、江阴市协丰棉麻有限公司、江苏华东国际塑化城有限公司、上海安石仓储管理有限公司和广州华润物流有限公司。截至2009年12月26日，大连商品交易所聚氯乙烯指定交割仓库名录见表2－7。

表2－7　截至2009年12月26日，大连商品交易所聚氯乙烯指定交割仓库名录

仓库名称	地址	联系人	电话	装运站	与基准交割库升贴水（元/吨）
中国物资储运广州公司	广州市黄埔区大沙地西139号	陈日玲	020－82299020 82290506（F）	铁路：广州下元站	0
南储仓储管理有限公司	佛山市禅城区佛罗公路166号	李俊斌	0757－88015023 88015022（F）	铁路：街边站	0
中储发展股份有限公司上海浦东分公司	上海市浦东新区仁庆路200号	刘莺	021－68916778 68916186（F）	铁路：上海南站	0
国家物资储备局浙江八三七处	浙江省宁波市镇海区大通路331号	高芳	0574－86370847 086370846（F）	铁路：宁波庄桥站（上）	0
浙江省国际贸易集团物流有限公司	杭州市体育场路229号	金方云	0571－85779792 0571－85779652（F）	铁路：杭州北	0
上海华谊天原化工物流有限公司	上海市金山区漕泾镇合展路155号	李峰	021－64340000－3515 64341366（F） 13601847558	铁路：闵行站	0

续表

仓库名称	地址	联系人	电话	装运站	与基准交割库升贴水（元/吨）
浙江尖峰国际贸易有限公司	浙江金东经济开发区 B 区	汤正仁	0579 - 82382768 82398390（F）	铁路：义乌站或塘雅站	0
广东储备物资管理局八三〇处	广东省广州市萝岗区开发大道 1330 号	陈红卫	020 - 32288072 32288125（F）	铁路：下元站	0
上港集团物流有限公司	上海市黄浦路 53 号	刘智才	021 - 56443180 56443044（F）	铁路：华发 堆场：九区码头	0
江阴市协丰棉麻有限公司	江苏省江阴市华西村商贸城物流园	吴燕	0510 - 86060698（F）	铁路：无锡南站	0
江苏华东国际塑化城有限公司	苏州市太仓浮桥镇新港公路	杨永新	0512 - 53683336 53567779（F）	铁路：昆山站	0
上海安石仓储管理有限公司	上海市虹口区海宁路 137 号	邵旭忠	021 - 61806027 61806026（F）	铁路：杨行站	0
广州华润物流有限公司	广州南沙经济技术开发区金沙北路华润物流仓库	朱剑平	020 - 39052280 39052295（F）	铁路：黄浦站	0

为什么我国聚氯乙烯交割库分布在华南和华东地区？

期货交易的最重要意义是发现商品的合理价格，促进商品市场有序运行。同样大连商品交易所制定聚氯乙烯合约时，最主要考虑的是

怎样促进聚氯乙烯树脂行业健康发展，健全并优化聚氯乙烯的价格形成机制，指导聚氯乙烯上下游企业合理安排生产与经营。现货交割作为连接期货交易和现货生产的一个重要环节，交割地的选择就具有举足轻重的意义。

现货交割是期货交易的重要环节。当期货交易的双方都有进行交割的意愿时，期货交易就进入交割环节，这时期货价格就会回归现货价格。期货价格需要计算各种交割成本，如：运费、检验费以及仓储费用等。各成本中因为运费所占比例较高，为了节省运费，交割库的选址就成为制约仓单注册数量的重要因素。交割库距离商品主产地越近，那么卖出套保的生产商就有可能以更低成本注册仓单。因此，交易所在引入商品期货品种时，首先考虑将商品期货交割库分别设在产区、商品集散地或销区。如果品种的产区与销区或进口港口基本重叠，就设立在这些产区或港口区，如果产区分散，但有较大的商品集散地，就将交割库设立在这些集散地，以利于注册仓单时商品的采购、入库。所有这些做法都力图降低交易成本，使更多的生产者、流通者积极利用期货套期保值。简单地说，交割仓库的选择还要设置在价格最具代表性意义的区域内，而且应位于发生最大贸易量的流向节点中，而且应以交割成本具有竞争力，以及避免发生现货的逆向流动为前提。再考虑到物流成本，交割地点还要具备可靠、有保障的交通、仓储条件，以便能够满足特殊情况下发生大量交割的需要。

大连交易所将聚氯乙烯交割库设在华南、华东地区，主要基于以下几点原因：

首先，华东、华南地区是我国聚氯乙烯主要消费、贸易集散地。华东、华南两地消费量占我国聚氯乙烯表观消费量的70%左右。

其次，聚氯乙烯贸易格局是从西北、华北、西南流向华东、华南。2003年之后，电石法聚氯乙烯由于生产成本较低在我国发展迅速，而西北、西南等地区凭借资源优势产能也迅速扩张，产量较大，华东、华南地区供给出现较大缺口，国内聚氯乙烯贸易呈现明显的由西、北流向东、南的格局。

再次，华东、华南地区价格代表性最为突出。华东、华南地区聚氯乙烯消费量大，而当地产量有限，这为贸易商提供了广阔的生存空间，许多生产厂家在这两个地区驻有销售人员。华东、华南地区的价格是生产者、贸易商、消费企业等多方充分竞争形成的，能够真实反映国内聚氯乙烯市场供需关系。异地生产厂家出于竞争压力考虑，往往参照这两地市场价格，再综合考虑运输成本等因素，对不同买家提供不同优惠程度的到货价，以便使其产品流入华东、华南地区的市场成本基本一致。因此，华东、华南地区的价格已被现货市场普遍认可，具备代表全国价格的市场特征。

最后，华东、华南地区仓储物流设施完善，辐射能力强。东南沿海地区地理位置优越交通便利，江、海、陆三线发达，交割商品能够方便出入，便于市场中商品的集散和

流通。上海的长桥物流、中储大场、上海安吉通，苏州的太仓新港、广州的广州中储等都是资质过硬的物流企业，具有雄厚的资金背景，有足够的仓储设施，有些已经成为大连商品交易所和郑州商品交易所的交割仓库。

大连商品交易所在设计聚氯乙烯合约时，就是参照了以上的原则根据聚氯乙烯树脂的生产消费格局、贸易流向、价格代表性和仓储物流等方面的特点，将华东地区的上海、宁波、杭州、苏州、常州，以及华南地区的广州和佛山等7个城市作为期货交割地，并且区域之间不设升贴水。从交割地的分布上看，主要集中在我国的华东、华南等地。

六、目前交易所推荐的免检聚氯乙烯品牌有哪些？免检或检验流程如何？

2007年，大连商品交易所在LLDPE期货中首次采用推荐品牌交割制度，经过近两年市场的实际运行经验，该制度能够在一定程度上降低交割检验成本，体现工业品的质量均一特征。考虑到聚氯乙烯与LLDPE同属于五大树脂产品，两者之间有很多共性，因此，聚氯乙烯期货仍然沿用这一规则，对于推荐厂家生产的推荐品牌产品，如果投资者可以提供生产厂家出具的质检证书及质量承诺书原件，可实现免检注册仓单。

进行推荐品牌的选择时，大连商品交易所主要考虑以下因素：第一，遵照现货贸易习惯，选取市场认可度高的厂家和品牌；第二，保证足够的可供交割量，达到一定生产规模和质量控制水平的品牌都可以进入推荐品牌；第三，充分考虑生产厂家的资质情况，选取具备市场竞争优势的规模生产企业的品牌。根据上述原则，大连商品交易所在90余家生产企业中确定了13个推荐品牌，覆盖了10个省市，产能占总体比例超过50%。被推荐的部分聚氯乙烯品牌见表2-8。

表2-8　　被推荐的部分聚氯乙烯品牌

序　号	生产企业	商　标	企业标准牌号
1	上海氯碱化工股份有限公司	申峰	WS-1000S
2	新疆天业股份有限公司	天业	SG5

续表

序　号	生产企业	商　标	企业标准牌号
3	宜宾天原集团股份有限公司	江水	SG5
4	四川省金路树脂有限公司	金路	SG5
5	新疆中泰化学股份有限公司	青峰	SG5
6	浙江巨化股份有限公司	巨化	SG5
7	河北金牛化工股份有限公司	金麟	SLP－1000
8	新疆天辰化工有限公司	天辰	SG5
9	昊华宇航化工有限责任公司	宇航	YH－1000

客户在入库前，提前通知仓库，告知发货时间、发货数量等相关信息，以备交割仓库准备库容。入库后，不申请免检的客户（或委托交割仓库）委托交易所指定质检机构（CCIC 和 SGS）进行检验。

投资者需要注意的是推荐品牌需要有质量承诺函。

李某是聚氯乙烯现货贸易商，已经从事近十年的现货贸易业务，也可算是聚氯乙烯贸易行业的资深人士，经营的大都是上海氯碱化工股份有限公司、新疆中泰化学股份有限公司、浙江巨化股份有限公司等大企业的产品。2009 年 5 月份，李某期待已久的聚氯乙烯期货终于上市了，在他看来，作为贸易企业现在不仅可以从现货市场采购了，也可以从期货市场采购了；销售不仅可以在现货市场，同样可以选择以合适的价格在期货市场出货。而且，听说期货交易所推出了推荐品牌，推荐品牌在交割的过程中可以申请免检，他所经营的氯碱化工的申峰、巨化股份的巨化、中泰化学的青峰等都是推荐品牌。2009 年 8 月 11 日，李某发现现货市场有价无市，好多下游企业都在观望，无意接货，而发现期货市场价格已经比现货高出 1000 多元/吨，因此，李某在期货市场上卖出 100 手，心想高枕无忧，等待免检交割，后期货公司催促他尽快办理商品“质量承诺函”，否则尽快通过交割库联系检验。李某感到很诧异，他所持有的申峰、巨化等推荐品牌还需要“质量承诺函”。

根据大连交易所的规定，申请免检的办理流程具体如下：

由推荐厂家生产的推荐牌号的聚氯乙烯，货主须提供大连商品交易所规定的聚氯乙烯交割质量标准的生产厂家出具的产品质量证明原件和“质量承诺书”原件及交易所规定的其他材料的，经指定交割仓库审核同意后，可免于质量检验。但需要注意的是，推荐品牌不仅需要厂家的“质量承诺函”，而且若交割过程中出现不同批次的产品，每一批次都要有“质量承诺函”。产品质量证明应载有生产厂家、牌号、批号、检测日期、质量测试项目、质量测试结果和质量检验结论等信息。

推荐品牌制度在一定条件下，可以降低这些品牌进入期货市场的成本。例如，假设一位投资客户打算在期货市场交割5000吨的聚氯乙烯，如果不是大连商品交易所推荐厂家推荐品牌的产品，必须经过大连商品交易所指定检验机构检验合格后，方可入库注册仓单，假设货主选择CCIC作为他的质检机构，他需支付的检验费用为3000元/批×17批（说明：17=5000÷300取整进1）=51000元的检验费。如果货主交割的是大连商品交易所推荐厂家推荐品牌产品，只要货主提供生产厂家的质量检验证明原件和生产厂家的“质量承诺函”，他就可以免检直接注册仓单，从而节约51000元的费用。聚氯乙烯期货交割免检或检验流程见图2-2。

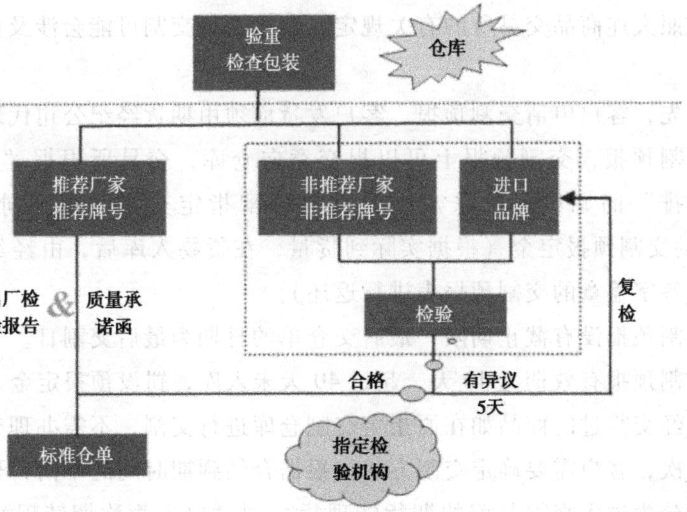

图2-2 免检或检验流程图

七、聚氯乙烯期货如何交割?

聚氯乙烯期货交割流程见图2－3。

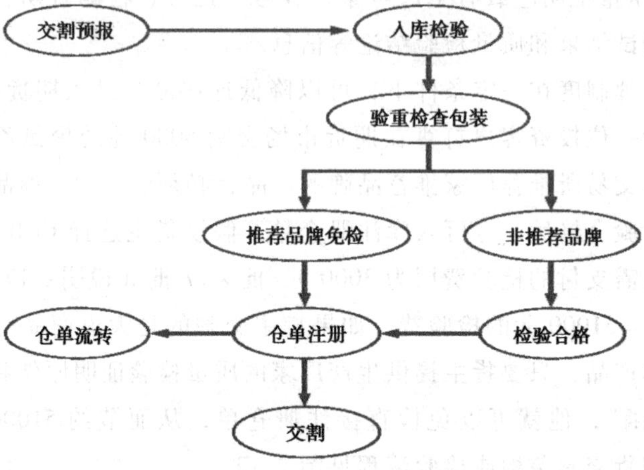

图2－3 聚氯乙烯交割流程图

按照大连商品交易所的有关规定，聚氯乙烯交割可能会涉及如下几个步骤：

首先，客户申请交割预报。客户发货前须由期货经纪公司代理向交易所办理交割预报，交割预报上可以提交意向仓库，交易所根据“择优分配，统筹安排”的原则，考虑客户的意向分配指定交割仓库。同时收取20元/吨的交割预报定金（根据实际到货量，在货物入库后，由经纪公司凭交割仓库签字盖章的交割预报表进行返还）。

交割预报没有截止期限，最后交仓单的日期为最后交割日。

交割预报有效期为40天，超过40天未入库，罚没预报定金。

已经交割过的商品如在原指定交割仓库进行交割，不需办理交割预报。

其次，客户需要确定交割方式。根据合约到期时间的不同，聚氯乙烯交割方式分为进入交割月前的期货转现货交割（以下简称期转现）和进入交割月后的一次性交割两种方式。

期转现是指持有同一交割月份合约的交易双方通过协商达成现货买卖协

议，并按照协议价格了结各自持有的期货持仓，同时进行数量相当的货款和实物交换。提出期转现申请的客户必须是法人户。期转现的期限为该合约上市之日起至交割月份前一个月倒数第3个交易日（含当日）。期转现分为标准仓单期转现和非标准仓单期转现。

聚氯乙烯期转现流程及注意事项见表2－9。

表2－9　聚氯乙烯期转现流程及注意事项

时　间	流　程	注意事项
申请日11：30之前	买卖双方提出期转现申请，并提交《期转现申请表》	1. 标准仓单期货转现：提出申请日结算前买方需交齐货款，卖方需交齐仓单 2. 标准仓单期转现收取交割手续费，当日审批；非标准仓单期转现收取交易手续费，三日内审批
批准日结算时	对合格的买卖申请方的对应持仓按协议价格予以平仓，产生的盈亏计人当日平仓盈亏	平仓记人持仓费，不记人结算价和交易量。每个交易日结束后，交易所将当日执行的期转现有关信息予以公布
批准日结算后	1. 标准仓单期转现：仓单交收和货款交付由交易所负责办理。交易所向买方会员开具《标准仓单持有凭证》，并将货款的80%付给卖方会员，余款在卖方会员提交了增值税专用发票后结清 2. 非标准仓单期转现：货物交收和货款支付由交易双方自行协商确定，交易所对此不承担保证责任	1. 标准仓单期转现：卖方客户应在批准日向买方客户提交增值税专用发票，迟交或未提交增值税发票的，按《大连商品交易所结算细则》有关规定处理 2. 非标准仓单期转现：交易双方应在现货交易结束后向交易所提交货物交收和货款支付证明。交易所有权对交易双方的现货行为进行监督和核查

一次性交割指在最后交割日，卖方把标准仓单、买方把贷款全部交到交易所，由交易所一次性集中完成期货合约所载商品所有权的转移，了结买卖双方到期未平仓合约的交割形式。

一次性交割注意事项如下：

(1) 客户的实物交割必须由会员办理，并以会员名义在交易所进行。

(2) 个人客户不允许交割。自交割月第一个交易日起，交易所对个人客户的交割月份持仓予以强制平仓。

(3) 在合约最后交易日后，所有未平仓合约的持有者须以交割履约，同一客户号买卖持仓相对应的部分视为自动平仓，不予办理交割，平仓价按交割结算价计算。

(4) 交割结算价是期货合约自交割月第1个交易日起至最后交易日所有成交价格的加权平均价。

(5) 最后交割日闭市后，交易所给买方会员开具“标准仓单持有凭证”，交易所将80%的货款付给卖方会员，交易所在收到卖方会员提交的增值税专用发票后，将剩余的20%的货款付给卖方会员。

(6) 增值税发票的流转过程为：交割卖方客户给对应的买方客户开具增值税发票，客户开具的增值税发票由双方会员转交、领取并协助核实，交易所负责监督。

(7) 会员迟交或未交增值税发票的，按《大连商品交易所结算细则》有关规定处理。

客户在入库前，提前通知仓库，告知发货时间、发货数量等相关信息，以备交割仓库准备库容。入库后，不申请免检的客户（或委托交割仓库）委托交易所指定质检机构（CCIC 和 SGS）进行检验。

如果客户需要申请免检，可以按照如下步骤进行办理：由推荐厂家生产的推荐牌号的聚氯乙烯，货主须提供大连商品交易所规定的聚氯乙烯交割质量标准的生产厂家出具的产品质量证明原件和“质量承诺书”原件及交易所规定的其他材料的，经指定交割仓库审核同意后，可免于质量检验。产品质量证明应载有生产厂家、牌号、批号、检测日期、质量测试项目、质量测试结果和质量检验结论等信息。

推荐品牌只是申请免检的一个前提，非推荐厂家推荐品牌检验合格后也可以交割。

生产厂家出具的质量证明原件和商检证书原件上质量指标必须符合大连商品交易所规定的聚氯乙烯期货交割质量标准。

如果不是推荐免检的聚氯乙烯，涉及的主要交割费用如下：

检验费：CCIC2000 元/样，取样费 1000 元/样；SGS 检验费 3000 元/样，取样费 1500 元/样（同一厂家、同一牌号进行组批，每批 300 吨，超过 300 吨的应分若干批检验，不足 300 吨的按一批检验）。

入库费用：交易所每年 11 月 1 日公布，每个仓库费用标准不同。

仓储费：1 元/天·吨

就聚氯乙烯交割质量标准及检验方面，交易所进行了如下规定：

（1）聚氯乙烯标准品为符合国家标准《悬浮法通用型聚氯乙烯树脂（GB/T 5761－2006）》的 SG5 型一等品。

（2）符合国标优等品允许交割，优等品和一等品之间不设等级升贴水；合格品、不合格品及以回收料为原料生产的聚氯乙烯不允许交割。

（3）聚氯乙烯交割品要求使用原包装或厂家认可的包装，每袋净重 25±0.2KG，每吨 40 袋，无溢短。

（4）商品收发重量已指定交割仓库检重为准。商品入库、出库，货主应到库监收监发。货主不到库监收监发的，则认定货主对指定交割仓库所收所发的实物数量、质量没有异议。

（5）交易所指定中国检验认证集团检验有限公司和通标标准技术服务有限公司为聚氯乙烯期货质检机构，入库质检及复检工作由以上两家质检机构负责。

（6）交易所推荐境内厂家生产的推荐牌号聚氯乙烯，货主能够提供符合大连商品交易所聚氯乙烯交割质量标准的生产厂家出具的产品质量证明原件和“质量承诺书”原件及交易所规定的其他材料的，经指定交割仓库审核同意后，可免于质量检验。产品质量证明应载有生产厂家、牌号、批号、签证日期、质量测试项目、质量测试结果和质量检验结论等信息。

（7）交易所可根据市场情况调整推荐厂家和牌号名录。

（8）聚氯乙烯的质量检验应以同一厂家、同一牌号进行组批，每批 300 吨，超过 300 吨的应分若干批检验，不足 300 吨的按一批检验。聚氯乙烯交割品的检验方法按 GB/T5761－2006 中第 5 项规定的试验方法执行，采样规则要求符合 GB/T6679－2003 固体化工产品采样通则。

（9）检验争议与处理。当货主与指定交割仓库就聚氯乙烯的检验结果发生争议时，可在接到商品检验报告或者“提货通知书”开具之日起5个工作日内向交易所提出复检申请，由交易所在指定质量检验机构中选取复检机构，复检结果为解决争议的依据。逾期未提出申请的，则视为对所交割商品质量无异议。

通过检验或免检的聚氯乙烯，就可以进入第三环节，进行标准仓单注册了。

仓库在得到检验结果合格的通知后，在征得货主同意后通过仓库服务系统进行仓单注册申请，同时向客户开具“标准仓单注册申请表”并签字、盖章。会员在“标准仓单注册申请表”上签字盖章后，到交易所进行注册。

交易所在核对单据、检验报告、检验系统无误后给予注册。“标准仓单注册申请表”如果不到交易所注册的话，可以作为现货提货单。

最后交仓单时间为最后交割日下午三点。

国产聚氯乙烯产品注册日期距离其生产日期不得超过120（含120）个自然日。进口聚氯乙烯产品注册日期距离“进口货物通关单”日期不得超过120（含120）个自然日。标准仓单注册后可以用于交割、充抵、交仓单、过户。

前面几个环节主要涉及卖方客户，如果买方客户需要提货就会涉及第四个环节：标准仓单注销。

会员持“标准仓单持有凭证”到交易所办理标准仓单注销手续，开出“提货通知单”。交易所根据客户意向和实际情况决定出库的仓库。会员将“提货通知单”邮寄给货主。货主在实际提货日三天前，将“提货通知单”传真至提货仓库，以便仓库准备相关事宜。

客户到仓库提货时，由仓库确认其身份，在核对“提货通知单”和介绍信后，办理提货出库手续。

所有标准仓单在每年的3月最后1个交易日前必须进行注销。

发生费用：出库费用，交易所每年11月1日公布，每个仓库费用标准不同。

现货通常一年可以使用，期货不得超过120个自然日。

最后，交割过程中，买卖双方也有可能会发生违约现象。在最后交割日，买方闭市前必须补足全额贷款，卖方必须缴齐对应的标准仓单，否则将被视为违约。如果出现交割违约，违约方将至少支付违约部分合约价格5%的违约金。如果守约方通过征购或竞卖方式没有获得仓单或货款，违约方还要向守约方支付15%的赔偿金。

如何质押交割仓单

仓单质押是以仓单为标的物而成立的一种质权。这一概念里涉及了三个重要的因素，有规范的仓储公司或物流公司开具的标准仓单、仓单质押方及接受仓单质押的一方即银行等金融机构。仓单质押的本质是一种用自有资产为担保的融资活动。简单地讲，就是把标准仓单质押在银行，在银行登记并在仓单上盖具有法律效应的质押章；银行根据评估标准为仓单估值，再以评估的仓单价值贷款给仓单质押方，在质押解除前质押方不能用仓单提货。

那么，什么是仓单呢？仓单就是保管仓库接受货物持有人的委托，将持有人货物存入仓库以后向货物持有人即存货人开具的说明存货情况的具有一定法律效力的单据证明。如果货物持有人进行仓单质押，这时的仓单就不仅仅是表明持有人所存货物明细的法律单据了。此时的仓单是作为提取委托寄存物品的证明文件被仓单所有人以此为书面担保向银行等金融机构借款融资，此时的注册仓单就变成了一种“有价证券”，具有了价值。银行根据仓单的评估价值为仓单持有人融资，这时的仓单作为“有价证券”的价值就是可以从银行融资的金额。目前可以进行仓单注册的是一些规模齐备，有一定风险承受能力并具有高效的管理制度的仓储企业和物流公司；而可以为仓单持有人进行融资的是信誉良好且具备风险控制能力商业银行，目前我国的中国工商银行、中国农业银行和招商银行等均可以提供仓单质押业务服务。

既然我们说的仓单是具有法律效力的单据凭证，那么下边我们就介绍一下与仓单质押业务相关的一些法律法规。首先，根据我国《中华人民共和国担保法》的规定，仓单可以作为权利凭证进行质押，以仓单质押的，必须在合同约定的期限内将权利凭证交给质权人，质押合同自凭证交付之日起生效。因此，仓单质押贷款作为担保贷款的一种类型是有法律依据的。再次根据《中华人民共和国经济合同法》的规定，银行和企业双方共同协商签订抵押贷款合同时，如果具体载明有关仓单质押方面的条款，并明确相互的责任和义务，合同签订后，就具有法律约束力。因此，仓单质押具有法律效力，是受我国法律保护的一种融资行为。

仓单质押作为一种新型的服务项目，为仓储企业拓展服务项目，开展多源化经营提供了广阔的空间。传统单一型服务的仓储企业向现代多方向物流企业转型的过程中，仓单质押作为一种新型的业务被广泛的应用。但是，其最主要的贡献是使企业可以通过质押仓单，灵活地调整自己的资金结构，为企业解决短时资金困难开辟了新的融资渠道，仓单质押的顺利开展可谓是一箭双雕。仓单质押作为一种新型的融资方式，给企业提供了更宽广的融资渠道，为企业的经营大开方便之门。下面我们就简单地说明一下聚氯乙烯化工企业怎样利用仓单质押为企业进行融资。

例如××化工企业有限公司于2004年3月10日成立，注册资金500万元。其中×××实业有限公司出资100万元，占20%；个人出资400万元，占80%。公司主要从事聚氯乙烯树脂和烧碱等的生产、经销和咨询服务。而×××实业有限公司，注册资金3000万元，是某省著名企业，主营房地产开发销售及化纤产品的经销、代理，信息咨询及培训等业务。2008年6月份，××化工企业有限公司资产总额8200万元，累计销售收入1051万元，利润总额9.1万元；该公司资产负债率93.89%，流动比率1.06，速动比率0.78。2008年7月，××化工企业有限公司把存入甲仓库的一批聚氯乙烯树脂仓单，拿到该市某商业银行去评估，最后经该市某商业银行估计此仓单价值为2300万元，经过风险评估和相应的审查后向××化工企业有限公司贷款2300万元，期限6个月。××化工企业有限公司利用这笔资金在货物售出之间缓解了自身的经济情况，得到了一时喘息继续发展的机会。

自 测 题

一、单选题

1. 聚氯乙烯期货合约的交易单位是(　　)。

A. 3吨/手　　　　B. 5吨/手

C. 6吨/手　　　　D. 10吨/手

2. 下列不是聚氯乙烯的交割地的是(　　)。

A. 杭州　　　　B. 上海

C. 北京　　　　D. 广州

3. 聚氯乙烯1001价格为6800元/吨，假设保证金比例为12%，则交易3手聚氯乙烯（5吨/手）所需的资金为(　　)元。

A. 12240　　　　B. 11240

C. 10240　　　　D. 12440

4. 聚氯乙烯期货合约的最小变动价位是(　　)。

A. 5元/吨　　B. 3元/吨
C. 2元/吨　　D. 1元/吨

5. 聚氯乙烯期货的交割方式是(　　)。
A. 现金交割　　B. 实物交割
C. 现金加实物交割　　D. 厂库交割

6. 一位投资客户打算在期货市场交割5000吨的聚氯乙烯，由于不是交易所推荐厂家推荐品牌的产品，货主选择CCIC作为他的质检机构，他需支付的检验费用为(　　)元。
A. 51000　　B. 52000
C. 53000　　D. 54000

7. 若聚氯乙烯期货合约出现第一个停板后，结算时保证金应为(　　)。
A. 5%　　B. 6%
C. 7%　　D. 8%

8. 若聚氯乙烯期货合约出现第二个停板后，结算时保证金应为(　　)。
A. 5%　　B. 6%
C. 7%　　D. 8%

9. 若聚氯乙烯期货合约出现第三个停板后，结算时保证金应为(　　)。
A. 5%　　B. 6%
C. 7%　　D. 8%

10. 聚氯乙烯期货涨跌停板应为(　　)。
A. ±5%　　B. ±6%
C. ±7%　　D. ±8%

二、判断题

1. 聚氯乙烯期货是大连期货交易所2009年推出的新品种。(　　)

2. 聚氯乙烯交割品不区分乙烯法和电石法，高于以上一等品质量标准的交割品可以有升水。(　　)

3. 聚氯乙烯期货交易的了结有两种方式，一是对冲平仓；二是实物交割。(　　)

4. 聚氯乙烯期货标的物仅是电石法聚氯乙烯。(　　)

5. 聚氯乙烯期货涨跌停板幅度是上一交易日结算价的4%。（　）

6. 交易所规定的聚氯乙烯期货交易手续费不得高于5元/手。（　）

7. 聚氯乙烯期货交易代码是P。（　）

8. 聚氯乙烯期货最后交易日为合约月份第十个交易日，最后交割日为最后交易日后第二个交易日。（　）

9. 国产聚氯乙烯产品注册日期距离其生产日期不得超过120（含120）个自然日。进口聚氯乙烯产品注册日期距离“进口货物通关单”日期不得超过120（含120）个自然日。（　）

10. 在最后交割日，买方闭市前必须补足全额贷款，卖方必须缴齐对应的标准仓单，否则将被视为违约。（　）

参考答案

一、选择题

1. B　2. C　3. A　4. A　5. B　6. A　7. B
8. C　9. A　10. A

二、判断题

1. 对　2. 错　3. 对　4. 错　5. 对　6. 错　7. 错
8. 对　9. 对　10. 对

第三章
聚氯乙烯价格的主要影响因素

【本章要点】

本章主要对影响 PVC 的主要因素作出详细分析，具体回答是哪些因素、以什么样的方式和程度对 PVC 价格产生影响。本章通过大量案例来直观展示这些因素对 PVC 期货和现货价格的影响。

一、我国聚氯乙烯价格波动有何特点？

我们知道动植物都是从生命萌芽、生长、成熟到衰退、死亡形成一个生命周期，如果我们从宏观的角度来看，就会发现中长期聚氯乙烯价格波动也是具有周期的，即一个先上涨然后下跌的周期。通常聚氯乙烯价格波动完成一个周期的时间大概为 3～4 年左右。从 1993～2009 年，PVC 市场共完成了 5 个价格波动周期。1993 年开始 PVC 市场价格快速上涨，1994 年，PVC 市场价格达到历史最高，此时 PVC 产业发展最为繁荣。随后 PVC 现货市场价格迅速下跌，1996 年达到一个价格谷底，PVC

企业经营陷入困境。之后PVC产业又开始了新一轮的繁荣，1997年下半年PVC现货市场价格重新达到第二个高点，然后在1999年到达一个历史性低点。1999年年初到2005年年底期间，聚氯乙烯现货市场价格经历了两个价格周期，其中价格高点分别在2000年年初和2004年年底，谷底则在2001年下半年。PVC的最近一个价格波动周期也演绎了类似的行情，在2005年年底到2006年年初，市场降到低点之后，一直处于上行通道，到2008年上半年达到了最高峰，下半年行情逆转，在2008年底达到历史性低点，受成本支撑，价格随后小幅反弹。

那么，聚氯乙烯短期波动有何特点呢？通过研究近4年的聚氯乙烯现货价格日价格数据，可以发现日价格波动走势基本跟随长期价格走势，在很少情况下，会自行走出多个小波动周期。如在2004年10月到2005年5月的下跌时段，全国聚氯乙烯月均价走出过一次小反弹，对应华南市场的聚氯乙烯日价格也在相应时间走出了一次小反弹，短期价格跟随长期价格波动的特点非常明显。当然，由于更具金融属性，聚氯乙烯期货的价格波动相对现货还会更剧烈些，相对现货期货价格有时会出现超跌或超涨的情况，也就是俗话说的跌过头或者涨过头。

我们知道通常北方人喜欢吃面食，南方人喜欢吃米饭，而我国的小麦主产地在北方，稻谷主产地在南方，也就是说，小麦和稻谷的产销地基本上是一致的。但是，我国聚氯乙烯产销却是分离的，我国聚氯乙烯产地一般集中在资源相对丰富的华北、西北和西南等地区，而消费地区主要集中在华南和华东市场，一般生产厂家需要将聚氯乙烯产品运到华南、华东等地区销售。我们知道大连交易所交易的聚氯乙烯价格实质上是华南地区的聚氯乙烯价格，为什么大连交易所不选择华北、西北或者西南地区的聚氯乙烯价格作为交易标的？通过对不同地区聚氯乙烯现货价格的波动规律研究发现：由于距离销区的远近不同，各产区的价格不一致，但华南、华东地区的比较一致。对2007年1月4日至2008年7月11日华南、华北、华东三地区的PVC现货市场日价格数据分析可知，华南、华东地区之间的价格相关性最好，相关系数高达0.99，而华北地区则往往在一些特殊时间走出自己一小波行情，具有明显的局部区域性特征。

尽管聚氯乙烯的价格波动具有一定的季节特点，但不如农产品那么季节分明。聚氯乙烯生产企业一般将聚氯乙烯生产安排得比较均匀，而聚氯乙烯消费一般具有一定程度的季节特点，聚氯乙烯价格波动的季节性特点主要和其消费有关。一般1~2月聚氯乙烯价格表现低迷，不过春节前聚氯乙烯价格往往会上涨，这是因为一般聚氯乙烯生产企业会在春节放假，产量会有所下滑，同时春运期间往往运力紧张，导致聚氯乙烯消费地货源偏紧，而且聚氯乙烯下游企业也往往习惯于春节前备货。3~5月聚氯乙价格一般会继续上涨，这主要是因为春季房地产开工对聚氯乙烯的需求逐渐恢复性增加，同时3月份也往往是环保检查、电价检查等政策措施比较密集的月份，常常导致电石法聚氯乙烯原料电石价格上涨。由于供需比较平衡，5~7月聚氯乙烯的价格波动一般比较平稳。8~10月是房地产的销售旺季，同时也是聚氯乙烯的消费旺季，此外高温天气也造成一部分聚氯乙烯生产企业开工率下降，因此聚氯乙烯价格通常会在此期间达到年内高点。11~12月，天气转冷，随着北方地区建筑工地逐渐停工，聚氯乙烯需求逐渐下滑，聚氯乙烯价格也开始下行。

二、影响聚氯乙烯价格变化的主要因素有哪些？

小李在一家聚氯乙烯管材加工企业做采购，听说聚氯乙烯期货上市了，也想用手头的闲钱玩几把期货。“股票不敢说，但是炒聚氯乙期货我可是很有优势的，不就是判断价格，高卖低买或者低买高卖吗？”小李对炒聚氯乙烯期货充满信心。朋友告诉他，期货和现货可不一样，不要以为熟悉现货，价格就一定能判断准确，期货市场就一定能赚钱。期货要想做得好，眼光就要长远点，要学会判断价格趋势，也就是价格会朝着那个方向变化，而且聚氯乙烯期货是金融工具，它的价格变化不但受现货商品价格影响，而且还会受到金融市场的影响。因而朋友建议小李别太自负，静下心来好好了解影响聚氯乙烯价格变化的主要因素，为判断聚氯乙烯价格趋势打下基础。

我们所说的聚乙烯价格指的聚乙烯在某个时间、某个地点的市场价格，例如本书中提到的聚氯乙烯期货价格是指大连期货交易所这个市场中交易的华南、华东地区的品质达到国标一级 SG5 型电石法或对应品质的乙烯法的聚氯乙烯的价格，如果是现货价格则一般指的是华南或华东消费集中地区的现货价格。我们知道一年四季，聚氯乙烯现货价格随时会发生变动，聚氯乙烯期货自上市以来每天也在发生波动。很多聚氯乙烯生产企业或者消费企业经常会感慨："如果聚氯乙烯价格能够保持稳定就好了，这样我们就可以赚取该赚的那份利润"。但是，在市场环境中由于影响聚氯乙烯价格的诸多因素无时一刻不在变化，因而也就引起了聚氯乙烯价格的随时变化。如果没有价格的变化，也就不存在现货市场中靠赚取价差而生存的贸易商了。

我们知道由于聚氯乙烯期货是可以实物交割的，而且交易所发展的趋势是尽量降低交割成本，这样就可以保证聚氯乙烯期货和现货价格在合约临近日期收敛，也就是两个市场的价格相近，否则市场就会有动力在两个市场买卖，赚取价差利润。不过，当聚氯乙烯期货上市后，影响聚氯乙烯价格的因素也就变得相对复杂了些，因为此时的聚氯乙烯不仅具有商品属性，还具有较强的金融属性。

那么影响聚氯乙烯期货价格变化的主要因素有哪些呢？从根本上看，聚氯乙烯价格变化主要受供应和需求影响。一般认为，影响聚氯乙烯价格变化的主要因素有下面几个方面：首先是聚氯乙烯的供应问题，主要是指聚氯乙烯产能的关闭与扩张、聚氯乙烯装置开工率变化、装置意外事故以及进口聚氯乙烯等；其次是聚氯乙烯的需求问题，主要是下游制品生产和需求淡旺季变化、聚氯乙烯出口或制品的出口；然后是聚氯乙烯的成本因素，具体的就是指电石法聚氯乙烯和乙烯法聚氯乙烯原料的价格变化；最后是聚氯乙烯产业周期、国家政策、汇率及贸易政策和金融市场环境等因素。

无论是在现货市场还是在金融市场，聚氯乙烯价格的变化都不可能是单一因素决定的，价格的变化都是在多种因素的综合作用下变化的，是多种合力共同作用的结果，但是不同阶段影响价格变化的因素往往存在主要因素和次要因素之分，预测价格趋势时我们可以抓住主要因素，也就是常说的炒作热点。比如，2009 年 7 月底到 2009 年 8 月中旬，短短三周时间，大连聚氯乙烯 0911 合约就从 7000 元/吨一线攀升至 8000 元/吨，主要炒作的就是聚氯乙烯交割库库容紧张以及交割检验严格，之后随着当大连商品交易所宣布交割库扩容以及央行宣布对货币政策微调，聚氯乙烯期货合约也开始迅速调整。

三、为什么关注聚氯乙烯价格必须关注能源价格？

现在我们就从聚氯乙烯的源头上看看影响其价格变化的主要因素有哪些？换言之，聚氯乙烯的成本是如何影响其价格变化的。

聚氯乙烯的成本一般包括聚氯乙烯的生产成本、物流成本和占用资金成本等。聚氯乙烯的生产成本则由生产聚氯乙烯所需的原材料、生产费用和人工三部分组成。由于我国电石法聚氯乙烯产能主要集中在西北、华北和中部等地区，而聚氯乙烯消费则集中在华东、华南地区，产销两地分离，因而消费地聚氯乙烯的价格也包含了物流成本。此外，生产企业在新产能上马、扩产、购买原材料等过程中可能部分融资，因此还存在资金成本。另外，一般生产企业也会将生产装置、厂房等的折损计入成本中。

具体来讲，成本对聚氯乙烯价格的影响可以通过供应传导。当市场的价格超过成本，尤其是超过较多时，聚氯乙烯企业可以获得较高的利润时，聚氯乙烯企业往往会提高聚氯乙烯装置的开工率，这样将导致现货市场上聚氯乙烯供应增多，下游消费企业和中间贸易商的选择增多，定价中的话语权增强，竞争的原因又导致聚氯乙烯价格回落；当聚氯乙烯价格低于成本时，意味着企业生产的越多，亏损的越多，在这种情况下，生产企业往往会降低聚氯乙烯生产装置的开工率，这样市场上聚氯乙烯供应将减少，聚氯乙烯消费企业和中间贸易商的选择减少，聚氯乙烯生产企业的在市场中的话语权增强，聚氯乙烯价格又将再次回升，从而推动生产企业提升开工率。原料最直接的影响表现在，当生产企业购买原料的成本增加时，企业往往会通过提价来转移这部分成本；当原料价格下跌时，企业往往也会降价促销。

一般电石法聚氯乙烯的生产成本主要由电石费用、氯化氢费用和水电费构成。按照国家标准规定：生产1吨聚氯乙烯消耗电石1.45吨～1.5吨，（一般以1.45吨计算，但一般实际生产过程中消耗会高于这个比例，只有少数能达到标准），消耗氯化氢气体0.75吨～0.85吨（一般以0.76吨计），每生产1吨聚氯乙烯需耗电量约450kw·h～500kw·h，另有其他项目开支，如包装费、引发剂、分散剂、水费、管理人员费用等因生产厂家和生产规模的不同而不尽相同。总体来讲，电石法的成本构成分配比例约为：电石占

65% ~70%，氯化氢占15%，电力占6%，其他制造费用占6%。由于我们国家聚氯乙烯以电石法为主，我国电石价格的波动对聚氯乙烯价格影响较大。通过对聚氯乙烯现货价格和电石现货价格波动进行对比可以发现，两者价格走势基本一致，不过聚氯乙烯的价格要稍微提前电石价格变化。将聚氯乙烯现货价格与电石价格相除，可以发现比值基本波动在1.8~2.7之间，平均值为2.38。如果按照电石成本占聚氯乙烯生产成本65%计算，聚氯乙烯的价格与电石价格的比值大概应该为2.31，与2.38非常接近。

电石法的一个显著特点为耗电较高，不但在生产聚氯乙烯时要耗费电力，制备电石也要消耗大量的电，生产1吨电石约需消耗3450kw·h的电、0.6吨的焦炭和0.9吨的石灰石，因此电价每度上涨2分，则电石成本大约上涨70元。根据电石法聚氯乙烯的制备成本，1吨聚氯乙烯折合电力消耗约为7000度左右，折合煤炭消耗量3吨左右，能源成本占生产成本比重超过50%。含税价格的电石法聚氯乙烯吨生产成本一般可以用公式：[（电石成本+氯气成本）/0.8+管理费用]×1.17或者公式[（1.5×电石价格+0.76×氯气单价）/0.8+管理费用]×1.17估算。更进一步的也可以用公式[1.5×电石价格+0.76×HCl+（400~500）×电价+其他费用]或者[1.5×电石价格+（1000~1500）]来估算，由此可见，电石成本每上涨100元，则电石法聚氯乙烯成本上涨150元或更多。需要说明的是采用后一个公式来估算生产成本时，一般西部产区加的杂费是1000元/吨，华东或华南地区加的杂费是1500元/吨，实际上，中西部产区聚氯乙烯销往华东、华南地区的物流成本大致为300元/吨。

乙烯法聚氯乙烯的生产成本的主要有乙烯消耗量、氯气消耗、耗电量、加工助剂、管理人工费用等。每吨聚乙烯法氯乙烯要消耗乙烯0.5吨（一般以0.48吨计算），消耗氯气0.65吨，两者约占成本的60%左右。在原料成本中乙烯成本占了主要部分，乙烯价格对聚氯乙烯的成本有较大影响。虽然乙烯法耗能量较电石法低，但其设备投资却十分巨大，因此设备折旧在成本中所占比重较大。而设备投资是固定的，因此，乙烯、氯乙烯价格的变化是聚氯乙烯树脂价格变动的主要因素。乙烯法聚氯乙烯成本很大一部分是乙烯的成本，目前全球的乙烯主要来自原油及原油重要油品石脑油的裂解，少部分由天然气制备，因而乙烯法聚氯乙烯成本和原油、天然气等能源产品价格息息相关。通常业内比较认可的对乙烯法聚氯乙烯含税生产成本的估算公式为：[（乙烯成本+氯气成本）/0.6+管理费用]×1.17，或者[1.95（0.5×乙烯价格+0.65×氯气价格）+管理费用×1.17]，进一步还可以用公式[0.5×乙烯价格+0.65×氯气价格+其他（电费+助剂+人工管理）]来估算。

此外，在我们国家东部沿海一带采用乙烯法工艺路线生产聚氯乙烯的公司，除了齐鲁石化的有原油裂解装置，可以自供乙烯外，其他乙烯法聚氯乙烯公司均需进口二氯乙烷（EDC）或氯乙烯（VCM）为原料生产聚氯乙烯，这种情况下聚氯乙烯的估算成本大致为[1.6×1.025×EDC价格+其他（电费+助剂+人工管理）]或者[1.025×EDC价格+其他（电费+助剂+人工管理）]，其中其他杂费一般为800元/吨~1000元/吨。聚氯乙烯与氯乙烯和二氯乙烷的价格关联紧密，同步性较强，尤其是氯乙烯，因为从氯乙烯到聚氯乙烯只有一道聚合工序。2008年虽然在有关协会的努力下，我国对外实施PVC反倾销的政策得以暂延一年，但原油价格在50美元以下的持续低位运行，即使我们在对进口料征收了较高的反倾销税之后，仍然有部分进口聚氯乙烯大量涌入了中国市场，据统计，2008年12月份一个月进口的PVC就占了全年总进口量的70%。另外，由于我国只对国外PVC实施反倾销，而对VCM和EDC并未实施保护政策，国内部分PVC生产厂家可能会直接从国外大量低价购进VCM聚合成PVC，所以，原油、乙烯以及进口氯乙烯（VCM）和二氯乙烷（EDC）的价格高低，也会直接影响PVC的价格走势。

从两种工艺聚氯乙烯产品的生产成本来说，聚氯乙烯是个能源产品，而聚氯乙烯期货则看作能源期货之一，因此，不论我们做聚氯乙烯期货，还是参与聚氯乙烯现货市场，都要关注能源的价格。进一步细分，从两种路线的聚氯乙烯生产来看，影响聚氯乙烯价格的主要因素应当考虑煤炭、焦炭、电力、电石和原油、乙烯、氯乙烯（VCM）单体等价格成本，当然，原盐的价格成本也会通过氯气或液氯的价值传导对聚氯乙烯价格产生一定程度的影响。

四、国际原油对聚氯乙烯价格的影响是如何传导的？

做期货的朋友或很多现货市场中生产商、贸易商和消费商都知道，原油是大宗商品之首，原油涨百物涨。2008年上半年，由于国际原油大幅飙升，并达到创纪录的147美元/桶的高点，相信许多人还对当时的通货膨胀记忆犹新。当原油价格上升时，会带动煤炭、电力、运费等价格上涨，进一步导致通货膨胀，从而推动聚氯乙烯价格上升。

一般说的原油价格都是指美国纽约商业交易所（NYMEX）交易的WTI原油价格或者美国洲际交易所（ICE）交易的BRENT原油价格。与小麦、玉米、大豆等农产品和铜、铝、锌等金属相比，聚氯乙烯和原油更有渊源。一方面从前文中我们知道聚氯乙烯生产成本主要由能源价格构成，乙烯法聚氯乙烯更可以看作原油衍生品，原油对乙烯法聚氯乙烯的成本传导沿着原油—石脑油—乙烯—氯乙烯—聚氯乙烯的生产流程传导。另一方面从原油和聚氯乙烯的消费来看，聚氯乙烯同属受宏观经济数据影响较大的大宗商品，原油通常被称为工业血液，而聚氯乙烯则主要用于和房地产相关的建材市场，两者的需求主要取决于全球宏观经济走势，这使得通常情况下原油与聚氯乙烯具有较强的正相关性，也就是常说的同涨同跌性。2007年年初到2008年7月11日，美国WTI原油一路由50美元/桶一线飙升至147美元/桶的最高点，期间销区华南、华东市场的电石聚氯乙烯现货平均价格法和乙烯法聚氯乙烯现货平均价格也分别由6600元/吨、7000元/吨上升至8900元/吨和9200元/吨，同时聚氯乙烯价格低点和高点出现的时间也基本与原油价格低点和高点出现的时间吻合。

首先，我们从成本上看看原油如何影响聚氯乙烯价格的？因为很多人感到不解，既然我国聚氯乙烯以电石法为主，电石法聚氯乙烯的成本中最主要的又是电力和煤炭，那么我国聚氯乙烯价格就应该和电价、煤价关系比较密切，和50%靠进口的原油关系不大，而且进一步看我国乙烯法聚氯乙烯大概只占全行业的25%，同时，我国乙烯法聚氯乙烯企业多数靠直接进口原料氯乙烯或者二氯乙烷生产，似乎和原油关系并不大，不过如果我们把目光放得更长远些、更广阔些，就可以理解原油对聚氯乙烯成本的影响了。中国的能源消费结构中，煤炭消费第一，原油消费第二；就全球而言，中国的原油消费全球第二。我们知道原油是石化能源的价格指标，通常原油上涨会带动煤炭（包括焦炭）在内的替代能源价格上涨，另一方面我国的电力主要以火力发电为主，尤其是中西部和华北地区，而火力发电的主要成本是煤炭成本，因此煤炭价格上涨会直接推动电石法聚氯乙烯生产成本上涨。此外，由于电石法聚氯乙烯产销分离，当电石法聚氯乙烯生产出来后，就需要通过公路运输、铁路运输或者船舶运输等运至消费地区，而公路运输和船舶运输都需要消耗汽柴油，汽柴油是原油最主要的产品，其价格波动与原油价格波动紧密相关，这样原油又通过运输物流环节中的汽柴油价格向聚氯乙烯传道。

由于乙烯法聚氯乙烯生产路线采取石油化工路线，原油对乙烯法聚氯乙烯成本的传导相对电石法聚氯乙烯更易理解。目前我国乙烯法聚氯乙烯企业除了中石化下属的齐鲁石化拥有自己全套的原油炼化装置，可以用自产的乙烯加工生产聚氯乙烯外，其他沿海的乙烯法聚氯乙烯均靠进口二氯乙烷或氯乙烯来生产聚氯乙烯。由于中石化 70% 左右的原油依靠进口，原油价格上涨也将直接导致齐鲁石化乙烯法聚氯乙烯成本上涨。另一方面，从全球范围来看，聚氯乙烯的生产仍以乙烯法为主，国外企业为了规避我国对聚氯乙烯进口征收反倾销税，将二氯乙烷和氯乙烯销售给我国的聚氯乙烯生产企业，基本上使乙烯法聚氯乙烯生产的最后环节在我国进行，而其他环节则在国外市场进行，这样尽管这些企业没有直接进口原油来生产聚氯乙烯，但从生产工艺流程来看，原油对聚氯乙烯生产成本的传导并没有中断。

接下来我们从消费方面看，原油是如何影响聚氯乙烯价格的？通常东西再好没人买，价格也上不去，因此聚氯乙烯价格上不上的还得看消费团体的愿不愿意买。经济好的时候，老百姓手里有钱，就会更愿意去花钱消费：包括买房子、买车子、买衣物等等。由于房地产、汽车等的消费会带动聚氯乙烯和原油的消费；当经济不好得时候，老百姓更愿意存钱，消费意愿降低。2008 年 7 月，金融危机全面爆发，各主要经济机构均对全球经济前景表示悲观，这种情况下，老百姓的消费意愿降低、消费下滑，这种情况也引起了生产商、贸易商和下游消费加工商的恐慌，于是我们看到了以原油为首的各类大宗商品的暴跌，直到各国政府纷纷推出各类经济刺激计划，原油和聚氯乙烯等商品才开始企稳回升。不过，由于聚氯乙烯产业也具有周期性，当聚氯乙烯产业景气周期结束、产能释放或者处于季节性消费淡季时，聚氯乙烯价格走势往往并不与原油走势一致，甚至相反。我们分别回归了 2008 年 3 月到 2009 年 8 月期间，华东市场电石法聚氯乙烯、华南市场电石法聚氯乙烯、华东市场乙烯法聚氯乙烯华南市场乙烯法聚氯乙烯和美国 WTI 原油近月合约的相关性，相关系数分别为91%、89%、93%和91%，可见，聚氯乙烯价格与原油的相关性很大。

整体上，原油与聚氯乙烯两者的关系主要是基于成本传导来实现的，当然，从需求来看，由于全球宏观经济走势对原油和聚氯乙烯的影响方向一致，因中长期来看，原油与聚氯乙烯具有较强的正相关性。

延伸阅读：从氯碱平衡角度看烧碱价格如何影响聚氯乙烯装置开工率？

氯碱平衡是近年来我国烧碱行业普遍关心的问题。那么什么是氯碱平衡呢？氯碱平衡中的平衡又是什么？它又是怎样对各类型聚氯乙烯生产企业产生影响的呢？下面我们就为读者解答以上问题，并从氯碱平衡角度看烧碱价格如何影响聚氯乙烯装置开工率？

通常人们所说的无机化学工业，是以食盐为生产原料，用电解法生产烧碱（氢氧化钠）、氯气、氢气和由此产生的一系列氯产品，比如说盐酸、高氯酸钾、次氯酸钙、光气等。在化工行业的大家庭里，氯和烧碱都是重要的基本原料，并被广泛的用于化工、冶金、造纸、纺织、石油等工业，以及作为漂白、杀菌、饮水消毒之用。在国民经济和国防建设中占有重要的地位。

在电解食盐水溶液生产烧碱时，氯气和烧碱两种关联产品是按照固定的质量比例1:1.13被生产出来的。如果可以完全按照这个比例销售出去，那么生产企业就既没有氯气积压，也没有烧碱积压，企业就可以达到双赢，也就达到平衡生产、平衡销售。但是，在现实中对烧碱和氯气的需求量未必符合此比例，这样就引起了烧碱和氯气的供需不平衡问题。也就是说，烧碱或者氯气总是有一方会存在一定的供应过剩局面。某些地方的生产企业考虑到氯气不便大量贮存和长途运输，生产上往往以氯气的需求量决定生产量，如果烧碱的需求增加就会使烧碱出现供应紧张甚至短缺的问题。但是在石油化工、基本有机化工发展较快的国家和地区，又因为氯气的需求旺盛，大量生产其结果就是使烧碱产量过剩。因此，近年来关于怎样调整生产技术，使化工行业可以通过氯碱平衡来达到生产加工收益的最大化，成为氯碱行业的主要课题。

在我国氯与碱的平衡问题也是氯碱工业能否长远发展的关键。我国烧碱行业的生产经历了以烧碱和氯哪种产品为主，以哪种为副的两个发展时期。20 世纪 80 年代，是以碱定氯，通常把氯气作为生产烧碱的副产品；而到了 20 世纪 90 年代，由于氯产品的应用越来越广泛，氯碱工业逐步发展为以氯定碱，烧碱逐渐被一些业内人士称为副产品了。近几年，我国经济发展势头大好，无论是基建行业还是棉纺织行业都得到了飞跃式的发展，聚氯乙烯和烧碱都成为重要的化工原料，其需求量也史无前例的增加。这就造成了我国目前氯碱工业的盲目扩建，使烧碱产能增长过快，而下游相关产业发展滞后，氯与碱的需求不平衡问题越来越突显。而且国内市场上氯产品需求旺盛，但烧碱市场需求相对疲软，因此，我国目前面临烧碱过剩，需要大量低价出口；氯产品需求增加，需要从外国进口的局面。

因为氯气是聚氯乙烯的主要生产原料，所以当聚氯乙烯的生产企业利用电解食盐水溶液生产氯气时就会产生副产品烧碱。不过由于企业的主营产品是聚氯乙烯，烧碱的盈利与亏损往往是记入聚氯乙烯的成本或盈利当中，再在企业的财务副报表中详细体现。因此，如果烧碱需求疲软的话，就有可能造成烧碱价格低于其成本价格，使企业在烧碱上面亏损。那么这部分亏损就要加在聚氯乙烯的成本之上，这样企业即便聚氯乙烯是盈利的，但是由于成本的增加，就会使聚氯乙烯的实际盈利下降，整个企业的业绩也就会随之降低。反之，如果烧碱的需求强劲，那么烧碱的盈利就可以将聚氯乙烯的成本摊薄，使企业的经营业绩更加亮丽。因此，我们再考虑氯碱平衡怎样影响聚氯乙烯行业的时候，可把他看成是具氯乙烯的隐形成本，成本的增减会直接影响企业的盈利水平。企业盈利的情况下，就会更愿意去增加生产，增加开工率。企业盈利不佳或面临亏损的时候，为了保存实力降低损失就很可能会减少生产，降低开工率。

简单地说，聚氯乙烯生产企业的主要盈利来源于聚氯乙烯，因此烧碱可视为聚氯乙烯的隐形成本，聚氯乙烯的装置开工率有一种正向相关的关系。烧碱盈利，氯碱平衡销售，企业开工率增加，盈利水平上升；反之，则装置开工率下降。

五、影响聚氯乙烯供应的主要因素有哪些?

老李是个老股民，平时也关注过中泰化学、氯碱化工这些上市公司，股市低迷的时候老李拿了部分资金转战期货市场，打算靠着自己炒股的经验在期货市场博一下，不过听说炒期货不能仅凭技术分析，还得关注期货品种基本面，因而老李决定静下心来好好学习学习聚氯乙烯的供应与需求。影响聚氯乙烯供应的主要因素无外乎以下几个方面：产能与产量、进口以及库存释放等，那么接下来我们将从这几个方面一一赘述。

首先，我们看看聚氯乙烯产能与产量的关系。聚氯乙烯产能是指能够生产出聚氯乙烯产品的能力，但是有多少产能并不代表有多少产量，因为企业通常有利润的情况下才会开工，因此，我们可以将产能看做是储水池，而将产量看作水池中流出的水量，虽然储水量是决定水量大小的必要条件，但并非充分条件，决定水量的大小还要看阀门的紧松，而这个阀门就是企业的生产利润。生产企业追求的就是利润，也就是当产品价格高于企业的成本时，企业就有开工的动力，当然不同企业对利润大小的要求不尽相同，而且有的时候当生产企业预期价格会涨，企业的盈利状况会改善时，企业开工动力也会增强。企业装置开工的程度，通常用百分比表示也就是开工率，开工率可以决定企业装置产能转化为产量的程度。

2003 年至 2008 年 5 年期间，由于我国实施聚氯乙烯反倾销和国际原油价格上涨，我国电石法聚氯乙烯比较收益大大提高，导致我国电石法聚氯乙烯产能快速扩张，PVC5 年期间的平均产能增长率为 25%。据中国氯碱协会统计，截至 2008 年我国 PVC 产能达到 1581 万吨，生产企业 100 多家，中国氯碱协会预计 2009 年中国聚氯乙烯产能还将增加 250 万吨。2007 年，国内聚氯乙烯产量达到 972 万吨，2008 年遭遇全球经济危机，PVC 产量首次下降至 882 万吨，PVC 近 5 年间的平均增长率达到 22.31%，PVC 行业处在逐步替代进口的过程中。2005 年至今，我国 PVC 市场由产不足需变为供大于求，产能明显过剩。伴随着中国聚氯乙烯产能的飞速扩张，中国聚氯乙烯装置的平均开工率也由 2003 年、2004 年的 7 至 8 成滑落至 2005 年、2006 年、2007 年的 6 至 7 成，2008 年受金融危机的影响，我国聚氯乙烯装置的平均开工率仅为56%，不足6成。由于产能的过剩，聚氯乙烯企业的盈利状况也大不如前，在这种情况下，聚氯乙烯企业往往有利润就有生产动力。同时，我们还需要注意的是，一般当聚氯乙烯行业产能大幅扩张时，企业为了开拓市场，通常也会让利倾销，造成的结果是聚氯乙烯供应增加而价格下跌。2004～2005年期间，我国聚氯乙烯产能由664万吨增加至972万吨，产能增加幅度接近5成，而2003～2008年期间的其他时间，聚氯乙烯产能的增幅一般在26%以下。可以说很大程度上，聚氯乙烯产能的快速扩张主导了2004～2005年期间聚氯乙烯现货价格40%左右的大级别下跌。另一方面，由于聚氯乙烯产能过剩严重，暂时关闭的产能随时可以因盈利状况改善等原因而重新开工，增加聚氯乙烯供应，因此，聚氯乙烯过剩产能往往会压制聚氯乙烯价格的上涨空间。

对我国聚氯乙烯供应有影响的还有进口，聚氯乙烯进口将直接增加我国聚氯乙烯市场的供应量。2003～2008年，随着我国聚氯乙烯产能的快速扩张以及对进口聚氯乙烯反倾销政策的实施，我国聚氯乙烯进口量逐年下降。不过由于国际原油低位运行，乙烯法聚氯乙烯成本更具优势，2008年第四季度以及2009年一季度我国的聚氯乙烯进口大幅反弹，二季度开始回落，这也是2009年一季度国内聚氯乙烯现货价格疲软的原因之一。据海关统计，2009年1月至7月，中国PVC进口总量达到124.95万吨，较2008年同期增幅达到154.7%，其中2009年一季度的进口量已经超过50万吨，而2005年、2006年、2007年、2008年这四年我国聚氯乙烯进口量分别为131万吨、115万吨、110万吨和80万吨。

最后，我们看一下库存因素，对于供应而言，这里提到的库存是指前期库存量，也就是上一季或上一年积存下来的可供消费的商品量。对于聚氯乙烯这种商品，由于不涉及政府收储因素，因此，可以认为聚氯乙烯库存主要包括三方面：生产企业的库存，主要是指还未销售以及还未签订销售合同的库存；中间贸易商的库存，主要是指已经在途或者已经和生产企业签订合同但仍未到货以及贸易商仓库中还未销售或签订销售合同的货物；下游消费企业的库存，主要指企业仓库中还未用于生产的原料库存、已经在途或者已经签订购买合同但仍未到货的原料。一般在商品价格上涨时，企业更有动力建立库存，因为此时的库存商品有升值空间；反之，在商品价格下跌时，企业往往会降低库存，因为此时库存的商品会贬值。毋庸置疑，当聚氯乙烯库存释放时，将会增加市场上聚氯乙烯的供应，而当聚氯乙烯库存增加时将会减少市场聚氯乙烯的供应。2008 年下半年，聚氯乙烯价格的暴跌，引起企业恐慌，聚氯乙烯产业链上的生产、消费和中间贸易各个环节都在抛货进行去库存，从而进一步加剧了聚氯乙烯价格的下跌；而当 2008 年底市场信心逐渐恢复后，为了维持正常的生产加工和贸易流转，聚氯乙烯各流通环节也开始重新建立一定库存，聚氯乙烯价格也开始企稳反弹。同时，聚氯乙烯期货上市后，2009 年 7 月下旬开始，大连聚氯乙烯期货快速拉升，也带动了聚氯乙烯现货市场的看涨气氛，这种情况下贸易商也在现货市场囤货，导致现货市场货源偏紧，不过聚氯乙烯期货上涨的炒作，并没有引起下游买家的兴趣，聚氯乙烯期货多头炒作接近尾声时，现货市场的贸易商也有些坐不住了，急于抛货，当聚氯乙烯期货在 2009 年 8 月中旬开始调整时，很多贸易商也开始匆忙抛货，聚氯乙烯现货同样也开始调整。

交通运输如何影响聚氯乙烯的供应?

我们在上面的章节中已经跟广大读者谈过，我国的聚氯乙烯供销结构的特点是：全国分散生产但是消费相对集中。也就是说，生产出来的聚氯乙烯要从生产方到消费方必须经历交通运输这一环节。我们知道，运输就要花费运输成本，那么交通运输是怎样影响聚氯乙烯的供应的呢？我们为读者举例子说明一下。

资料显示，由于我国聚氯乙烯的产地相对分散而销售地相对集中，生产企业和贸易商，大多利用铁路、公路和海运来完成聚氯乙烯产品的从生产到销售的过程。我们知道各种运费，是随着运输业务的松紧状况而呈现季节性的变化的。特别是在有突发性事件发生的时候，运费可能会在短时间内大幅波动。这就促使聚氯乙烯的价格随之波动，届时将会给贸易双方造成不同程度的损失。

交通运输在一般时候对聚氯乙烯的供销影响可以看成是中性的。因为所有的商品从生产方到消费方都要或多或少的经历交通运输这个环节，运输费用也是双方在商谈的时候就协商过的。不过这是平常时期，运费保持平稳水平的情况，在突发性事件或者是运输紧张的时候，交通运输对聚氯乙烯的影响将是极其重要的。

大家应该还记得 2008 年 1 月，我国南方大部分地区出现了罕见的低温雨雪冰冻天气，对铁路、公路、电力、通信、农业、林业等产生了严重影响。连接南北的公路、铁

路网在天灾的破坏下全面瘫痪。一时间，运往华北、华南的聚氯乙烯全部暂时停运，造成聚氯乙烯的价格在很短的时间里上涨，一个月每吨上涨 2000 元左右。也就是说，由于短时间的交通运输网络的中断，造成聚氯乙烯的供需情况发生了变化。因为市场上买卖双方不知道什么时候交通可以恢复，引发市场对于聚氯乙烯供应紧张的担忧，进而使价格滚雪球似的增长起来。但是，产区的生产商，看着价格上涨，可是手中货物没办法运到南方销区，不能在价格高点变现获利。而南方主销区的聚氯乙烯需求企业也在高昂的价格面前感叹不已。这就是突发性事件带来的交通运输中断，对聚氯乙烯供销格局的影响。

交通运输可以影响聚氯乙烯的供销结构，也会通过运输频率和运输成本对其价格产生影响。

读者朋友可能已经知道了什么是供需偏紧引起的价格上涨，其实反过来想，运输也可以说是一种商品，运费的价格也会随着需求的增加而上涨，同样也会随着需求的降低而下降。比如说春运期间，由于农民工、各大院校学生返乡加上各地调运春节期间的各种物资，使得春运期间的运输业务一派繁荣。但是，繁荣的背后是什么呢？短时间内，各主要运输部门要完成几亿人员的流动需求和庞大物资的调运工作。这时候就会有两种情况造成聚氯乙烯价格上涨的。首先，是因为春运期间运输压力大增，这将引起铁路、公路和水路运输的“一厢难求”。打个比方如果我们平时运送聚氯乙烯的节奏是每个月 15 次，那么春运期间因为大家都赶在同一时间运送，那么我们固有的运送节奏必然要放缓，也就是说到达华南、华北的聚氯乙烯数量会相应的下降，再加上春节之后的需求高峰，那么聚氯乙烯价格将会由于阶段性的供应量减少而出现上涨。其次，春运期间的运输紧张会产生订不到火车车厢或者集装箱的情况，那么一部分人就会选择公路运输。但是，我们知道公路运输中个人经营占有很大的比重，那么在物以稀为贵的情况下运费就会比平时贵些，这部分多出来的运费成本也将加入到聚氯乙烯的成本中，造成聚氯乙烯价格的上涨。

六、为什么说房地产市场是聚氯乙烯需求的风向标？

前文介绍了聚氯乙烯的供应因素，那么接下来我们看看聚氯乙烯的需求因素。聚氯乙烯的需求量主要由国内聚氯乙烯的消费量、出口量和期末结存量组成。

首先我们了解一下聚氯乙烯的消费，聚氯乙烯制品分为软制品和硬制品，近几年在我国以及国外聚氯乙烯大约 60% 用于硬制品。聚氯乙烯软制品主要用于鞋子及鞋底材料、人造革、薄膜、地板革、壁纸、发泡材料等；聚氯乙烯硬制品主要用于管材、管件、型材、门窗、硬片、板材和其他型材等。我国聚氯乙烯产品最大消费领域是型材、异型材，主要用于制作门窗和节能材料，约占聚氯乙烯总消费量的25%左右；其次是管材，主要用于房地产以及基建等建筑领域。近年来，随着房地产业的飞速发展，国内各种建筑塑料管和塑料门窗平均市场占有率逐步提高，我国房地产建材方面的PVC需求占PVC总需求的65%左右。在北美，聚氯乙烯总量的75%左右用于建筑和房屋应用方面；欧洲市场聚氯乙烯也主要用于节能门窗、污水系统等建筑市场。从发展趋势看，我国聚氯乙烯消费在房地产建材市场仍有提升空间。此外，门窗、水管道、壁纸等往往在房屋建筑接近尾声时才安装使用，而且房屋建筑周期一般较长，因此，未来国内房地产市场的发展态势对PVC的需求起决定性的作用，换句话说，房地产是聚氯乙烯需求的风向标。那么，为了预测聚氯乙烯需求的好坏，具体我们应该关注房地产市场的那些数据呢？我们可以关注房地产方面的投资数据、房地产施工面积、房地产新屋开工面积以及商品房销售等数据，这些数据一般在国家统计局或一些财经网站公布，此外影响到房地产未来发展的一些重大决策也有必要关注，例如2009年5月27日国务院公布了固定资产投资项目资本金比例的调整结果，其中将普通商品住房项目投资的最低资本金比例从35%调低至20%，这也为市场对当年三季度聚氯乙烯需求预期好转打下了政策基础，成为推动聚氯乙烯三季度上涨的因素之一。另外，我国目前正处于农村城市化进程之中，一些基础设施投资也会对PVC的消费有一定的拉动作用。当然，如果你无暇关注上面的数据，如果你恰巧还是一位股民，那么你也可以关注一下房地产板块的股票，因为通常房地产板块的涨跌可以反映出我国房地产市场的冷暖。

接下来，再看一下聚氯乙烯出口。2003年开始，由于我国聚氯乙烯产能快速扩张，加上当时原油价格处于上升通道中，我国的电石法聚氯乙烯逐渐具有较强的成本优势和价格优势，我国聚氯乙烯出口逐渐增加。不过随着我国聚氯乙烯出口的增加，聚氯乙烯出口也遭遇了反倾销。2003年到2008年，5年期间我国的聚氯乙烯出口不足产量的1%，主要还是以内销为主。2008年下半年开始的金融危机以及原油暴跌，又使2009年我国聚氯乙烯出口遭遇滑铁卢。整体上，近些年聚氯乙烯的出口对需求的影响不大，基本可以忽略。

最后，我们看看聚氯乙烯的库存问题，对于需求主要是指期末库存，一般来说，当当年期末库存增加时，则表示当年聚氯乙烯的供应量大于需求量。对于中短期行情，一般生产企业或贸易企业的库存高出正常周转库存时，企业往往会因库存压力而降价销售，不利商品价格上涨。同时，对于聚氯乙烯各环节企业，如果企业库存的聚氯乙烯过多，当聚氯乙烯价格下跌时，企业也有抛售聚氯乙烯库存的意愿，这往往也会加剧价格的下跌。而当企业看好后市行情，囤积聚氯乙烯时，尽管这部分聚氯乙烯转化社会库存，也会造成聚氯乙烯需求增加的表象，从而助推聚氯乙烯价格上涨。

七、全球经济周期以及宏观调控政策对聚氯乙烯价格有何影响？

据测算我国 GDP 每增长 1 个点可拉动聚氯乙烯需求增加 50 万吨，由于聚氯乙烯主要需求集中在房地产、基建等建材市场以及通信、包装、鞋帽等市场，其中 60% 多的需求都直接或间接与房地产行业相关，因而聚氯乙烯的需求与全球经济周期以及政府宏观调控息息相关。

GDP 对 PVC 的市场需求起到一个基础的拉动作用，由于还受到其他诸多因素的影响，PVC 的价格波动要滞后于 GDP 的波动，且频率要更高。回顾聚氯乙烯价格波动的历史，1993 年，我国 GDP 达到最高点，然后由于国家宏观调控我国经济发展速度处于一个放缓下滑的状态，一直持续到 1998 年，5 年内我国完成一轮大的经济周期。而对于 PVC 市场，则是在 1994 年达到一个历史高点，在 1999 年达到历史性的低点，而在同样长的时间段内完成了 2 个周期性发展。同样，2003 年到 2007 年的 4 年期间，我国以及全球经济都处于经济周期的上升时期，在此期间，包括原油在内的基础商品价格都在上涨，而聚氯乙烯价格价格整体也在震荡上行，当然由于扩产、出口退税下调等原因，2004 年下半年到 2005 年期间，聚氯乙烯现货价格也经历大幅的调整。与国际原油上涨周期基本吻合，聚氯乙烯现货价格也在 2008 年 7 月达到 1994 年以来的第二个高点后，掉头俯冲，主要原因是 2008 年 7 月，全球各大银行陆续公布了二季报以及上半年的经营业绩，当时除了渣打银行净利上升外，其他的银行业绩都有不同程度的下跌，显示美国次贷危机进一步向金融市场和全球扩散，次贷危机逐步演变为金融危机，整个市场对全球经济前景悲观预期增强。2008年8月，美国哥伦比亚银行和信托公司倒闭，成为当年第9个破产银行；2008年9月15日，资产规模达6000多亿美元的百年老店雷曼兄弟银行申请破产，拉开了席卷全球的金融危机的序幕；此后规模更大的是美林银行被美国银行收购，"两房"被联邦政府住房金融局接管。金融危机号角的爆发彻底摧毁了商品市场多头信心，整个商品市场开始跟随原油暴跌，当时现货市场同样惨不忍睹。由于价格快速下跌，同时需求急剧萎缩，包括聚氯乙烯在内的各产业链上的企业急于将库存出售变现，这也进一步加剧了商品价格的暴跌。2008年11月中旬华东、华南现货市场电石法聚氯乙烯价格分别由2008年7月中旬的8900元/吨、8800元/吨一线的高点一路回落至5100元/吨、5000元/吨一线的低点，期间聚氯乙烯生产企业的毛利润也由1000多元/吨跌至亏损1000多元/吨，可以说当时现货市场的聚氯乙烯价格已经超跌了，也就是通常所说的跌过头了。当然，因为金融属性的协同作用，商品价格在期货市场上超跌往往会更明显。2008年11月9日，中国政府为了进一步保经济、促增长出台了扩大内需十措施，并确定4万亿元投资计划，受此利好消息带动，包括中国在内的全球商品市场开始步入企稳反弹行情，中国A股市场也开始企稳反弹。与此同时，在市场对中国经济复苏信心增强的情况下，2008年11月中旬开始，超跌的聚氯乙烯现货价格开始修复性反弹。2009年上半年由于包括中国在内的全球主要经济体经济数据好转，经济复苏趋势较为明显，加上金融危机爆发后包括中国、美国在内的各主要经济体逐步开始执行宽松的货币政策，市场对2009年下半年的通货膨胀预期较强，这也进一步助涨了聚氯乙烯期货价格上涨。2009年8月5日中国央行在《第二季度货币政策执行报告》中提出，央行要坚定不移地继续落实适度宽松的货币政策，根据国内外经济走势和价格变化，注重运用市场化手段进行动态微调，市场一度将此理解为央行要收紧信贷，从而引起了包括股市、期市在内的金融市场的调整。加上同期期货市场库容紧张的炒作结束，氯乙烯期现两市价格出现调整。

八、影响我国聚氯乙烯价格的贸易政策有哪些？具体影响如何？

目前影响我国聚氯乙烯价格的贸易政策主要有进口关税的调节、出口退税的调节以及倾销与反倾销制裁等。

2002年到2009年，我国聚氯乙烯进口关税保持一个下降的趋势：2002年我国聚氯乙烯的进口关税为12.8%，2003年下调至11.8%，2004年下调至10.7%。按照加入世界贸易组织（WTO）的关税调整规定，从2005年1月1日起，PVC进口关税再次下调1个百分点，由2004年的10.7%降低到9.7%，2006年和2007年我国聚氯乙烯进口关税分别下调至8.6%和7.6%。依据对WTO组织承诺，至2008年，我国对五大通用塑料树脂的进口关税降至6.5%。2009年，我国政府再次将亚太、东盟、智利、巴基斯坦、新加坡、新西兰、我国香港和澳门等国家和地区进口的聚氯乙烯以及初级产品的关税调整为0~6%，当然由于上述国家和地区的聚氯乙烯产能和产量很少，关税的下调对我国聚氯乙烯进口影响不大。此外，被我国政府裁定为反倾销的国家和地区的企业不在关税调节范围内。

在下调进口关税的同时，为了缓解贸易摩擦以及遏制氯碱行业的盲目扩张，2007年，我国将PVC的出口退税率由11%直接下降到5%，同时还将氯碱工业的另一产品烧碱的出口退税取消，由于我国PVC出口本身就是依靠价格优势，所以，出口退税率的下调以及出口限制加工贸易，将进一步压缩聚氯乙烯出口产品的利润空间，削弱PVC生产厂家出口积极性，加重我国PVC供大于求的局面，尤其是那些通过进口VCM和EDC生产PVC再加工出口的企业。2009年3月底，财政部、国家税务总局发布了《关于提高轻纺电子信息等商品出口退税率的通知》，明确从2009年4月1日起提高纺织品、服装、轻工、电子信息、钢铁、有色金属、石化等商品的出口退税率。其中，聚氯乙烯纯粉（纯指未掺其他物质）、聚氯乙烯糊树脂（纯指未掺其他物质）、其他初级形状的纯聚氯乙烯（纯指未掺其他物质）、初级形状未塑化的聚氯乙烯和初级形状已塑化的聚氯乙烯的出口退税都提高至13%，不过烧碱的出口退税仍然为零。退税消息一经公布，立即刺激聚氯乙烯现货每吨上涨了150元左右，尽管当时国际原油处于弱势回调格局。2009年6月8日，财政部、国家税务总局发布了关于进一步提高部分商品出口退税率的通知，通知指出从2009年6月1日开始，将部分塑料制品出口退税提高至13%，涉及聚氯乙烯产品的主要有乙烯聚合物制单丝、条、杆及型材等以及马桶座圈和盖等。对塑料制品出口退税的上调有利于促进聚氯乙烯制品出口，拉动聚氯乙烯出口。消息一经公布，6月8日当天，大连交易所聚氯乙烯主力合约0909大涨315点，其他合约也大幅上涨。聚氯乙烯及有关制品出口退税提高后，我国聚氯乙烯出口恶化局势得到缓解，2009年7月开始，中国PVC粉出口开始大幅增加，7~9月出口环比增加，10月聚氯乙烯出口虽然萎缩，但总量仍在3.26万吨，我国聚氯乙烯出口局势明显好转。

2003年以前由于中国聚氯乙烯产能较小，需求不断上涨，国内PVC供不应求，国外进口聚氯乙烯大量涌向国内。在此种情况下，上海氯碱化工股份有限公司、河北沧州化工股份有限公司、天津大沽化工有限责任公司、北京化二股份有限公司、锦化化工（集团）有限责任公司代表国内聚氯乙烯产业，于2002年3月1日向中华人民共和国对外贸易经济合作部正式提交反倾销调查申请，申请人请求对来自美国、韩国、日本、俄罗斯四国和我国台湾地区的进口聚氯乙烯进行反倾销调查。2003年9月氯碱行业对来自美国、韩国、日本、俄罗斯和我国台湾省的聚氯乙烯反倾销案仲裁胜诉，对来自上述国家和地区的聚氯乙烯开始征收反倾销税，并于2008年9月29日到期。随后，2008年6月30日，商务部收到中国石油化工股份有限公司齐鲁分公司、宜宾天原集团股份有限公司、新疆中泰化学股份有限公司、四川省金路树脂有限公司、上海氯碱化工股份有限公司、浙江巨化股份有限公司、昊华宇航化工有限责任公司、天津渤天化工有限责任公司代表中国大陆聚氯乙烯产业正式递交的反倾销期终复审调查申请书，要求对上述国家和地区PVC继续实施反倾销。商务部决定自2008年9月29日起，对原产于美国、韩国、日本、俄罗斯和我国台湾地区的进口聚氯乙烯所适用的反倾销措施进行期终复审调查。2009年9月28日商务部发布公告称，自2009年9月29日起，将继续对原产于美国、韩国、日本、俄罗斯等地的进口聚氯乙烯实施反倾销措施，实施期限为5年。

2008年9月18日，国务院关税税则委员会作出决定：对原产于美国、韩国、日本、俄罗斯和我国台湾地区的进口聚氯乙烯在反倾销期终复审期间仍按《国务院关税税则委员会关于对原产于美国等4国及我国台湾地区的进口聚氯乙烯征收反倾销税的决定》（税委会［2003］21号）所规定的征税范围和反倾销税税率征收反倾销税。

在反倾销期间，我国海关对上述5个地区进口的PVC征收了6%~84%

不等的反倾销税，进口货源大部分被挡到了中国的国门之外。2003 年，我们每年进口数量达到200 万吨左右，反倾销之后，这个数量在逐年下降，而且大部分以来料加工形式进到国内。在实施反倾销的5 年期间，我国内聚氯乙烯生产企业获得了宝贵的发展机会，这也是最近几年中国 PVC 产能迅速增加的一个主要原因。与此同时美国、韩国、日本和我国台湾地区的聚氯乙烯生产商、出口商还向其他国家和地区低价出口聚氯乙烯。这些受到倾销损害的国家和地区采取的反倾销措施有的还在有效期，如果我国终止反倾销措施，必然会有相当一部分产品转向中国。这是因为如果不能继续实施反倾销保护，美国、韩国、日本、俄罗斯和我国台湾地区较高的聚氯乙烯闲置产能有可能重新开工，再次扩大对中国的出口。

除了我国对从部分国家进口聚氯乙烯实施反倾销政策外，2007 年 7 月，我国商务部、海关总署公布了加工贸易限制类商品目录，目录中将聚氯乙烯划定为出口限制类产品。同时，政府还公告从 2007 年 8 月 23 日开始对开展限制类商品加工贸易业务实行银行保证金台账“实转”管理，即企业开展限制类商品加工贸易，在合同备案时，须缴纳台账保证金；企业在规定期限内加工成品出口并办理核销结案手续后，保证金及利息予以退还。由于国内电石料聚氯乙烯主要供应国内，所以，对于国内电石法聚氯乙烯生产企业来讲影响不大。但是，对于依靠进口 EDC 和 VCM 原料，加工成聚氯乙烯纯粉后再出口，或以深加工结转的方式向下游加工行业转移的企业有一定的负面影响。这部分乙烯法企业进口原料的关税成本或者企业的资金成本压力加大，企业整体运营成本将提高。另一方面讲，由于新政策对 PVC 出口的限制，可能会促使行业整体向高端产业链条转移，从而拓展中西部地区聚氯乙烯下游加工产业的发展。

在我们国家对进口聚氯乙烯实施反倾销，保护国内聚氯乙烯生产企业的同时，我国聚氯乙烯出口也遭遇了别国的阻挠。2008 年金融危机爆发放后，各国之间的贸易摩擦明显增多，各国之间的反倾销力度也明显加大。

随着中国聚氯乙烯产量迅速增加，我国出口聚氯乙烯数量也不断增长，贸易摩擦也随之而来，从 2006 年开始，我国相继遭遇印度、土耳其、巴西三国的反倾销（特保措施）。

2006 年 6 月 28 日，印度商工部发布公告，接受印度四家聚氯乙烯生产企业的申请，对来自中国台湾、中国、印尼、日本、韩国、马来西亚、泰国和美国的悬浮法聚氯乙烯进口进行反倾销初始调查。倾销的调查期为2005年1月1日至12月31日，损害调查期为2002～2003、2004～2005年度。2007年12月7日，印度商工部反倾销总局就对自中国、中国台湾、印尼、日本、韩国、马来西亚、泰国和美国进口的悬浮级聚氯乙烯反倾销案发布事实披露。根据该披露，印度商工部未给予中国公司市场经济地位待遇，并以结构价格计算中国产品的正常价值，认定自中国进口的产品构成倾销，其中实地核查应诉生产商——天津大沽化工公司的倾销幅度为13.54%，新疆石河子中发化工有限公司的倾销幅度为16.70%，宜昌仪化公司的倾销幅度为18.14%，其他8家未核查的应诉生产商的倾销幅度为16.34%，其他未应诉中国公司的倾销幅度为18.14%。2009年11月3日，应Chemplast Sanmar Limited的申请，印度商工部对原产于中国、日本、韩国、马来西亚、俄罗斯、中国台湾和泰国的聚氯乙烯糊树脂进行反倾销立案调查。

2006年8月15日，土耳其发布公告，对产自中国的聚氯乙烯采取特殊保障措施。从即日起200天内对产自中国的聚氯乙烯（所有未到港的）征收320美元/吨的保证金。通过中国商务部和中国氯碱工业协会与土耳其方面的多方磋商，2007年3月21日，土耳其外贸署发布公告，结束对原产于中国的聚氯乙烯的特保调查，终止对该产品征收保证金，并返还已经征收的临时保证金。对于我国出口土耳其的PVC，土耳其政府采取配额的方式，同时会对我国的进口货物实施海关监管，商务部也建议加强行业自律，协会加强监管。

2007年9月17日巴西BRASKEM公司提交了对原产于中国的聚氯乙烯—S树脂进行反倾销调查的申诉，巴西发展工业外贸部外贸秘书处9月20日颁布了SECEX第53号法令，决定对中国出口至巴西的聚氯乙烯—S树脂展开反倾销调查，立案号为MDIC/SECEX－2100.003066/2007－10。要求应诉的企业的调查问卷需在10月31日前寄至巴西贸易保护局。

九、我国氯碱行业主要有哪些相关的行业政策？对聚氯乙烯价格有何影响？

为了遏制氯碱行业的盲目扩张，促进产业结构升级，国家发改委会同有关部门制定了《氯碱行业准入条件》，并于2007年12月1日开始执行。这项产业政策主要从产业布局、规模、能源消耗和环保等四个方面对氯碱行业新建、改扩建项目进行了准入限制。行业准入条件对电石法生产企业发展制定了导向性政策，对乙烯法氯碱企业制约相对较少，而目前我国PVC的生产主要以电石法为主，因此《氯碱行业准入条件》对行业未来发展趋势将产生重要影响。

在产业布局方面，《氯碱行业准入条件》要求新建氯碱生产企业应靠近资源、能源产地，有较好的环保、运输条件，并符合本地区氯碱行业发展和土地利用总体规划。除搬迁企业外，东部地区原则上不再新建电石法聚氯乙烯项目和与其相配套的烧碱项目。

在规模、工艺与装备方面，《氯碱行业准入条件》要求新建、改扩建聚氯乙烯装置起始规模必须达到30万吨/年及以上，同时新建氯碱企业应靠近资源、能源产地，东部地区原则上不再新建电石法PVC项目以及配套的烧碱项目。提高氯碱行业准入条件的目的主要有两个，首先是为了抑制氯碱产能的过快增长以及氯碱行业盲目投资；其次是为了促进当前氯碱行业的产业结构升级。由于我国东部电石法PVC生产企业的原料电石大多来自中西部地区，涉及的物流成本以及环保治理成本较高，同时聚氯乙烯企业自身成本竞争优势较弱，因此东部地区原则上不再新建电石法PVC项目以及配套的烧碱项目。以后新建氯碱项目必须从资源、能源、环境、土地规划和物流等方面综合考虑，而不仅仅是某一方面的优势。这意味着，以后东部沿海一带聚氯乙烯装置将以乙烯法生产工艺为主。

十、金融市场环境如何影响聚氯乙烯期货价格走势？

炒过股票的老股民都知道，炒股要看大势。大势不行了，大多数股票都要跌，这时候还在股海里翻腾，十有八九要亏钱。那么大势具体是什么呢？大势其实就是一个市场的整体氛围，是一种金融市场环境。其实不光炒股要注意大势，炒期货也要注意整个市场的整体氛围。这是为什么呢？这是因为当一种商品在期货市场上市，成为期货品种时，影响这个商品价格变动的因素不仅有商品因素，而且还有金融因素，同时金融因素的存在也往往使期货市场中的商品价格波动幅度超过现货市场中的波动幅度。

2007 年 10 月到 2008 年 11 月期间，中国股市震荡下跌，上证指数由 6124点的历史高位跌至 1664 点，让很多高位建仓或者进入抄底的股民、基民严重被套、痛不欲生；而 2008 年下半年，国内外商品市场的雪崩式暴跌，国际原油由 147 元/桶的高点一路跌至 32 元/桶，2008 年中国国庆过后国内很多期货品种更是出现了多个跌停，一时令不少商品多头折戟期市，当然也不少跟随大势放空的期民喜笑颜开，赚得盆满钵满。2009 年上半年，宽松的货币政策以及中国经济好转，也推动了国内外商品市场的上涨，在这种情况下，任何回调都是买入点。聚氯乙烯市场在 2009 年 5 月 25 日上市后，也追随了商品大势，震荡上扬。

除了把握前面讲的大势外，也可关注整个化工板块（LLDPE、PTA、PVC）走势，因为 LLDPE、PTA 和 PVC 在成本上都和原油相关密切，因此整个化工板块的气氛往往也会影响聚氯乙烯价格的变化。除了这些外，也可以关注一下中国股市的整体氛围，因为股市的涨跌可以反映出市场对中国经济走势的宏观预期。2008 年下半年金融危机到 2009 年这段时间，国内外商品市场与股市高度相关，此外，其他时间我国股市与期货市场相关性倒不显著。

所以说，期民如果有条件、有时间要多看看盘，不但看外盘的原油、铜等大宗商品和道琼斯指数等股市指数，也要看看国内的上证指数、金属铜等商品领头羊以及整个化工板块，时时观察国内外金融市场环境，审时度势，并结合聚氯乙烯商品自身基本面做好投资。

十一、如何看待各因素对 2008 年下半年聚氯乙烯价格走势的影响?

2008 年下半年，受席卷全球的金融危机影响，聚氯乙烯的消费急剧萎缩，华东、华南市场的电石法聚氯乙烯价格由 2008 年 7 月份的 8800 元/吨一线的高点一路回落至 5000 元/吨一线的低点，期间聚氯乙烯生产企业的毛利润也由 1000 多元/吨跌至亏损 1000 多元/吨，我国聚氯乙烯装置开工率也由70%左右的高点跌至40%左右。当然，在金融危机中，聚氯乙烯偏离成本的暴跌更多地体现为金融属性，即聚氯乙烯上中下游各环节企业为了去库存化而不计成本抛售。期间，由于煤炭限产保价，同期电石价格的跌幅远小于原油的跌幅，电石法聚氯乙烯亏损远大于乙烯法聚乙烯企业的亏损，而在原油价格运行在50美元/桶之下的低位时，由于成本优势，乙烯法聚氯乙烯企业处于赢利状态，因此在2008年四季度和2009年国内市场供应聚氯乙烯主要以乙烯法聚氯乙烯为主。2008年11月开始，由于聚氯乙烯市场供应减少、中间贸易商和下游消费企业开始再库存化，聚氯乙烯现货市场价格触底之后开始回升，这推动聚氯乙烯装置开工率上升，2009年2月份，华东、华南地区电石法聚氯乙烯价格达到了6500元/吨一线的高点，而乙烯法聚氯乙烯则达到了6700元/吨一线的高点，同期电石法聚氯乙烯折算成华南、华东地区主流成本在6200~6300元/吨之间。当然，2008年11月中旬开始，中西部部分地区电厂陆续开始向电石生产企业以及电石法聚氯乙烯生产企业让利，电石法聚氯乙烯企业赢利状况改善，也推动了聚氯乙烯装置开工率的提升。2009年2月中旬到2009年3月中旬期间，尽管国际原油价格上涨，但由于聚氯乙烯装置开工率提高过快，市场聚氯乙烯供应增多，现货聚氯乙烯价格再次步入调整。2009年3月中旬到2009年8月期间，随着中西部地区优惠电价的取消、国际原油价格震荡上行，我国聚氯乙烯现货价格表现为震荡上行，2009年5月25日上市的大连聚氯乙烯期货也在成本的推动下上行，当然期货聚氯乙烯价格上涨因素还包含更多的金融因素。

自 测 题

一、单选题

1. 电石聚氯乙烯成本的主要影响因素是(　　)。

A. 电力价格　　　　B. 氯气价格

C. 汽油价格　　　　D. 人力成本

2. 对我国聚氯乙烯消费影响最大的产业是(　　)。

A. 汽车产业　　　　B. 房地产

C. 农业　　　　D. 医疗

3. 恶劣自然天气有时也会影响到短期聚氯乙烯的价格，最主要原因是(　)。

A. 自然天气会影响煤炭价格　　B. 天气会影响交通运输

C. 天气影响装置开工　　D. 天气影响工人情绪

4. 原油对乙烯法聚氯乙烯成本的传导主要通过路径(　)。

A. 原油—乙烯—乙炔—电石—聚氯乙烯

B. 原油—汽油—乙烯—氯乙烯—聚氯乙烯

C. 原油—石脑油—乙烯—氯乙烯—聚氯乙烯

D. 原油—石脑油—乙炔—电石—聚氯乙烯

二、不定项选择题

1. 2003 年起我国对聚氯乙烯进口作出反倾销制裁的国家和地区是(　)。

A. 俄罗斯　　B. 美国

C. 巴西　　D. 中国台湾

E. 韩国　　F. 马来西亚

G. 日本

2. 聚氯乙烯产业链上主要包括(　)。

A. 石油开采业　　B. 氯碱企业

C. 煤炭企业　　D. 聚氯乙烯贸易商

E. 聚氯乙烯加工企业

3. 影响聚氯乙烯价格的因素主要有(　)。

A. 生产供应　　B. 消费需求

C. 库存　　D. 政策调控

E. 气候运输　　F. 金融市场环境

4. 电石法聚氯乙烯生产成本主要成本包括(　)。

A. 电价　　B. 增塑剂

C. 氯化氢　　D. 电石

E. 建材

5. 近年来，我国聚氯乙烯出口先后与下面国家发生贸易摩擦的是

(　　)。

A. 土耳其　　B. 巴西

C. 阿根廷　　D. 菲律宾

E. 印度

6. 我国近年来涉及聚氯乙烯生产的调控政策主要有(　　)。

A. 氯碱行业准入条件　　B. 石化调整和振兴规划

C. 节约能源法　　D. 京都议定书

三、判断题

1. 能源价格对聚氯乙烯价格走势影响很大。(　　)

2. 塑料玩具是聚氯乙烯需求的风向标。(　　)

3. 我国聚氯乙烯出口不存在贸易摩擦。(　　)

4. 原油对电石法聚氯乙烯没有影响。(　　)

5. 金融市场环境对聚氯乙烯期货价格没有影响。(　　)

6. 我国的聚氯乙烯产能2005年以来处于紧缺状态。(　　)

7. 电石等煤化工属于发改委鼓励限制的项目。(　　)

8. 国际原油价格高于100美元/桶时，电石法聚氯乙烯更具有成本优势。(　　)

9. 电价上涨对电石法聚氯乙烯生产成本没有什么影响。(　　)

10. 我国聚氯乙烯现货市场具有产销分离的特点。(　　)

参考答案

一、单选题

1. A　2. B　3. B　4. C

二、不定项选择题

1. BDEG　2. BDE　3. ABCDEF　4. ACD　5. ABE

6. AB

三、判断题

1. 对　2. 错　3. 错　4. 错　5. 错　6. 错　7. 对

8. 对　9. 错　10. 对

第四章
聚氯乙烯上游企业如何利用聚氯乙烯期货

【本章要点】

本章以案例的形式详细介绍了包括PVC生产企业在内的氯碱上游企业如何利用PVC期货规避风险、安排和指导生产经营活动，具体介绍了企业参与期货市场的意义、套期保值、套利等如何操作。本章内容有利于引导PVC上游企业合理地利用期货工具。

一、聚氯乙烯企业为什么要参与期货市场？

自聚氯乙烯期货上市后，某聚氯乙烯生产企业的销售经理老邢越来越感觉到期货的威力，聚氯乙烯期货连续上涨时，自家的货明显好卖，而且还能卖个好价钱；当聚氯乙烯期货下跌时，市场的观望气氛明显增加，市场表现清淡，货也明显难销。期货公司的业务人员告诉他，这是因为期货市场参与者众多，期货市场形成的价格反映了市场主体对聚氯乙烯价格的看法。随着时间的推移，聚氯乙烯期货参与者人数逐渐增加，大连商品交易所的聚氯乙烯期货价格就有可能成为聚氯乙烯产业链上下游都接受的价格。这就像目前美国纽约交易所交易的原油期货，它的价格的权威性在全球范围内已经得到认可，目前全球销售或者购买原油时都要参考美国的 WTI 原油期货。因此，对于聚氯乙烯生产企业或者与聚氯乙烯生产关系密切的电石企业或许对期货一时的偏见或误解可以不参与期货市场，但却不得不关注聚氯乙烯期货市场。关注期货市场就是关注市场大众对聚氯乙烯当前或后市的看法，从而合理安排企业生产或者在销售中合理的把握销售价格。尤其是很多聚氯乙烯生产企业地处中西部，远离华南、华东消费市场，通过参考聚氯乙烯期货价格，生产企业在价格谈判过程中也可以抢占一丝先机。

此外，对于 PVC 生产企业而言，由于原材料电石、乙烯的价格波动大而导致 PVC 价格波动较大，遇到价格下跌时，市场观望"买涨不买跌"，可能会造成产品滞销。当然，生产企业也会遇到市场价格远高于生产成本的暴利机会，但暴利机会往往转瞬即逝。如果在高价位一次性销售，或提前预售，将会有效地锁定利润。短期内现货市场上高价位一次性销售往往比较困难，而期货市场上由于交易者众多，往往能够做到高位预售。此外，利用期现货之间出现不合理的价差，PVC 生产企业还可以进行无风险期现套利，获得额外低风险收益。因此，PVC 流通环节的生产商不但可利用期货市场进行套期保值，规避价格风险，锁定企业利润，还可以利用期现套利手段将现货销售到期货市场，赚取无风险利润。

套期保值是以期货风险冲抵现货市场风险，以可控风险锁定未知风险的一种经营手段。具体而言，套期保值主要有以下作用：帮助 PVC 生产企业规避价格风险，锁定正常利润。在进行套期保值操作后，企业可以锁定其正常利润，降低利润变化幅度，使之更具持续经营的能力。PVC 生产企业可能无法分享高额的利润，但也避免了出现亏损的可能，起到了平滑利润的作用。

一方面，通过套期保值，企业可以顺利完成销售计划，使得套保者按照原计划进行常规的生产经营；另一方面，由于不必担心购货方要求以日后交货时的现货市场价作为成交价，套期保值有利于现货合约的顺利签订。在 PVC 价格变化中，企业如果进行了套期保值，则可能以用期货市场中的盈利来对冲现货市场中的损失；反之，也有可能 PVC 期货市场发生一定亏损，而利用现货市场的超预期盈利来弥补，当然，当价格趋势出现后，期货市场也可以及时止损。优化资金运行，实现效益最大化。由于期货采取保证金交易的方式，故一般只需要较少数量的资金就可以控制大批现货的价格风险。这样，既提高了企业的资金周转速度，减少了库存成本，又为企业在运作过程中尽可能实现收益的最大化提供了有利支持。一般来讲，期货库存的时间成本优于现货库存，同时，期货合约的保证金通常也会小于远期合约保证金。当然，在实践操作过程中，PVC 生产企业还要根据自身的特点，选择合适的套期保值策略，并要根据实际情况不断调整套期保值策略，切忌片面追求期货市场盈利，变套保为投机。不做套期保值就是最大的投机，因为这意味着企业已经假定掌握了聚氯乙烯价格变化趋势和方向，但实际上，未来的价格对企业还是未知的，企业很难完全正确把握价格波动规律。

具体企业应该如何选择套期保值方向呢？套期保值的方向选择可以遵循一下两个原则。首先是库存原则，从库存角度分析，聚氯乙烯企业的库存如果为正，那么就做相应的卖出保值，如果为负，就做相应的买入保值。比如，企业目前有可制造成 20 吨 PVC 的电石存量，而企业并未接到下游订单，那么企业此时的库存为正，可以在期货市场上做 20 吨的 PVC 期货的卖出套保；如果企业已经接到 10 吨 PVC 订单，那么也有 10 吨的库存需要作出卖出保值；如果企业接到了 30 吨的产品订单，那么，未来还需要买进 10 吨 PVC 的相应用量的电石数量，此时库存为 -10 吨，那么企业应该在接到订单之时做相应买入套期保值。从担心问题角度分析，套期保值中有一句经典语录“担心什么做什么”，即如果企业担心价格上涨则做买入保值，担心价格下跌就做卖出保值。

在进行套期保值操作过程中，我们需要遵循以下四个原则：商品种类相同或相近；交易方向相反；商品数量相等或相近；月份相同或相近。

首先我们看一下商品种类相同、相近原则。交易者在做套期保值交易时，所选择的期货合约的标的物应当与交易者在现货市场上交易的商品是同一种商品。只有商品种类相同，期货价格与现货价格才会有相近的走势，套期保值才能达到预期的效果。PVC 品种和型号众多，不一样的 PVC 产品生产企业对其品种进行保值效果难免会产生不同效果，但是因品种同质性，整体 PVC 商品价格走势相似，相关度极高，因此，不同型号或品种的 PVC 产品也可以用大连商品交易所上市聚氯乙烯期货进行保值。例如，尽管符合交割的电石法聚氯乙烯为 SG5 型，但由于走势相似，生产 SG3 型或者聚氯乙烯糊树脂均可利用聚氯乙烯期货保值。相同原则比较好理解，因为相同的商品在期货和现货两个市场的走势会相近，比如电石法聚氯乙烯。另外，由于近些年乙烯法聚氯乙走势和电石法聚氯乙烯走势越来越趋同，因而乙烯法聚氯乙烯也可以利用期货市场的电石法聚氯乙烯保值。其次，电石企业也可以利用期货聚氯乙烯保值，因为近年电石价格与聚氯乙烯价格相关度超过 80%。

其次商品数量相等原则，在进行套期保值交易时，只有当买卖的数量相等时，两个市场的盈亏额才能对冲，达到完全规避价格风险的目的。但在实际操作中，因期货和现货价格的变化不会完全一致，因此会有一定的套期保值率，一般在操作中，保值数量不能超过企业正常的交收（买入和卖出）数量。

还有月份相同或相近原则。套期保值选用的期货合约的月份最好与交易者将来在现货市场上实际买卖现货商品的时间相同或相近。这是因为期货合约临近交割时，期货价格与现货价格的联系最为紧密，会趋于一致。而离交割期较远的期货合约的价格与现货价格可能会有相对大一些的偏离，这样会降低套期保值的效果。

最后交易方向相反原则，套期保值者必须在现货市场和期货市场采取方向相反的买卖操作，才能使一个市场的亏损被另一个市场的盈利所弥补，达到规避价格波动风险的目的。如果在两个市场进行同向的操作，就会盈利时都盈利，亏损时都亏损，不但不能实现保值，反而使交易者面临的市场风险加倍扩大。

二、什么是套期保值？常见的套期保值有几种？

“销售王”是内蒙古一家氯碱企业的销售人员，作了将近 10 年的聚氯乙烯销售，跑遍了大江南北，最大的感触是企业的产能越来越大，销售任务也是越压越重，不过到手的票子却不见涨。老王也是满肚子苦水呀，市场行情好的时候吧，往往企业仓库里没有那么多货，而且有时企业仓库有货，不过等运到华东、华南的时候，行情又不行了，特别是遇到交通紧张的守候，等货到华南、华东市场的时候，黄花菜都凉了。市场行情不好的时候，有时候只能眼巴巴地看着仓库里的聚氯乙烯往下跌，一天一个价，货不好销只能干着急。不过，听说聚氯乙烯期货要上市的消息后，老王心中大喜。"至少咱多了个市场销售，市场多了一个，销售任务总好完成了"老王对身边的朋友说。聚氯乙烯期货一上市，老王就动员所在的企业在东部沿海一个期货公司开了法人户。开户后，期货公司的客服人员告诉老王，其实大多数时候把聚氯乙烯销到期货市场并不划算，因为在期货上完成销售是通过交割完成的，需要额外的交割成本，对于企业而言，期货市场最适宜的操作是套期保值，那么什么是套期保值呢？

传统的套期保值就是在期货市场上买进（或卖出）与现货市场数量相当，但交易方向相反的商品期货合约，以期在未来某一时间通过卖出（或买进）期货合约来补偿和冲抵因现货市场上价格变动所带来的实际价格风险。套期保值交易的目的就是最大限度地减少价格波动风险所带来的不利后果。套期保值本质上就是使用期货这个金融工具来保护某种商品的购买或者销售价格，以期来锁定或平稳企业的利润。当然随着金融市场的发展，国外期货市场交易品种更加丰富，除了期货外，还出现了期权，其实我国股市交易的权证就是一种期权的变形品种，所以国外市场的更多的是将期货、期权结合起来进行套期保值。按照在期货市场上操作的方向，套期保值可以分为买入套期保值和卖出套期保值。买入套期保值就是指在期货市场先买入一定数量的商品期货，这个数量与将来在现货市场买入的商品数量相等或相近，同时，买入的期货合约的交割日期与买入现货的时间相同或相近。卖出套期保值则是先在期货市场卖出一定数量的商品期货，卖出的数量与将来在现货市场卖出的商品数量相等或接近，同时，卖出期货合约的交割日期与卖出现货的时间相同或相近。一般情况下，聚氯乙烯行业的上游，比如电石企业、聚氯乙烯生产企业等居于聚氯乙烯产业链上的上游企业是天然的卖出保值者，而聚氯乙烯管材企业、聚氯乙烯型材企业、聚氯乙烯玩具加工企业、聚氯乙烯鞋业企业等处于聚氯乙烯产业链下游的企业是天然的买入保值者。对于聚氯乙烯中间贸易商，则既可以做买入套保也可以做卖出套保，具体操作需要视企业库存状况而定。

套期之所以能够保值，是因为同一种特定商品的期货和现货价格，在相同的时间和空间内受到相同的经济因素和非经济因素影响和制约，因此价格的变化大致相同。同时，由于对于商品期货，如果没有平仓，那么期货合约到期必须进行实货交割，从而使得现货价格与期货价格在期货合约临近到期日时趋向一致。企业在期货和现货两个市场中，进行反向操作，必然是一个市场盈利而另外一个市场亏损，从而达到相互冲销的效果。比如，2009 年 8 月初某聚氯乙烯生产企业手头有 2000 吨聚氯乙烯现货还未销售出去，于是 8 月 7 日在期货市场以 7700 元/吨的价格抛售 400 手 V0911 合约，此时华南地区聚氯乙烯的销售价格在 6850 元/吨，9 月 21 日聚氯乙烯生产企业以 6600元/吨的价格完成销售，同时在期货市场上以 6700 元/吨买入 400 手 V0911 对冲平仓，这样该企业在现货市场虽然销售价格下滑，但期货市场的盈利基本上对冲了现货市场的亏损。

如何计算净库存?

无论对于生产企业、贸易企业，还是聚氯乙烯下游企业，库存控制都有着重大意义。以聚氯乙烯生产企业为例，一旦市场价格上涨，利润就会增加；而一旦市场急速下跌，在企业存货过多的情况下，就会使得利润大幅下降，影响企业生存和长期发展能力。

所谓净库存，是指现有存货减去积压订单。例如，一家生产企业 A 现有聚氯乙烯库存 30000 吨，在手销售订单总和为 22000 吨，那么净库存就是 8000 吨；又如，一家贸易企业现有聚氯乙烯库存 3000 吨，已签订了 5000 吨的销售订单，那么净库存就是 -2000 吨。

如果未来市场价格下跌，前述生产企业 A 就面临着以更低的价格出售存货的情况，利润空间将被压缩。而一旦市场价格上涨，贸易企业 B 就不得不以较高的价格进货2000 吨，来满足销售订单的需求，如果价格涨幅过大，超过了订单签订的销售价格，那这家贸易企业不但没有通过中间贸易获利，反而是高买低卖形成亏损。

所以说，价格的不确定性使得企业面临很大的风险。生产企业的苦恼在于，如何确定合适的净库存。保持净库存为零是一种稳妥的方法，就是存货和订单数量相当，这样利润就大体确定下来。但是如果市场活跃，订单显著增加，或者未来一段价格大涨，企业却没有更多的货可卖，就会限制了企业的盈利机会。

有了聚氯乙烯期货市场后，相当于给聚氯乙烯企业提供了一个“体外库存”加一个

"潜在客户"。企业可以将现货和期货市场操作结合起来，有两点好处：一是有效降低价格不确定性风险，比如现有库存过多，就在期货市场上开仓卖出部分产品，这样可以提前锁定部分利润，防止未来价格下跌带来较大的损失；二是保持生产和库存的范围更为灵活，企业可以根据生产能力、库容状况等灵活地安排生产和库存量。

我们把净库存的概念延伸。现举生产企业A的例子。前面说过，A企业现有库存30000吨，在手订单22000吨，净库存8000吨。为了防止价格波动风险，企业可以在期货市场开仓卖出1600手聚氯乙烯期货（1手=5吨，1600手合8000吨），相当于和期货市场这个"潜在客户"签了一个8000吨的订单。这样一来，企业实际净库存=现有库存（30000吨）-在手订单（22000吨）-期货合约卖出（8000吨）=0

如果未来有新的客户订单，比如6000吨，那就在签订订单的同时在期货市场平仓买入6000吨。开仓到平仓这段时间，如果聚氯乙烯价格下跌了，企业新签订单的卖价会较低，但期货市场平仓获得了盈利，所以价格下跌没有给企业带来损失；如果聚氯乙烯的价格上涨了，期货市场就会有亏损，但现货市场新签订的订单是以新的现货市场价格成交，两者盈亏大致相抵。期货合约的存在起到了保值的作用。在这个例子中，期货市场起到了"潜在客户"的作用，相当作为聚氯乙烯企业产品的需求方与企业签订购销合约，只不过结算价格是以交割时的价格来计，与传统的订单有所区别。

再看一个"体外库存"的例子。作为生产企业的"体外库存"，期货市场特点在于，这个仓库产生的不是仓库管理费，而是期货交易佣金；所谓的库存是可以通过购买取得，不是通过企业生产获得，相当于生产企业多了一种供货渠道，当订单很旺而生产能力不足以应付时，又不想错过市场机会，就可以通过期货市场提前买入，补充现有库存。如果期货处于超跌状态，当未来价格上涨时，企业就可以通过期货市场获取这一部分利润，免得现货不足错过了价格上涨的收益。

对于上述A企业来讲，前面例子中它的净库存是8000吨。假如此时企业又签了9000吨的订单，它的净库存就变成了-1000吨。此时，企业可以再在期货市场开仓买入1000吨聚氯乙烯，作为供货及规避价格风险的保障。如果未来市场价格上涨，期货市场盈利，可弥补现货市场提前签订合同错过的上涨部分利润；如果未来市场价格跌了，期货市场有部分亏损，但企业仍可以订单合同中先前较高的价格卖出产品，相当于锁定了利润。

以上只是简化的例子。在企业实际生产过程中，企业的产量、库存、订单都是在不断变化的。一个原则就是保持实际净库存为零，也即期货现货两个市场库存相抵，净值为零。

考虑更复杂一些的情况。聚氯乙烯的价格和其生产原料电石的价格有着很强的相关性。当企业购进15000吨电石，计划未来3个月生产8000吨聚氯乙烯。生产1吨聚氯乙

烯大约需要消耗 1.5 吨电石，那么生产 8000 吨聚氯乙烯需要 12000 吨电石，还有3000吨电石未在生产计划，可能会面临价格变动风险。这种情况下，企业也可以将电石净库存折算成聚氯乙烯，然后再聚氯乙烯期货市场开仓卖出，实现保值。3000 吨电石折合 2000 吨聚氯乙烯，加上计划生产 10000 吨聚氯乙烯，一共是 12000 吨。那就在期货市场卖出 2400 手（合 12000 吨）聚氯乙烯期货合约。未来，在现货市场卖出聚氯乙烯的同时，在期货市场买入相应的数量对冲平仓。由于两个市场变化趋势一致，一买一卖，在一个市场的亏损可以通过另一个市场的盈利来对冲相抵，企业就提前锁定了利润。

通过以上的分析可以看出，净库存是企业管理利润的一个有效方式。期货市场的存在则延伸了净库存的概念。保持现货和期货两个市场上总体净库存为零，实现完全的套期保值，可以为生产企业规避产品价格波动风险，对冲市场的大风大浪，实现平稳经营和长期健康发展。

三、什么是套利，常见的套利有哪些？

老李算是聚氯乙烯市场中的一只“老狐狸”了，从一家中小型氯碱生产企业的销售人员，再到一家中型塑料贸易商的采购经理，老李在氯碱行业打拼了十多年了，对这个市场也可谓知根知底。聚氯乙烯期货在大连商品交易所上市后，老李也越来越习惯于打开行情软件看看聚氯乙烯的行情再去和客户谈生意。而且老李发现在期货市场寻找交易对手远比现货市场容易，加上又熟悉现货，感觉自己对行情把握的不错，老李建议公司在一家大型期货公司开个法人户。其实在开户前已经有不少的期货公司陆续到老李所在的贸易公司进行了相关培训，经过培训，老李明白公司的主要精力还是应该放在现货的生产经营上，期货市场可以参与方式的主要是套期保值，另外有机会也可以参与套利。套期保值已经在前文中介绍过了，那么套利是什么？听说与投机相比，期货套利风险不大，不过会不会“没吃到羊肉反惹来一身骚呢”？也不是没有这种可能，具体要看投资者操作的哪一种套利，接下来我们具体来了解一下套利。

套利也叫价差交易，通常套利指的是在买入或卖出某种期货合约的同时，卖出或买入相关的另一种合约，并在某个时间将两种合约同时平仓的交易方式。与单方向操作的投机相比，套利其实是利用不同时间、或不同品种、或不同市场等之间不合理的价差来博取低风险利润的一种交易方式。具体而言，套利可以分为四种类型：期现套利、跨月套利、跨品种套利和跨市套利。一般普通投机者关注的是单个期货合约单方面的价格变动，而套利者关注两个合约之间的相互价格变动，本质上关注的价差的变化。由于价差的变化幅度通常小于价格的绝对变化幅度，通常情况下，套利的风险要小于投机的风险。当然，这并不意味着套利就没有风险了，风险大小是相对投机而言的，如果仓位过重或者保证金不足，套利头寸也同样会面临被强平或爆仓的危险。接下来将给读者一一介绍各种套利。

期现套利是指投资者利用期货市场和现货市场的价差，在两个市场上进行买低卖高的操作。这种套利是基于现货交割的一种套利，由于风险较小一般也被称为无风险套利。一般说来，期货价格与现货价格之间的价差，应等于商品持有成本，如果两市的价差明显超过持有成本，进行套利的窗口就打开了。期现套利时，投资者把现货以合适价格在期货市场中卖出，期货价格比现货价格高得越多，套利的空间就越大，最后投资者只要到期交割，就可得到预期利润。PVC 期现套利成本主要由三方面构成：商品的交割成本，包括运输费、入库费、检验费、仓储费、交割、交易手续费等；资金成本，主要包括购买现货占用资金及期货保证金的资金成本；增值税，两个市场上价差要交的增值税。当然，在实际操作中，投资者交割与还是选择期货平仓，要视当时那种方式企业能够获取的利润更多而定。由于可能要涉及交割，期现套利一般适合机构投资者操作。比如，聚氯乙烯期货上市后，期现价差达到 1200 元/吨一线，远大于其 400 元/吨左右的套利成本，这时候就可以进行买入现货，并抛出期货的期现套利的操作。

跨月套利指的是利用同一个交易所的同种商品但不同交割月份的期货合约的价差进行逃离的套利交易。操作跨月套利时，投资者在同一市场内，买入某一月份合约的同时，卖出另一月份的同种合约，当两个月份合约之间价差回归正常水平时，投资者平仓获利。这是一种风险很小，收益相对稳定的套利方式，它既适合于普通投资者也适合于机构投资者。例如：不同时期买 V0909 卖 V0911 或者卖 V0909 买 V0911 的套利。跨月套利也涉及套利成本，由于仓储费的存在，远期合约价格一般会高于近期合约。但是，在各种供求因素的影响下，价差有时会过大，有时会过小，从而提供套利机会。一般来说，近月合约和远月合约之间的价差应该跟该商品相同期间的仓储费大致相当。

跨品种套利，是指利用不同期货品种之间的价差变化来获利。要进行跨品种套利，商品之间要具有比较强的相关性。通常相关性越强，跨品种套利的效果也会越好，套利过程中的风险也会越小。PVC、LLDPE、PTA 都可看作原油衍生品，存在一定的套利关系。

跨市套利是指在一个市场买入或卖出同时在另一个市场卖出或买入同一交割月份的某种商品，在一些因素的影响下，两个市场的价差偏离常态较多时，就产生了跨市场套利机会，当这些合约价差关系趋于正常时平仓，即获得收益。当前全球期货市场除了印度大宗商品交易所有聚氯乙烯期货外，就是中国大连商品交易所有聚氯乙烯期货，由于印度的聚氯乙烯期货合约交易不活跃以及一些技术上的问题，目前大连的聚氯乙烯期货和印度的聚氯乙烯期货还无法进行跨市套利。不过，在国内还是可以考虑大连聚氯乙烯期货和类期货的仓单市场之间的跨市套利，仓单市场也就是远期电子交易市场。

目前，国内广东塑料交易所、浙江塑料城网上交易市场和中国塑化电子交易市场等都开展 PVC 远期电子交易。大连商品交易所交易的 PVC 标的是符合国标 GB/T5761－2006 要求的一等品，这个等级的 PVC 也符合各家电子交易市场的交收质量标准，因此，大连 PVC 期货合约与这些电子交易市场的远期合约之间具备开展跨市套利的条件。此外，大连 PVC 的交割地点设置在华东和华南地区，各电子交易市场在这些地区一般也设有交收仓库，这也为投资者在期货市场和电子交易市场之间通过实物交割，将跨市套利和期现套利结合起来操作提供了便利条件。当然，由于涉及交割，跨市套利也比较适合机构投资者操作。

四、电石企业如何利用聚氯乙烯期货市场提前销售？

我国电石行业起步于 20 世纪 40 年代末期。20 世纪 60 年代，以电石法乙炔为原料的有机合成工业在我国迅速兴起，国内电石产能的扩张速度有所加快。改革开放之后，我国步入经济快速发展轨道。为满足经济发展和人民群众生活的需要，聚氯乙烯等电石下游行业的产能扩张速度逐步加快，从而带动了电石行业的发展。我国电石生产企业主要集中在华北、西北、西南等地区，2007 年我国电石产能已经超过 2000 万吨，2008 年电石产能更是达到了 2200 万吨的高点，但是 2008 年我国的电石产量仅为 1361 万吨，产能过剩 40% 左右。同时，我国电石企业还存在量多规模小的特点。在我国电石 80% 左右用于聚氯乙烯生产，加上电石企业议价能力低，2007 年至 2008 年期间我国的电石价格与聚氯乙烯价格关联度达到 80% 左右，长期来看，电石价格和聚氯乙下价格相关性很大，因此，可以利用大连聚氯乙烯期货进行套期保值。

某西北电石生产企业，产能为 25 万吨，月产量为 2 万吨。2009 年一季度，由于乙烯法聚氯乙烯生产成本相对电石法聚氯乙烯具有优势，电石聚氯乙烯生产企业开工率较低。由于电石属于高危险商品，而且容易因风化而降低品质，一般情况下，电石企业生产保持着随产随销的经营模式。聚氯乙烯期货上市后，该企业一直在关注聚氯乙烯期货价格变动。2009 年 7 月底开始，市场炒作聚氯乙烯交割库容紧张以及交割严格，多头资金涌入，市场向上成功突破 7500 元/吨。此时，聚氯乙烯生产企业多数对价格感到不可思议。8 月初，华南、华东市场的电石法聚氯乙烯现货价格在 8800 ~ 8900 元/吨左右，华南、华东市场乙烯法聚氯乙烯价格也仅在 7100 元/吨一线，此时期货市场主力合约 V0911 合约已经比华南电石法聚氯乙烯现货价格每吨高出千元之多。该公司从西北一家期货公司了解到当时聚氯乙烯期现套利的成本大概在 400 元/吨，该公司参与聚氯乙烯市场多年，认为期货上的高价在现货市场不可能持久。由于担心聚氯乙烯价格下跌带动电石价格下跌，该公司决定利用期货市场对 8 月份要生产的电石进行保值，锁定销售价格。8 月初，一家期货公司业务人员打电话告诉该公司有关负责人：大连商品交易所已经准备扩充交割库库容了，近期就可以完成扩容工作，并认为多头炒作的基础已经不复存在。该负责人及时向公司有关高管汇报了该消息。公司听后及时召开会议，并按原计划到期货公司开户，同时将已经准备好的资金转入相应账户。2 万吨电石可生产聚氯乙烯 1.33 万吨，对应期货大概 2600 手。2009 年 8 月 6 日到 8 月 13 日期间，公司期货操作人员在大连商品市场分批卖出 2600 手合约 V0911，建仓平均成本在 7800 元/吨一线，期间西北的电石出厂价在 2750 元/吨一线。由于北京周边交通管制的原因，电石价格表现强于预期，并没明显走弱。2009 年 9 月 10 日，该企业陆续完成 8 月份的 2

万吨电石的生产和销售，销售均价为2700元/吨。同期在期货市场上，该公司也选择在现货销售完成时，将对应得聚氯乙烯期货平仓，9月11日，该公司期货操作人员完成最后一笔期货合约的平仓工作。2009年8月13日至2009年9月11日，公司分三批集中完成了期货合约的平仓工作，三次平仓的均价分别为：8月19日均价为7200元/吨；9月1日为7050元/吨，9月11日为6950元/吨。由于三次平仓的合约数量基本相等，这样这次套保平仓的平均成本在7070元/吨一线。套期保值的效果见表4－1。

表4－1 套期保值的效果

时间	现货市场	期货市场
2009年8月6日	当时西北市场电石现货价格均价为2750元/吨	以7800元/吨均价卖出2600手V0911合约
2009年9月10日	2700元/吨价格在现货市场完成销售	以7070元/吨均价买入2600手V0911平仓
结果	现货市场比6月份少卖了100万元	期货市场平仓获利971万元
套保效果	最终相当于现货以3185.5元/吨的价格完成电石销售	

套保期间，由于成本支撑原因以及运力紧张等原因，电石价格变化不大，电石现货的损失基本可以忽略不计。为了成功完成套保，企业除了接受期货公司有关期货知识培训、认真做好模拟盘操作外，还充分做好了资金准备。进入期货市场前，该企业将V0911期货合约按照保证金15%进行准备，同时为了防止行情异动，企业预备将初始仓位控制在50%以内，这样一方面使日后穿仓风险大大降低，另一方面也不会因为仓位过低而浪费资金利用率。

当然，除了电石生产企业可以利用聚氯乙烯期货套保锁定利润外，聚氯乙烯生产企业或者贸易商也可以利用聚氯乙烯期货对库存的电石进行套保。

五、聚氯乙烯生产企业如何参与套期保值降低库存风险？

2005年之后，随着国内电石法聚氯乙烯产能的快速扩张，国内聚氯乙烯供大于求的格局形成，聚氯乙烯企业在聚氯乙烯市场中的定价权也逐渐减弱，至今已经形成了下游定价权占主导的格局。由于聚氯乙烯商品本身是能源密集型商品，加上国际上聚氯乙烯的生产主要采取以乙烯为原料的石化工艺路线，原油价格的波动也加剧了聚氯乙烯现货价格的波动。同时，由于国内烧碱产能严重过剩，2008 年以来氯碱企业的利润已经从主要依靠烧碱生产过渡至主要依靠聚氯乙烯生产，氯碱企业的生产安排也已经从以碱定氯过渡为以氯定碱。

华北某中大型氯碱企业，拥有 60 万吨的聚氯乙烯产能、35 万吨离子膜烧碱产能以及配套 100 万吨的电石产能，企业不需要外购电石。为了保持正常供货，或者销售清淡时，企业会维持一定的聚氯乙烯库存。2008 年下半年的聚氯乙烯现货价格暴跌，使不少中小型下游企业违约，企业库存增加，同时价格持续暴跌，企业只得一边不停开工率，一边积极组织销售人员清理库存。由于，当时聚氯一下现货价格下跌过快，库存未能及时销售出去，加上生产成本未能快速降低，造成企业生产高时一吨亏损上千元，严重影响了企业经营发展。为了企业的长期发展，也为了公司几千人的饭碗，聚氯乙烯期货上市前期，企业就严格筛选了三家中大型期货公司，作为长期合作对象。随后，为了避免日后企业的交割量超过大连商品交易所规定的 2500 手，企业成立了三家全资子公司，并以这三家全资子公司名义分别在三家期货公司开设了三个法人户。在期货公司的建议下，专门抽调了销售部门、信息部门等有关人员，组成了期货策略小组，并由公司副总经理直接负责。期货策略小组人员除了定期接受期货公司有关培训外，还安排指定下单人员利用大连商品交易所的塑料期货进行模拟交易，模拟交易一段时间后，企业再次安排少量资金让下单人员进行实战演习。

2009 年 5 月 5 日，聚氯乙烯期货在大连商品交易所成功推出，企业期货小组决定先观望和熟悉行情，并进行了有关的尝试交易。2009 年 6 月 8 日，受政府公布第二批塑料出口退税上调消息刺激，大连聚氯乙烯期货大幅上涨，当天聚氯乙烯 V0909 合约收盘价在 7000 元/吨一线，而当天华南、华东市场的电石法聚氯乙烯现货价格在 6420 元/吨一线，即使考虑 400 元/吨左右的期现套利成本，价格仍然高出现货价格 200 元/吨左右，而且当时业内普遍认为由于产能严重过剩，当聚氯乙烯现货价格超过 6600 元/吨时，就会很快回落。期货小组及时向公司反映，公司及时召开会议研究后决定：企业聚氯乙烯净库存为4万吨，但由于未来三季度聚氯乙烯价格看涨，加上公司还没有套期保值经验，公司决定仅对其中的30%～40%的库存进行套保，也就是对1.5万吨的聚氯乙烯库存进行套保，按照保证金15%的额度计算，要求初始仓位在50%左右，当时聚氯乙烯期货合约V0909的价格在7000元/吨一线。这样由财务部门将3100万资金分别转入三个相应的与银行账户，当然该银行账户已经开通了银期转账功能。6月9日，开盘后，操作人员将自己转入相应的期货保证金账户，并在三个账户建仓卖空1500手，建仓成本在7000元/吨一线。6月10日，公司操作人员再次建仓1500手，两次建仓成本在7080元/吨一线，这样公司完成建仓，期间现货均价在6480元/吨一线。2009年7月30日，大连聚氯乙烯期货再次大幅上涨，该企业期货账户开始出现浮亏，不过与此同时聚氯乙烯现货价格上升到6600元/吨一线，并且气氛转暖，贸易商和下游企业拿货相对积极，8月3日企业在华东市场以6680元/吨的价格完成了2万吨的库存销售，此时企业的净库存也降到了2万吨左右。由于该企业已经将聚氯乙烯现货库存超额销售，企业采纳期货公司建议8月4日将3000手V0909合约全部平仓，平仓成本在7400元/吨一线。至此该企业完成了第一阶段的套保任务，即对原先库存中1.5万吨聚氯乙烯现货的套期保值。企业第一阶级套期保值效果见表4－2。

表4－2　　企业第一阶段套期保值效果

时间	现货市场	期货市场
2009年6月9日	当时华东市场现货价格为6480元/吨	以7080元/吨价格卖出3000手V0909合约
2009年8月3日	6680元/吨价格在现货市场完成销售	以7400元/吨价格买入3000手V0909平仓
结果	现货市场比6月份多卖了300万元	期货市场平仓亏损480万元
套保效果	最终相当于现货以6560元/吨的价格完成销售	

8月初，聚氯乙烯V0911合约的价差开始超过1000元/吨，同时8月3日大连商品交易所宣布，增设上海华谊天原化工物流有限公司、浙江尖峰国际贸易有限公司为聚氯乙烯非基准指定交割仓库。此后，现货市场行情转淡，现货销售难度加大。该企业与期货公司有关人员共同研究后认为，多头

炒作行情很难维持，加上销售难度加大，为了规避库存聚氯乙烯价格下跌风险，企业决定抓住时机对剩余的2万吨聚氯乙烯库存全部实施套保。8月10日，公司向期货账户再次追加保证金2000万，这样可以保证仓位在5成以下，并开始分批建仓。8月10日至8月13日，公司完成建仓，建仓4000手，建仓平均成本拉升在7900元/吨一线，此间华东市场聚氯乙烯现货价格在7000元/吨一线。8月中旬之后，聚氯乙烯企业市场开始伴随金融市场走弱而大幅调整，聚氯乙烯现货市场也在期货市场的影响下走弱。企业决定一方面降低开工率，一方面积极消化库存。8月26日，该企业完成1万吨的聚氯乙烯销售合同的签订，协议以6840元/吨的合同价格销给华东某管材加工企业。8月27日该企业将2000手聚氯乙烯V0911合约平仓，平仓成本为7240元/吨。9月9日该企业将5000吨聚氯乙烯现货在华南市场以6650元/吨的价格完成销售，同时在期货市场以6960元/吨的价格将1000手聚氯乙烯期货合约平仓。9月24日前后，企业再次以6580元/吨价格完成5000吨的聚氯乙烯销售合同的签订，9月25日企业将1000手V0911以成本6450元/吨的价格买入平仓。至此该企业完成了第二阶段的套保操作。企业第二阶级套期保值效果见表4－3。

表4－3 企业第二阶段套期保值效果

时间	现货市场	期货市场
2009年8月10日	当时华东市场现货价格为7000元/吨	以7900元/吨价格卖出4000手V0911合约
2009年8月26日	以6840元/吨的价格完成1万吨聚氯乙烯现货销售	以7240元/吨价格买入2000手V0909平仓
2009年9月9日	以6650元/吨的价格完成5000吨聚氯乙烯现货销售	以6950元/吨的成本买入1000手V0911期货合约平仓
2009年9月25日	以6580元/吨的价格完成5000吨聚氯乙烯现货销售	以6450元/吨的成本买入1000手V0911期货合约平仓
结果	现货比开始少卖了545万元	期货市场平仓盈利1860万元
套保效果	最终相当于现货以7657.5元/吨的价格完成销售	

从上面套保的案例可以看到，该企业两次套保基本上达到了锁定销售价格的目的，而且套保的效果需要长期坚持，如果时而对现货进行套保，时而不进行，那么整体的效果就类似于投机了，这种情况下反而会影响企业盈利的稳定性。

六、聚氯乙烯生产企业如何利用期货市场提前销售?

聚氯乙烯的价格波动具有一定的季节性，聚氯乙烯企业的生产也是时有盈利。当这个市场上仅有现货市场时，当聚氯乙烯生产利润较好时，企业只能被动的提高开工率来增加企业利润，但产能的设置往往让企业的产量提升有限，而且从原料到产品需要一定的转化时间，这样，当产品生产出来时，市场往往会因为供应增加而价跌，也就是说，在现货市场生产企业很难充分利用较好的价位来增加企业的利润。

然而，当期货市场中也推出聚氯乙烯商品期货后，聚氯乙烯生产企业的上述尴尬或许可以解决了。当行情好的时候，生产企业可以利用聚氯乙烯期货市场提前销售，合理安排生产，锁定企业较好的生产利润。

西部某中型聚氯乙烯生产企业，设计产能为30万吨，月均产能为2.5万吨，企业配套电石生产子公司。2009年7月中旬后，受期货市场多头炒作带动，部分贸易商开始囤货，聚氯乙烯现货市场气氛好转。同期，国内聚氯乙烯生产企业的利润也开始逐步好转，2009年7月中旬华东、华南市场每吨的聚氯乙烯毛利润分别在260元和250元左右。7月底，华东市场聚氯乙烯的毛利已经达到了400元/吨，企业认为该利润不但合理而且相对处于较好的利润区间，而8月初的企业一方面提高开工率，加大销售力度，尽量的固化利润；另一方面，四季度是传统的价格低迷期已经需求清淡期，企业决定合理安排生产，将后期的产品提前在期货市场销售，提前完成企业利润。

该公司领导决策小组和合作期货公司经过充分得论证后，认为企业的敞口风险主要是在聚氯乙烯现货价格上，而且期货V0911价格已经较现货价格每吨升水千元左右，即比现货价格每吨高出了千元左右，正是难得的建立卖出套保的时机。在充分考虑到企业的生产以及资金周转等问题后，该公司决定将后期8月、9月两个月的产量共计约4万吨聚氯乙烯提前在期货市场抛售，考虑到期货市场流动性以及生产日期等问题，公司期货策略小组决定在合约V0911上建仓。按照10%左右的优惠保证金以及5成左右的持仓，并结合当时V0911合约8000元/吨左右的期货价格，2009年8月5日，公司将资金6500万转入分仓的三个期货公司保证金账户，并由该公司期货小组操作人员分批建仓。2009年8月5日至2009年8月13日，公司在V0911合约上分批建仓，最终V0911的空单平均建仓成本为7850元/吨，头寸为1万手，此时，企业的生产毛利为500元/吨左右。

公司集中在2009年8月31日前后、2009年9月22日前后完成了8月份2万吨聚氯乙烯的现货的销售任务。其中8月31日前后完成了1万吨左右的销售任务，销售均价为送到价6750元/吨，销往华东华南市场，此时企业的毛利为400元/吨左右。同期，该企业期货操盘人员接到平仓指令，将2000手V0911期货合约以7250元/吨的成本平仓。9月22日，公司完成了8月份聚氯乙烯剩余产品的销售工作，销往华东市场一家塑料型材加工公司，销售均价为6600元/吨左右，此时，企业现货的聚氯乙烯毛利降为250元/吨左右。同样，企业期货操盘人员将2000手V0911合约平仓，此外，考虑到主力向V1001合约转移，公司在同一天将6000手V0911合约全部平仓，平仓成本为6680元/吨，同时，企业在V1001合约上开空单4000手，开仓成本在6850元/吨。2009年9月28日前后，该企业同样完成了1万吨9月份生产的聚氯乙烯现货的销售工作，销售均价为6520元/吨，此时由于现货价格的下跌，该企业的毛利下降到了200元/吨左右，与此同时，企业将2000手V1001合约以6460元/吨的成本平仓。此时，公司信息部已经注意到当天V0911合约盘中最低下探到6160元/吨，当天V0911合约收盘价6290元/吨已经较华东、华南现货6550元/吨一线的均价贴水260元/吨左右。2009年十一长假过后，受国际原油上涨以及国内股市反弹带动，聚氯乙烯期货跟随化工板块弱势反弹，同时现货市场气氛也开始回暖。2009年10月14日前后，公司完成了1万吨聚氯乙烯现货的销售工作，同时企业将剩余的2000手V1001合约平仓，平仓成本在6800元/吨一线，此时企业的毛利为变为100元/吨左右。自此，该企业完成了现货市场的销售任务，并利用期货市场合理地锁定了较高的生产利润。企业利用期货市场提前销售锁定利润效果见表4-4。

表4-4　　企业利用期货市场提前销售锁定利润效果

时间	现货市场	期货市场
2009年8月5日~10日期间	企业生产毛利为500元/吨左右	以7850元/吨成本卖出1万手V0911合约
2009年8月31日	完成1万吨聚氯乙烯现货销售，企业毛利降为400元/吨	以7250元/吨价格买入2000手V0911平仓，获利600元/吨
2009年9月22日	完成1万吨聚氯乙烯现货销售，企业毛利降为250元/吨	以6680元/吨的成本买入2000手V0911期货合约平仓，获利1170元/吨，同时移仓至V1001合约
2009年9月28日	完成1万吨聚氯乙烯现货销售，企业毛利降为200元/吨	以6450元/吨的成本买入2000手V1001期货合约平仓，获利1560元/吨
2009年10月14日	完成1万吨聚氯乙烯现货销售，企业毛利降为100元/吨	以6800元/吨的成本买入2000手V1001合约平仓，获利1220元/吨
结果	现货企业毛利降低了212.5元/吨	期货市场平仓盈利1137.5元/吨
套保效果	最终以期货市场保护了现货市场的利润，并且由于基差走强的原因，企业在期货市场获得额外利润	

七、期货市场聚氯乙烯期货套期保值如何了结？

按照定义，传统的套期保值是在现货市场和期货市场上进行反方向的操作，以期利用一个市场的盈利弥补另一个市场的亏损，从而锁定当前的市场价格。换句话说，当我们把现货卖出或买入的时候，就把对应的期货合约买入或卖出，也就是平仓了结，因此，传统的套期保值在期货市场上的了结方式是平仓了结。前文中提及的多个聚氯乙烯套期保值案例中，期货市场上头寸的了结基本上都是以平仓结束的，而且平仓的时间也是尽量接近现货市场上商品买入或卖出的时间。

然而，由于期货市场上商品还具有一定的金融属性，有时候期货市场商品走势和现货市场会出现一定的偏差；或者由于保值者对该商品的价格趋势预测出现较大失误，以致期货市场出现较大亏损，甚至保证金无法维系等问题时，套期保值者往往无法或者无意在期货市场上平仓了结头寸，而是选用展期的方式将期货合约延期到更远的月份或者干脆在期货市场止损。当然，有的时候由于现货市场销售不畅或者货源紧俏，或者期货市场出现较大升贴水时，套期保值者也可以选择在期货市场上交割来完成套期保值。

华北某聚氯乙烯生产企业利用期货市场对企业1万吨聚氯乙烯进行套期保值，2009年6月9日前后卖出2000手V0909合约，卖出成本在7000元/吨一线，这个价格比生产成本高出800元/吨左右，比当时华南、华东聚氯乙烯现货价格也高出近500元/吨，而当时的期现套利成本大概为350～400元/吨左右，应该说这个价格在当时是个比较好的套保价格点。2009年7月底开始，聚氯乙烯在多头炒作下迅速拉升，金融属性体现较为明显，月末V0909合约已经高达7500元/吨一线。当时，现货聚氯乙烯市场虽然在期货聚氯乙烯的带动下上涨，但相对理性，7月月末华东、华南市场电石法聚氯乙烯现货价格分别集中在6650～6700元/吨和6500～6650元/吨，在这种情况下聚氯乙烯期现价差一度扩大至每吨千元之多。此时，如果选择在现货市场上销售，同时将期货市场上头寸平仓，显然不是明智之举，因为同期期货市场的涨幅远大于现货市场的涨幅，如果按照传统方式操作套期保值则意味着现货市场上增加的利润远不能抵消期货市场的亏损，由于聚氯乙烯的交割成本大概为每吨百元左右，以该企业在期货市场上7000元/吨的保值头寸成本来看，即使扣除交割成本，即：7000元/吨－100元/吨＝6900元/吨的卖出价格仍然高出当时华东、华南地区的市场价格，因此，综合考虑后，该企业决定将以交割方式了结此次套期保值，也就是最终以6900元/吨的净价格将1万吨聚氯乙烯现货在期货市场上实现销售。进入8月份，多头炒作结束，加上金融市场转冷，聚氯乙烯期货价格大幅下跌，聚氯乙烯期现价格收敛，V0909合约成交也日趋清淡。企业在保证金充足的情况下，持仓至交割并顺利完成交割。当然，有时企业进行买入套保时，当临近交割月企业判断现货市场供应趋紧并担心日后现货市场购买该商品会发生困难时，也可以保持头寸至交割，最终相当于在期货市场采购商品，从而保证的商品的来源。

企业进行卖出套保的初衷往往是担心产品会下跌，从而锁定当前的销售价格。当企业对一阶段性的行情发生较大的误判，或者企业套期保值后续资金匮乏，难以维持保证金时，企业可以选择减仓或止损的方式来降低保值比例或者暂时终止保值，等待时机再进入期货市场保值。当然，由于企业生产是动态连续，如果企业后续资金也容许，当行情阶段性出现较大偏离时，或者当前期货合约由于临近交割而变得不活跃，在这种情况下，企业可以将手头期货合约平仓，同时在更远期合约上开仓。

2009 年 7 中旬，中部某聚氯乙烯生产企业利用期货市场对其 5000 吨聚氯乙烯库存进行保值，并在 V0909 上抛空 1000 手，7 月底聚氯乙烯期货大幅拉升，由于企业资金紧张，企业保证金不足。8 月 3 日，聚氯乙烯盘中再次大幅拉升，企业被迫减仓 500 手，8 月中旬聚氯乙烯期货再次拉升，加之交易所提高保证金，该企业被迫将所有头寸平仓。当然由于 7、8、9 月是聚氯乙烯传统消费旺季，也往往是一年内的高点，当聚氯乙烯期货价格在向上突破时，企业也可以及时止损，根据基本面变化，结合技术分析，等待时机再次介入期货市场保值。

当然，如果企业资金准备比较充裕，企业也可以通过展期，即移仓的方式将头寸向远期合约移仓，以避开或降低当前阶段性行情对企业利润造成的负面影响。这种情况一般需要企业持续动态生产，企业才能维持一定的库存。否则，当企业终止生产或者没有库存，套期保值就失去了存在的基础，在这种情况下进行移仓，势必是将套期保值变为投机，而这有可能给企业带来更大的危害。例如，前文提及的某中部聚氯乙烯生产企业 5000 吨库存套保案例，如果企业资金准备充裕，而且企业生产是持续的，在可预见的日期内并不打算停产，当聚氯乙烯期货合约大幅拉升时，企业可以将 V0909 合约平仓，同时在已经转为主力合约的 V0911 合约上建仓。企业这样操作，即使库存已经销售完毕，也可以看作前期套期保值暂时退出，从而对后期产品在期货市场上进行预销售。企业进行展期操作后，可以合理地避开短期的多头炒作行情，并有了更充裕的时间等待市场回归理性。最终，可以看到，当企业将套保空单移仓至 V0911 后，聚氯乙烯期货合约在 2009 年 8 月中下旬至 2009 年 9 月期间，聚氯乙烯期货多头炒作结束，并伴随着旺季的结束以及金融市场转冷而持续下跌，企业移仓后，有效地避免的该企业套期保值期货市场的大幅亏损。

企业如何规避套期保值中的增值税问题

在期货市场进行套期保值虽可以锁定价差，但增值税仍然存在一定的变数。其主要原因是：目前的期货交易价格是含税价，不代表单纯的商品价格，其中有一部分是商品的税款。比如1000元的货款，为含税的价格，不含增值税价格为1000/(1+17%)=854.7，价款中含的增值税部分为1000/(1+17%)×17%=145.3。

当期货价格波动的同时，其中所含税款也在相应的波动。由于期货交易与实物交割存在时间差，即企业开仓建立套期保值头寸的价格与期货实物交割结算价不一致，期货交易是以交割时的结算价计算增值税，这样会导致预期增值税税额与实际增值税税额存在差异。

聚氯乙烯企业利润本来就不是特别丰厚，如价格变动造成增值税数量过大，可能导致企业无利可图。所以，可通过调整套保的数量来有效规避增值税。

为规避增值税的风险，实现预期收益，通常的做法是在决定建立套期保值头寸时留下一定的敞口头寸。对于增值税为17%的商品，留下大约15%（0.17/1.17）的敞口头寸。比如一家聚氯乙烯贸易商进行卖出套保：贸易商以6200元/吨的价格在现货市场买入1000吨，同时以6600元/吨的价格在期货市场卖出850吨，留15%的敞口；待最后交易日，将剩余的150吨以接近交割结算价的价格在期货市场或现货市场卖出，即可规避交割项下的增值税风险。

延伸阅读：套期保值相关会计法则如何

根据国内的会计制度，期货上的收益或亏损在投资收益科目中专门列出，现货上的收益或亏损则是合并在销售收入中。所以，有时非专业人士但看财务报表，可能会产生错觉，简单地根据投资损益来判断套期保值的效果，认为投资收益为正就是套期保值赚，投资收益为负就是套期保值亏损了，其实这是不科学的。

财政部2006年2月发布的《企业会计准则第24号——套期保值》

第四条列明：套期会计方法，是指在相同会计期间将套期工具和被套期项目公允价值变动的抵消结果记入当期损益的方法。

所以，看一项套期保值操作是否真有效，要看期货和现货两个市场综合后的效果。

根据新会计准则规定，套期保值是指企业为规避外汇风险、利率风险、商品价格风险、信用风险等，指定一项或一项以上套保工具，使套保工具的公允价值或现金流量变动，预期抵消被套项目全部或部分公允价值或现金流量变动。套保业务可分为公允价值套保、现金流量套保和境外经营净投资套保三类。所谓公允价值套保是指对已确认资产或负债、尚未确认的确定承诺的资产或负债，尚未确认的确定承诺中可辨认部分的公允价值变动风险进行的套保。现金流量套保是指对现金流量变动风险的套保。

为防止原材料价格上涨或产品价格下跌而进行的套期保值，属于现金流量套期保值的范畴。

（一）套期关系的认定

《企业会计准则第24号——套期保值》规定，应用套期会计方法的前提是认定套期关系。概括地说，其必要条件是：关系明确，预先指定，可计量，确实有效。在套期开始时，企业必须制定正式的文件，预先指明套期关系以及企业进行此项套期活动的风险管理目标和策略。内容至少应包括：套期工具的认定，相关的被套期项目或交易，被套期风险的性质，企业如何评价套期工具抵销被套期项目的或被套期交易的现金流量变动敞口的有效性等。

（二）套期有效性的评价

套期的有效性是可以可靠地计量的，但须在持续的基础上进行评价，以确切地确定其在整个报告期内都是有效的。根据新企业会计准则，常见的套期有效性的评价方法有三种：主要条款比较法、比率分析法、回归分析法。适用于现金流量套期的评价方法是比率分析法，即比较被套期风险引起的套期工具和被套期项目公允价值或现金流量变动比率，如果上述比率没有超过80%至125%的范围，可以认定套期是有效的。

（三）会计科目设置及主要账务处理

按照新企业会计准则的要求及实际操作的可行性，可进行如下的会计科目设置及账务处理："被套期项目"（项目账，共同类科目），按订单核算被套期项目建仓时的数量金额，反映建仓的期初信息。在建仓时贷记该科目，在平仓时借记该科目。

"套期工具"（项目账，共同类科目），按订单核算被套期项目在一个会计时点的持仓状况，反映从建仓到平仓过程中每个会计月末持仓价值。在建仓时借记该科目；在每个会计期末根据持仓盈亏情况借记或贷记该科目；在平仓时贷记该科目。

"资本公积——其他资本公积"（项目账），按订单核算持仓合约在每个会计期末的浮动盈亏，借记或贷记该科目；在平仓时从该科目转到"套期损益"。

"套期损益"（项目账，共同类科目），按订单核算平仓损益，在被套期保值材料实现现货采购时，结转到相应项目的存货成本中，作为过渡性科目，期末余额为零。

"存货"及相关科目，被套期保值材料实现现货采购时，将"套期损益"按产品项目进行对应分摊。

"存出保证金"（往来账），核算期货账户的资金进出。"财务费用——期货手续费"，核算期货建仓、平仓发生的手续费。"公允价值变动损益——期货损益"，核算套期无效时的套期盈亏。

（四）公允价值套期账务处理

公允价值套期是指对已确认资产或负债、尚未确认的确定承诺、或该资产或负债、尚未确认的确定承诺中可辨认部分的公允价值变动风险进行的套期。

对于公允价值的套期，套期工具和被套项目都以公允价值计量。套期工具为衍生工具的，其公允价值变动形成的利得或损失计入当期损益；套期工具为非衍生工具的，套期工具账面价值因汇率变动形成的利得或损失计入当期损益；被套项目的账面价值应相应作出调整。这一规定也适用于被套项目是以按成本与可变现价值孰低计量的存货、按摊余成本进行后续计量的金融资产。

(五) 会计期末的财务稽核

每个会计期末，在收到期货公司的月结算单（标准）后，要进行如下财务审核："存出保证金"科目余额应与月结单——资金清单中"今日账面资金"栏金额相等。"资本公积——其他资本公积（套期）"科目余额与月结单——资金清单中的"浮动盈亏"栏金额相等。"套期工具"科目余额与月结单——持仓盈亏单中"持仓合约的结算价"栏金额相等。"套期损益"科目当月净发生额与月结单——资金清单中"平仓盈亏"栏金额相等。"财务费用——期货手续费"科目当月发生额与月结单——资金清单中"交易费用"栏金额相等。会计期末"套期工具"科目余额与"被套期项目"科目余额之差等于"资本公积——其他资本公积（套期）"科目余额。

八、基差是什么？对聚氯乙烯套期保值效果有何影响？

套期保值原则上是利用期货市场来对冲现货市场的价格变动风险，那么期货市场对现货市场的保护程度如何？也就是影响企业保值效果的主要因素是什么呢？影响套期保值效果的主要因素就是基差变化的方向。基差是指某一特定地点的某种商品现货价格与同种商品的某一特定期货合约价格间的价差，针对套期保值而言就是现货价格减去期货市场建立套保头寸的合约价格得到的价差。需要注意的是，基差所指的现货商品的等级要与期货合约规定的等级相同，因此聚氯乙烯基差通常是指华南市场质量标准符合《悬浮法通用型聚氯乙烯树脂（GB/T5761－2006)》规定的SG5型一等品和优等品和某一聚氯乙烯期货合约之间的价差，当然由于华东市场、华南市场两市的聚氯乙烯现货相关性极大、价差较小，且华东也是替代的非基准聚氯乙烯交割地，因而华东市场符合标准的聚氯乙烯现货价格也可用于计算基差。不过，由于不同的客户期货市场建仓时机不同，现货市场销售或购买商品价格不同，不同的交易者的基差也往往不同。基差可以是正数也可以是负数，这主要取决于现货价格是高于还是低于期货价格。现货价格高于期货价格，则基差为正数，又称为远期贴水或现货升水；现货价格低于期货价格，则基差为负数，又称为远期升水或现货贴水。例如：某氯碱生产企业于2009年8月17日利用V0911期货合约进行卖出套保，建仓成本为7400元/吨，当时华南市场聚氯乙烯现货价格在6850元/吨，那么此时该企业套保的基差为-550元/吨。

在商品实际价格运动过程中，基差总是在不断变动，而基差的变动形态对一个套期保值者而言至关重要。基差变化是判断能否完全实现套期保值的依据。套期保值者利用基差的有利变动，不仅可以取得较好的保值效果，而且还可以通过套期保值交易获得额外的盈余。一旦基差出现不利变动，套期保值的效果就会受到影响，蒙受一部分损失。当现货市场商品价格涨幅大于期货市场商品涨幅或者现货市场商品价格跌幅小于期货市场跌幅时，也就是基差数值变大时，我们就称为基差走强，本质上也就是聚氯乙烯现货市场表现强于期货市场。相反，当基差变数值小时，我们就称为走弱，也就是聚氯乙烯现货市场表现弱于期货市场。例如：当聚氯乙烯基差分别从150元/吨或-500元/吨变为250元/吨或-200元/吨时，都可以称为基差走强；反之，当聚氯乙烯基差分别从300元/吨或100元/吨变为100元/吨或-100元/吨时，则成为基差走弱。当基差数值不变时，则成为基差不变。

当基差不变时，则意味着商品在期现两个市场的变化幅度相同，此时，无论是买入保值还是卖出保值，据可以利用期货市场得到完全的保护（见表4-5和表4-6）。

表4-5　基差不变时，聚氯乙烯企业利用期货市场进行卖出保值状况

时间	现货市场	期货市场	基差
8月10日	华东市场现货价格为7000元/吨	以7100元/吨价格卖出1000手11月合约	-100元/吨
9月10日	以6800元/吨销5000吨聚氯乙烯	以6900元/吨价格买入1000手11月	-100元/吨
结果	现货市场少卖了100万元	期货市场盈利100万元	基差变化为零
保值效果	基差变化为零时，通过卖出保值对现货市场商品销售实现了完全保护		

表 4-6　基差不变时，聚氯乙烯加工企业利用期货市场进行买入保值状况

时间	现货市场	期货市场	基差
6月15日	华东市场现货价格为6600元/吨	以6500元/吨价格买入1000手11月合约	100元/吨
8月10日	以6900/吨的价格完成5000吨聚氯乙烯	以6800元/吨价格卖出1000手11月合约	100元/吨
结果	现货市场多花了150万元	期货市场盈利150万元	基差变化为零
保值效果	基差变化为零时，通过买入保值对现货市场商品采购价格实现了完全保护		

基差走强时，聚氯乙烯企业利用期货市场进行卖出或买入保值状况见表 4-7 和表 4-8。

表 4-7　基差走强时，聚氯乙烯企业利用期货市场进行卖出保值状况

时间	现货市场	期货市场	基差
7月12日	华东市场现货价格为7000元/吨	以7100元/吨价格卖出1000手9月合约	-100元/吨
9月10日	以6800元/吨的价格完成5000吨聚氯乙烯	以6700元/吨价格买入1000手9月	100元/吨
结果	现货市场少卖了100万元	期货市场盈利200万元	基差走强
保值效果	基差走强为零时，卖出保值存在净盈利		

表 4-8　基差走强时，聚氯乙烯加工企业利用期货市场进行买入保值状况

时间	现货市场	期货市场	基差
7月12日	华东市场现货价格为7000元/吨	以7100元/吨价格买入1000手9月合约	-100元/吨
9月10日	以6800元/吨的价格买入5000吨聚氯乙烯	以6700元/吨价格卖出1000手9月合约	100元/吨
结果	现货市场采购原料少花了100万元	期货市场亏损200万元	基差走强
保值效果	基差走强时，买入保值对现货市场商品不能完全保护，存在净亏损		

基差走弱时，聚氯乙烯企业利用期货市场进行卖出和买入保值状况见表 4-9 和表 4-10。

表 4-9　基差走弱时，聚氯乙烯企业利用期货市场进行卖出保值状况

时间	现货市场	期货市场	基差
11 月 1 日	华东市场现货价格为 7000 元/吨	以 7100 元/吨价格卖出 1000 手 1 月合约	-100 元/吨
12 月 20 日	以 7200 元/吨的价格完成 5000 吨聚氯乙烯销售	以 7350 元/吨价格买入 1000 手 1 月	-150 元/吨
结果	现货市场多卖了 100 万元	期货市场亏损 125 万元	基差走弱
保值效果	基差走弱时，卖出保值不能完全对冲现货市场，存在净亏损		

表 4-10　基差走弱时，聚氯乙烯加工企业利用期货市场进行买入保值状况

时间	现货市场	期货市场	基差
11 月 1 日	华东市场现货价格为 7000 元/吨	以 7100 元/吨价格买入 1000 手 1 月合约	-100 元/吨
12 月 20 日	以 7200 元/吨的价格完成 5000 吨聚乙烯采购	以 7350 元/吨价格卖出 1000 手 1 月	-150 元/吨
结果	现货市场购买原料多花了 100 万元	期货市场盈利 125 万元	基差走弱
保值效果	基差走弱时，买入保值不但能够完全对冲现货市场，而且存在净盈利		

当基差变化时，套保方式见图 4-1。

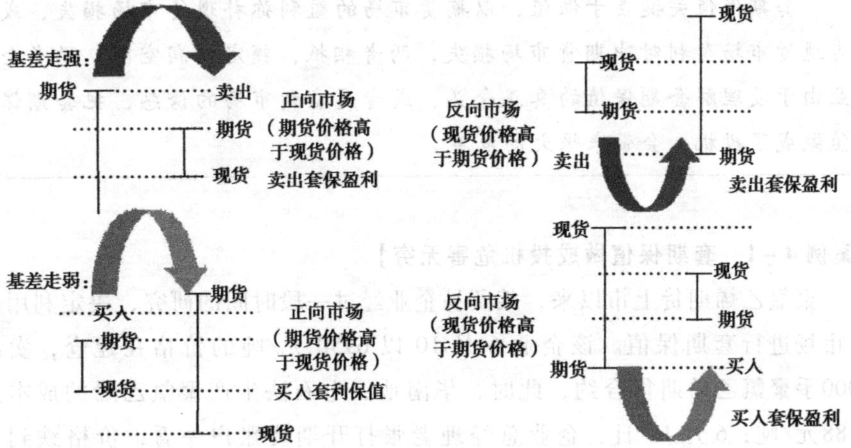

图 4-1　当基差变化时，套保盈利图

基差的变化与套期保值效果的关系可以概括为：

基差变动情况	套期保值种类	套期保值效果
基差不变	卖出套期保值	两个市场盈亏完全相抵，套期保值者得到完全保护
	买入套期保值	两个市场盈亏完全相抵，套期保值者得到完全保护
基差走强（包括正向市场走强、反向市场走强、正向市场转为反向市场）	卖出套期保值	套期保值者得到完全保护，并且存在净盈利
	买入套期保值	套期保值者不能得到完全保护，存在净亏损
基差走弱（包括正向市场走弱、反向市场走弱、反向市场转为正向市场）	卖出套期保值	套期保值者不能得到完全保护，并且存在净亏损
	买入套期保值	套期保值者得到完全保护，并且存在净盈利

延伸阅读：企业将套保做成投机带来的危害

套期保值关键在于保值，以期货市场的盈利弥补现货市场损失，或者现货市场盈利对冲期货市场损失，两者相抵，锁定利润空间。很多企业由于没理解套期保值的真正含义，或者是受到市场的诱惑，把套期保值做成了投机，会带来很大的危害。

【案例 4-1　套期保值做成投机危害无穷】

聚氯乙烯期货上市以来，某贸易企业经过一段时间的研究，决定利用期货市场进行套期保值。该企业 6 月 10 以 6950 元/吨的价格在建仓，卖出 1000手聚氯乙烯期货合约，此时，华南地区电石法生产聚氯乙烯的成本是 6188元/吨；6 月 15 日，企业总经理老张打开期货账户一看，价格跌到了 6900元/吨，仅仅 4 个交易日，就盈利近 5 万元。老张脸上乐开了花，盼着期货账户的钱能如日剧增。到 6 月 24 日，聚氯乙烯收盘在 6860 元/吨以下，收益又扩大到了9万元，此时现货价格为6113元/吨。

随后，期货价格开始了很长一段时间盘整，到7月初，竟然开始上涨了，公司账面的盈利开始下降。到7月15日收盘，价格是6950元/吨，刚好是建仓的价格，扣去交易费用，已经首次开始亏损了。此时，华南地区电石法生产聚氯乙烯的成本是6225元，却比建仓时的价格上涨了。张经理有些坐立不安，仍抱着希望，以为不过几日价格就会向下。哪知道价格一路上涨，张经理紧急召开公司决策会议，商量决定，再追加了一些保证金。没想到的是，到7月31日，聚氯乙烯期货涨到了7660元/吨，这家贸易公司终于顶不住了，平仓出局，亏损达71万。

企业觉得亏了很不划算，为了不错过上涨的势头，又以7700元/吨买入了500手期货合约，到8月11日，收盘7930元，账面上又有了11万多的盈利。但期货市场瞬息万变，市场再一次反转，开始了下跌。到9月2日，企业以6920元/吨斩仓出局，企业再次亏损近40万。经过这两次操作，企业元气大伤，几乎破产。

【案例4-2　套期保值方向做反，反而放大风险】

某聚氯乙烯下游企业在2009年8月4日签订了一笔订单，销售价确定了，5个月后供货。现需要采购2000吨聚氯乙烯原材料。为了达到套期保值的目的，该公司最合适的做法是在期货市场建仓买入相应的聚氯乙烯原料，这样不管以后价格如何变动，成本和销售价格都已确定，这一部分利润也就提前锁定了。

但是那个时期，市场交易非常活跃，公司成立的期货部门也非常关注市场行情，签订合同当天，聚氯乙烯期货合约出现了多于2%的下跌，期货部的同事老张听一个炒期货的朋友分析，前期聚氯乙烯期货上涨很多，最近可能要回调了。老张就把这个情况向期货部李经理汇报了。在公司的套期保值决策会议上，李经理也提出了聚氯乙烯可能下跌的想法，公司领导经过讨论，一致认为后期下跌的可能性大，认为是个获利的好机会，于是决定开仓卖出聚氯乙烯期货。8月6日，公司按照决议在期货市场卖出了聚氯乙烯期货合约。谁知道，6日当天，期货合约就上涨了2.8%，由于是卖出合约，账面出现严重亏损。随后的几天聚氯乙烯期货又出现上涨，三天后才迎来回调。但是，该企业已经接到了追加保证金的通知，面临爆仓的危险。

【案例 4－3 反复建仓，交易费用侵蚀经营利润】

为追逐价差多次操作，反复建仓平仓，造成交易成本过高，一方面侵蚀了企业的生产经营利润；另一方面，套保目的不明确，投机加剧了企业的风险。

某氯碱公司是一家聚氯乙烯生产企业，现在有 3000 吨净库存。8 月 25 日，该公司在期货市场上卖出 3000 吨聚氯乙烯期货，9 月 2 号，期货合约下降了近 6%，期货账面实现了盈利，公司决定先把这一部分收益实现，然后再做套期保值。公司领导认为这相当于多赚了一笔钱。于是在 9 月 2 日买入平仓，实现了期货合约买卖的投资收益。当天随后又在期货市场开仓卖出 3000 吨聚氯乙烯，随后两天，期货市场出现小幅上涨，至 9 月 4 日，价格比建仓成本高出了 1%，期货账面出现亏损。公司怕亏损继续扩大，又赶紧平仓了结，亏损出局。过了两天，看市场价格还在往下走，公司又建仓卖出。如此反复操作，每次都要交很多的交易费用，而且反复几次之后，公司对于市场趋势的把握逐渐模糊，对套保和投机的界限逐步混淆。最终不但没有保值，反而花费了大量的交易费用，期货市场的账户也是亏损。

【案例 4－4 “套保＋投机”操作，风险敞口无险扩大】

最明显的例子就是 2008 年数家航空公司出现航油套保巨亏。买入看涨期权或看跌期权也是一种套期保值的方式，所付出的成本就是权利金。为了对冲价格风险，企业支付固定金额的权利金，就拥有了未来以固定价格买入或卖出某种商品或资产的权利。

东航、国航都是用油大户，燃油料是最大单一成本，比如国航，用油成本占运营成本的 40% 以上。油价波动时航空公司业绩的最大不确定因素。因为中国证监会颁发的 31 张期货牌照名单几乎都是生产型中央企业，东航、国航等航空央企无法直接进行航油期货交易，只能通过高盛、摩根、瑞银、汇丰等国际著名投行，买入航油期权进行航油套保。但是，油价高位时，权利金也是一笔不小的支出，航空公司为了抵消这部门支出，就采取在低价卖出看跌期权的方式，收取部分权利金，这实际就是投机，相当于押注价格不会跌到看跌期权行权价格以下。原以为油价一路上涨，谁知随着金融危机爆发，油价狂跌，对手方行使看跌期权，航空公司只能在比市场价格高的价位买入航油。不仅没有实现套保，反而投机巨亏。

九、企业可以采取什么样的方法，防止把套保做成投机呢？

首先要建立健全套保业务审批流程和风险控制制度。设立专业的部门、人员、账户和操作制度来开展聚氯乙烯套期保值业务。对于生产企业，套期保值的业务量以不超过公司每月实际产量的一定比例为宜。其次，套期保值业务一定要遵循基本的原则，坚持保值操作。对于生产企业，只做卖出套保；对于下游聚氯乙烯消费企业来说，只做买入套保。因为期货交易的每日无负债结算制度，即使套保方向对了，还要面临可能追加保证金的压力。所以，一定要谨慎坚持按原方案操作，不要看到市场行情波动就认为有利可图，冒险做投机。套期保值是为了对冲风险，如果加入非套期保值头寸，就把企业至于期货市场的巨大风险之下。

最后还要关注市场，及时止损。企业期货部门要加强对行业基本面研究和行情研判，充分了解所面临的风险。一定市场出现急涨急跌或者基差异常变化，就要及时止损，避免更大的亏损。

自测题

一、单选题

1. 某生产企业现有聚氯乙烯净库存500吨，那么该企业可以通过(　　)对库存进行保值。

A. 卖出套保　　B. 期现套利

C. 跨期套利　　D. 买入套保

2. 假如当前符合一级国标的SG5型聚氯乙烯现货为7000元/吨，而企业打算用来保值的期货合约价格为7500元/吨，合约为5吨/手，那么目前的基差为(　　)。

A. 500元/吨　　　　B. -500元/吨

C. 7000元/吨　　　　D. -100元/吨

3. 如果某生产企业有1000吨的聚氯乙烯库存，不过其中600吨刚刚签订了销售合同，但还没有交付，那么该企业需要做保值的库存额度为(　　)。

A. 1000吨　　　　B. 600吨

C. 400吨　　　　D. 1600吨

4. 做买入保值时，以下保值效果最好的是(　　)。

A. 基差走强　　　　B. 基差走弱

C. 现货价格上涨　　　　D. 期货价格上涨

5. 企业进行保值时，保值额度一般(　　)。

A. 与库存无关，视资金而定　　　　B. 额度一般超过净库存

C. 额度一般低于等于净库存　　　　D. 视企业现存库存状况而定

二、多选题

1. 套期保值通常可分为(　　)。

A. 买入保值　　　　B. 投机保值

C. 卖出保值　　　　D. 套利保值

2. 常见的套利交易有(　　)。

A. 期现套利　　　　B. 跨期套利

C. 跨国套利　　　　D. 跨品种套利

E. 跨市套利

3. 以下企业可以利用聚氯乙烯期货进行套期保值的是(　　)。

A. 新疆天业　　　　B. 氯碱化工

C. 氯气企业　　　　D. 电石企业

E. 聚氯乙烯管材生产企业

4. 某企业计算出9月聚氯乙烯合约的期现套利成本为200元/吨，如下可进行期现套利操作的是(　　)。

A. 期货9月合约比现货聚氯乙烯高出250元/吨

B. 期货9月合约比现货聚氯乙烯高出100元/吨

C. 期货9月合约比现货聚氯乙烯高出300元/吨

D. 现货聚氯乙烯比期货9月合约高出250元/吨

5. 以下企业可以进行聚氯乙烯套期保值的是（　　）。

A. 某企业有10万吨聚氯乙烯库存，其中5千吨已经签订了销售合同

B. 某企业已经签订好了聚氯乙烯5千吨销售合同，车间正在生产这批聚氯乙烯

C. 某聚氯乙烯生产企业持续运行，但担心下个月的产品因消费旺季而价格下跌

D. 某贸易商进货1000吨聚氯乙烯在途，同时已经签订了1000吨的聚氯乙烯销售合同

三、判断题

1. 聚氯乙烯相关企业应当专注于现货，不用关注投机气氛很强的聚氯乙烯期货市场。（　　）

2. 企业保值效果主要受基差变化影响。（　　）

3. 如果期货市场赚钱，现货市场亏钱，则说明套期保值有效，否则说明套期保值失败。（　　）

4. 企业之所以可以利用期货市场保值，是因为无论是期货市场还是现货市场都充满了投机，企业在期货市场保值，实质上就是利用熟悉现货市场优势，增加期货市场上投机获利的概率。（　　）

5. 企业在期货市场上进行保值主要是为了增加投资收益。（　　）

6. 相关聚氯乙烯企业保值额度并不一定要等于企业的净库存，具体额度可视企业资金与市场状况而定。（　　）

7. 套期保值的目的主要是为了规避现货风险而不是为了投机获利。（　　）

8. 期货市场中，企业除了可以保值外，还可以参与套利。（　　）

9. 企业进行套期保值时，可以将账户交给有关期货公司操作即可。（　　）

10. 由于套利风险很小，所以期货市场上企业应该专注于套利而不是套期保值。（　　）

参考答案

一、单选题

1. A　2. B　3. C　4. B　5. C

二、多选题

1. AB　2. ABDE　3. ABDE　4. AC　5. AC

三、判断题

1. 错　2. 对　3. 错　4. 错　5. 错　6. 错
7. 对　8. 对　9. 错　10. 错

第五章 聚氯乙烯中间贸易商如何利用期货市场

【本章要点】

本章主要介绍PVC中间贸易商为什么要参与期货市场、中间贸易商如何参与期货市场。通过大量的案例，对参与PVC期货市场的途径和方法进行了介绍。通过本章内容的学习，PVC贸易商可以初步掌握进入期货市场的途径和方法。

一、贸易商利用期货市场有何优势？

贸易商，顾名思义，就是以交换财物为获利途径的商人，其操作手法就是买与卖。他不同于生产商，生产商主要的任务是将原料加工为产品。这种差别就决定了他们不同的获利途径与思维方式。

生产，简而言之，是将较为简单、较为低级的物品加工为较为高档、较为复杂的物品，生产商的利润来源，存在于将低端物品转化为高端物品过程中产生的价值。生产商关注的重点在于生产率的提高以及由此衍生出的技术革新、资金借贷等因素。比如聚氯乙烯生产企业买入的是煤炭、石灰，将它们加工成电石，制成单体氯乙烯，最后聚合得到聚氯乙烯。在这一过程中，煤炭、石灰是矿产，聚氯乙烯是有技术含量的工业原料，从煤炭、石灰到聚氯乙烯，质提高了，量变少了。如上文所言，聚氯乙烯生产商关注的核心在于提高生产率，比如利用更低廉的原料，生产更有价值的产品，使用更先进的科学技术与管理模式。

但是，贸易商的盈利方式就不同了。虽然从有些角度而言，贸易商实际也是一种生产商，生产的是一种物流服务，并通过生产这种服务而产生价值，比如说新疆的聚氯乙烯生产企业多，相应的制品企业却很少，而广东的制品企业很多，却没有聚氯乙烯生产厂家，而直接进口的成本又较高，这时贸易商就从新疆买货，运到广东卖给制品企业，为双方提供了物流服务，并获得相应的回报。

但不可否认，贸易商与生产商的区别还是比较明显的。从最简单的角度来看，生产商买进的是低端物品，卖出的是高端物品，投入产出的质与量均有不同，而聚氯乙烯贸易商买进与卖出都是同种物品，质与量并未发生变化，盈利来源于买进与卖出的价差。

在理想状态下，市场是一个平衡态，商品的价格差异与物流成本梯度相匹配，这就意味着贸易中间商仅仅只能靠提供物流服务来获得相应的盈利，而将贸易中间商视为服务生产者的观点正基于此。而在实际的市场中，由于市场人士对于各种市场变化的反应有滞后性并且有所差异，所以商品的价格在一定的时间与空间下会偏离其理性状态下的平衡定价。比如，广东的一家制品企业突然接到订单，对方大量订购聚氯乙烯水管，而此时广东地区聚氯乙烯原料库存不能满足该企业的生产计划，这时广东地区聚氯乙烯的价格就会上升，偏离其正常价位。由于市场的自发性目标是趋向于平衡，当出现商品价格有所偏离其应有水平时，市场看不见的手就将发挥作用。此时，对于整个国内市场而言，广东一家企业的订单增长并不足以改变全国的供求格局，所以新疆的生产企业出厂价并无明显变化，这就意味着新疆与广东两地之间的聚氯乙烯价差相比正常水平扩大了，对于贸易商而言，相当于打开了一个套利空间。其结果就是，贸易商们纷纷从新疆等地购货，运至广东，赚取额外的差价，广东地区的货源就会重新充足起来。所以，积极发现额外价差就成为贸易商们的天性，否则他们只能仅仅通过出售物流服务来获得有限的回报。

但这同时带来了另外一个问题，由于市场是一个由许多生产商、贸易商、消费者构成的庞大群体，还是刚才那个例子，如果有很多贸易商得知广东地区的聚氯乙烯价格上升，就会纷纷到新疆等货源地采购；而贸易商之间并不知道有多少同行对此作出反应，也不知道广东地区涨价是由于多大的供应缺口造成的，这样纷纷进货的结果就是，广东地区的供货紧张局面很有可能会变得供过于求。这样，当反应稍慢的贸易商将聚氯乙烯运到广东时，他们会发现，价格已经下跌，甚至比先前的价格更低，这样他们的利润就收窄，甚至出现亏损。

所以，贸易商的生存法则就是要先于市场其他参与者发现相对的价格洼地，也就是通常所说的"战胜市场"。这要求贸易商要具有有效的信息收集渠道，极好的市场嗅觉以及出色的价格敏感性。可以说，信息不对称的分布成就了信息本身的价值，而这种价值在某种意义上是贸易上的利润来源。PVC 贸易商熟悉整个 PVC 产业链，洞悉整个 PVC 变化。期货市场上 PVC 投机过程就是努力赚取价差的过程，这与贸易商在现货上操作手法类似。

在现货市场中，贸易商在买卖货物赚取价差时，更多地采用全额买卖的方式进行流转，这在一定程度上降低了资金利用率。但有了期货市场后，贸易商在赚取价差的过程中，利用保证金交易，就有了大大提高了资金利用率，增厚了盈利空间。

首先，期货市场采取的是保证金交易的方式，这就意味着，通过既有的交易制度，贸易商可以给自己生意加上一个杠杆。阿基米得曾经说过："给我一个支点，我将撬起整个地球。"同样的情形，也发生在期货市场上。比如，有一位长期经营聚氯乙烯生意的商人，在长期的商场打拼中，积累了相当的贸易经验，也建立了专属自己的信息渠道。一天，他通过自己的判断，很有把握地认为在一段时间后，华东地区的聚氯乙烯价格将会上涨 10%，这将会是一个极好的商机。在现货市场的条件下，这位先生能做的就是用手头现有的资金去尽量购买聚氯乙烯，然后再仓库里码起来，接下来就静等价格上涨。这样看来，面对一个很有把握的机会，这位先生的获利空间只有10%，似乎有些可惜。但在期货市场中就完全不一样了，他可以利用自己的信息优势赚取更大的利益。按现在比较通行的期货公司标准，聚氯乙烯期货合约的交易只需交纳12%左右的保证金，这相当于给交易行为加上了一个8倍的杠杆。还是刚才那个例子，假设那位抓住商机的先生手头有资金100万，在现货市场中，他的盈利空间只有10万元，但是用过期货市场的杠杆，他可以用100万元进行800万元的买卖，这样他理论上就有可能获利80万。这样一来，同样的本金下，期货市场的盈利就被放大了8倍。

由此可见，期货市场对于经验丰富、具有信息优势的商人，可以使他们的获利最大化。

此外，期货市场双向交易制度给贸易商的操作带来了便利。现货市场上，贸易商仅有一种获利方式，那就是低买高卖，即在预计现货价格会上涨时，买入现货囤积，再在高位抛出。但在期货市场上，由于是双向交易，贸易商也可采取先高卖，后低买的策略，这样就为贸易商在价格下跌时获得了一个获利的机会。比如，当贸易商预期到聚氯乙烯价格将下跌时，可以在期货市场上卖出聚氯乙烯，当跌到预期的价位后，就可以在买回数量相等的低价聚氯乙烯，互相对冲，这样就赚取了差价。所以，交易方式的多样化使贸易商可以尽最大可能利用其资讯优势扩大其收益。

贸易商利用期货市场追逐价差的另一个好处就是免去了囤货、出货的风险与成本。在期货市场上，贸易商进行聚氯乙烯期货的买卖时，交易对象是标准化的合约，而不是实实在在的货物，而且可以直接用卖单与买单对冲，这就省去了物流、保险等一系列费用。比如说，某位贸易商预示聚氯乙烯将会涨价，按传统操作模式，他需要采购货源并寻找仓库存储，与此同时他还要安排物流、保险等一系列事务，而且到了出货时机又要寻找买家，这虽然也可获得利润，但是消耗了相当的人力资源；有了期货市场，他可以直接在期货市场上买入合约，当价格上涨到预期状态，他就可以卖出合约，这样收获了利润，免去了麻烦，而且按前文所说，由于采取了保证金制度，利用杠杆优势还放大了盈利。所以，在一定条件下，用期货市场代替现货市场进行价差投机将具有非常大的便宜性，而且还可以使获利最大化。

二、贸易商如何利用期货市场降低库存风险？

前面一节我们从期货市场的几个基本特征介绍了期货市场对贸易商提供的一些交易便利，接下来我们就将从更具体的操作来详细地讲述贸易商朋友们如何利用期货市场使收益最大化。与其他金融市场一样，期货市场的高收益是与高风险并存的。对于一些稳健型的贸易商，纯粹利用期货市场追逐价差收益难以接受，因为风险太大了，所以他们在实际的交易过程中，仍倾向于利用现货市场进行交易。现货市场与期货市场相比，具有以下特点：一是投机程度较小，现货市场的标的物只能是实实在在的聚氯乙烯现货，现货的流通规模受到产业结构限制，不会非常大，而期货市场标的物是聚氯乙烯期货合约，这就使得在交易过程中可能会出现流通量大大高于现货市场中的保有量；二是现货市场受各种市场因素的影响相比期货市场要简单而且直接，这背后的原因在于期货市场不仅体现出聚氯乙烯的商品属性，还在一定程度上体现着聚氯乙烯的金融属性，而期货价格的波动不单单受到供求关系的影响，还受到其他经济因素的影响。此外，期货市场直接进行价差投机操作需要比较高的专业技巧与时间成本，这对于贸易商而言，相当于设置了进入门坎，而贸易商由于长期经营现货买卖，形成了固有的信息来源与操作思路，使得直接操作现货买卖比操作期货要容易很多。

那么，按这样的说法，传统的贸易商是不是就没办法利用期货市场的便捷为自己牟利了呢？答案当然是否定的，我们先来讲讲利用期货市场降低库存风险。我们知道，库存在物流贸易过程中充当了缓冲的作用。举个例子，广东省某公司的张总为了保持接单与交货之间的时间缩短，尽量为客户提供高效、优质的服务，维持自己的客户群，所以他就需要在自己的主营业务区保持一定的库存，这样就可以随需随取，也可以应对突然增加的订单。但是，这存在一个风险：由于市场的是波动前行的，价格会因为各种关系的变动而有起伏，张总现在建立的库存如果是以6000元/吨的价格进货1000吨，当市场上聚氯乙烯价格下跌到5000元/吨，就将白白造成100万元的损失。而从实际情况看来，类似的库存风险是长期困扰贸易商的揪心问题。特别是在价格急剧波动的时候，很有可能是贸易上倾家荡产。

现在，有了期货市场，大家就看到了可以减轻风险的一丝曙光。期货这种金融衍生品，产生于19世纪中叶的芝加哥小麦的远期合约交易市场，其本身就是为了降低未来的价格波动风险。如此，期货的这个核心属性就自然决定了期货在化解库存风险上会非常有用。具体的操作方式根据买卖的不同而有所区别，但是这些方法共同点在于把未来的操作提前到当前来完成。

如果是贸易商在从厂家购入货物一段时间后再行卖出，这样在购货与出货之间就有一定的时间差，其间蕴藏着价格波动的风险，一旦聚氯乙烯的市场价格在此期间下跌了，贸易商也会受到价差损失。在利用期货市场规避这种风险的操作上，需要另外一种操作方式。因为卖出发生在未来，我们就要提前在建立库存的时候卖出等量的期货合约，当价格发生下滑时，由于期货市场的双向交易机制，我们就可以通过先卖后买获得价差收益，以对冲现货市场的价差损失。

这样看来，似乎我们保赚不赔，但请注意在上述的方案中，我们所应对的都是现货市场出现与我们预期相悖，并有可能导致价差损失的情况。在这些建议里，我们都采取了将未来买卖通过期货市场的机制拉近到眼前实施，用期货市场的获益弥补了原本现货市场上的损失。但是，如果说现货市场的价格波动方向在向有利于我们的方向运动，也就是说价差收益将会扩大，那会出现什么样的情况呢？还是看上边的例子，在第一个例子中，如果价格下跌了，贸易商向生产厂家补交的货款就会减少，这样在现货市场中他的价差收益就将扩大，但是由于其利用期货市场化解风险的操作采取的是先买后卖，这就导致其在期货市场上将出现价差损失；在第二个例子里，如果价格上涨了，贸易商在销售中就可以获得更多收益，这样他的价差收益就扩大了，而他在期货市场采取的操作是先卖后买，所以他就在期货市场上蒙受损失。

在上述的情形中，虽然现货市场的价格变动使贸易商的价差收益变大，但期货市场上的损失却使总收益与预期相比并为变大。综合上边的例子可以看出，利用期货市场化解库存风险，实际上是购买了一份保险，它将贸易上的收益锁定在一定的额度，避免了市场波动使其缩水，同时也放弃了扩大收益的机会。

三、贸易商如何利用期货市场提前建立库存？

在上面一节，我们谈了贸易商如何利用期货市场来化解库存风险，接下来我们再来看看对于贸易商而言，期货市场还有什么其他的用途。

正如生产企业的关键在于工厂，贸易商的关键在于仓库。对于贸易商而言，仓库是贸易商最主要的话题，贸易商的盈利与亏损，说到底都是与仓库有关的，因为贸易商的利润就来源于进库、出库的价差，库容的大小在一定程度上会直接影响到贸易商的盈利能力。比如说，如果某一年份中，广东地区7月份聚氯乙烯的价格较低，仅仅为6000元/吨，而按照传统及当前经济形势估计，在9月份由于建材需求旺盛，聚氯乙烯的价格有望上涨至7000元/吨，而根据往年数据估计该年份广东地区将会有30万吨的需求量。这时，如果贸易商采取囤货待涨的方法，在7月份买进聚氯乙烯入库，然后再在9月份卖出聚氯乙烯，这样扣除库存费用，贸易商将获得丰厚的利润，而且很显然贸易商能够使用的库存越大，他的获利也将越大。

但是，这时候会出现一个问题，如果有一位广东地区的贸易商王先生，经过十余年的打拼开拓，他所建立的销售渠道将能在很大程度上保证他可以在9月份卖出2万吨的聚氯乙烯原料，而此时由于广东地区库存紧张，仅能为其提供5000吨的库容，要满足2万吨的交货量，王先生需要等到8月底。可是，如果到了8月底，市面上的聚氯乙烯报价就很有可能远远高于7月初的报价。那既然有这么好的商机，白白送走未免可惜，王先生如何来解决这个问题呢？

期货市场的远期合约化交易为王先生提供了便利。如果你对期货市场有所了解，那么可以很自然地理解这个问题，如果你对期货市场缺乏了解，那就请你打开电脑，安装上相应的行情软件，打开操作界面，你将看到聚氯乙烯期货的名录下都是一个个以月份标记的合约，如V0909、V0910、V0911等。这些合约主要包括了两个内容：一是交易的货物标的，在这里，特指的就是符合一定标准的聚氯乙烯；第二，就是月份，月份的意思就是将在所标明的月份进行货物与货款的交换，即是我们前文所讲过的交割，比如V0911合约，“V”是聚氯乙烯的合约代码，“0911”是交割月份，指的是将在

2009 年 11 月份进行聚氯乙烯货物与货款的交换。期货市场上，双方在买卖的时候，买卖的是期货合约，在过去就是一张纸质的标准化合约，约定了货物的名称、质量、单位数量、交割时间等交易要素，而在现在的电子信息时代，双方买卖的期货合约就是在交易所电子交易系统登记的电子化合约。这一特殊的方式就意味着双方在交易时不马上需要进行货物存储与交换，库存的重要性在期货市场上就没有现货市场上那么重要，而在上文已指出，现货市场上的库存容量在一定的条件下能限制贸易商的盈利空间。

这样一来，受库存困扰的广东贸易商王先生就可以利用期货市场解决其眼下库存不足的问题。在上述的例子中，7 月份王先生能调动的库容只有5000吨，而王先生能够通过进货渠道获得 2 万吨的聚氯乙烯原料。由于在正常的条件下，期货价格与现货价格保持较好的联动性，所以当 7 月份现货价格比较低迷时，期货价格也处于相对低位。此时，王先生可以买入相当于 2 万吨聚氯乙烯现货的 4000 手（每手聚氯乙烯期货合约包括 5 吨聚氯乙烯）9 月份交割的聚氯乙烯期货合约。买入这 4000 手期货合约后，王先生只需要支付一定比例的保证金即可持有合约，而不需要立即购货入库。如此，王先生就可以不必等到 8 月份库容备齐后再行进货，这就相当于 7 月份就在期货市场上提前建立了库存。等到了 9 月份，王先生只需要备齐 2 万吨货款，直接到指定的交割仓库提货即可。

从上面的例子可以看出，库存扩大，就直接放大了王先生的盈利空间，在现货交易的条件下，王先生的选择只能是先利用 5000 吨库容在 7 月份备货，然后等后续的 15000 吨库容 8 月份备齐后再行进货，而 8 月份的价格相对 7 月份又有上涨，这样就因为非行情性因素损失了 15000 吨聚氯乙烯的价差收入，而期货市场相当于避免了这种非行情性因素，保证了王先生的足额利润。

在上面的例子中，这位贸易商王先生利用期货市场建立库存的初衷在于现货库存有限，他不得不利用期货市场建立库存以应对这种因非价格波动因素而导致的风险。实际上，如果对期货市场的交易机制有足够的了解，贸易商们会发现，利用期货市场提前建立库存能极大地减小运营成本，并且可以有效避免非价格波动风险，而且还能有效的解决货源的问题。在下边的例子中我们就可以看到，贸易商陈先生是如何利用期货市场完成库存的提前建立与季节性调配。

陈先生是广州东莞的一名聚氯乙烯贸易商，他的下游供应单位主要是东莞地区的聚氯乙烯建材企业，大概有十余家客户。建材市场的行情主要跟随房地产行业的波动而不断发生变化。众所周知，房地产行业的景气极易受到各种因素的影响而风险较大，这样就传导至建材市场，使其需求变化也跌宕起伏。而且，由于贸易商为数众多，客户增减具有一定的流动性，这样一来，陈先生面对的下游市场需求就会有较强的波动性。在现货市场上，陈先生需要根据未来一定时间内的客户需求，提前准备聚氯乙烯库存。这样就会带来一些问题：首先，库容量的大小可能会限制客户规模的扩展速度，如果陈先生的销售队伍精干得力，客户群的扩大超出了陈先生的预期，如此陈先生提前准备的库容很有可能跟不上客户群的需求，这就导致客户群的不稳定，并在一定程度上挫伤营销人员的积极性，从而影响了公司的运营发展；另一方面，如果因为某些因素的变化，使得东莞地区的聚氯乙烯贸易商数量激增，陈先生原先的客户群有可能被挖走一批，而陈先生前期建立的库存就会超出实际需求，造成库存浪费。这仅仅是可能出现的问题的一方面，实际上单纯利用现货市场进行备货出货，还有可能会受到库存调配、运输便利与否等一系列原因的影响。这就带来企业运营成本的上升，应对风险能力的减弱，最终会影响到企业的运营与发展。

如果陈先生能够有效地利用期货市场对各期库存进行合理利用，将在很大程度上减轻甚至完全消除现货市场建库备货的问题。比如说，在第二年春节后，陈先生根据各种渠道的信息来源预计，在5月他需要聚氯乙烯货源1万吨，在6月需要2万吨，7月需要5000吨。如果按照传统的建库备货方法，过完年后，陈先生就得冒着春寒前往西北、华北等货源地向厂家订货，订完货又得返身回到东莞，租借仓库，到了3月底、4月初的交货期，陈先生又要联系火车皮运货，而且一旦出现上文所说的非价格性风险，陈先生将难以应对。

但借助了期货市场操作，陈先生的运营就便利很多。具体的操作是这样的：在3月份，陈先生可以按照备货计划，买入2000手4月份交割的合约，4000手5月份交割的合约，1000手6月份交割的合约；这样一来，陈先生租借仓库的时间就大大缩减了，而且也不用直接去寻找货源，所要做的就是在购入合约时，支付一定比例的保证金，而保证金比例很小，这又为陈先生节省了流动资金。

更为重要的是，陈先生只有在交割后不到一个月的时间内屯集现货，降低了库存风险。比如陈先生下游的某位重要客户在4月底破产了，陈先生6月份预期的2万吨备货需求骤减1万吨，在传统现货操作模式下，这1万吨货就很可能趴在仓库里了；但如果采取了期货建库的方法，陈先生可以及时在期货市场上卖出1万吨5月份交割的聚氯乙烯期货合约，避免了库存风险。

此外，由于使用了期货市场进行库存控制，这为陈先生节省了大量的人力与时间。不用开发货源，库存时间缩短，减少运输流转，如此等等的便利意味着可以节省大量人力，陈先生可以将自己的员工配置到更重要的岗位，甚至可以减少雇用的人手而达到更低的运营成本。而且，在如今这个网络技术、通讯技术高度发展的时代里，期货市场的交易方式早已转化为电子化网络交易，现在陈先生通过期货市场进行库存控制，他完全可以一边在马尔代夫享受阳光、海滩，一边使用笔记本电脑对自己的期货头寸实时监控。有了期货市场，生活就是这么简单！

可能有些精明的朋友会问，如果期货市场能提供如此多的运营便利，那么如果将传统操作用期货市场来代替，会不会有较为高昂的使用成本？当然，天底下没有免费的午餐，期货的便利必然会要求更多的费用，但如果通盘计算得失，这可是一个划算的买卖，因为期货市场的这一点点溢价与为你节省的成本相比，真的是微不足道！

四、聚氯乙烯进口贸易商如何利用期货市场提前锁定利润？

期货之所以为期货，其特点就体现在“期”字上，与时间是相关的，既可以通过对一定时间跨度的预期进行博弈，有可以对一定时间跨度的交易提前设置框架，控制相应的风险。前文讲述的贸易商通过期货控制库存，从根本上看，其实也是利用期货这样一种金融工具对未来的交易及相应风险进行控制。在现实的经济活动中，涉及近远期的交易方式非常多，所以期货自然在很多领域都有着广泛的应用。下面我们就要为大家讲述期货的另一种重要用途。

还是前面的那个话题，“期”，除了贸易商囤货外，还有什么也要涉及近远期交易呢？答曰，海运。在我国国内贸易中，运输占用的时间并不是很长，例如以国内较远的贸易路线新疆至广东来看，从备货到装车运抵大约需要4~5天，在这期间聚氯乙烯市场价格发生剧烈变动的可能性不是很大，而且在国内受到统一的法律体系保护，合同执行较为保险，所以国内运输对市场风险的控制要求降低。但是，如果是国际贸易，这就完全不同了，以美国东海岸海运到广州为例，船期大约35天，加上报关流通时间，总共需要大约45天左右。由于此时间跨度太大，聚氯乙烯价格有很大可能发生剧烈波动，比如在2009年8月至9月，短短一个月时间，广州地区聚氯乙烯价格从6875元/吨下跌至6600元/吨，每吨近300元的下跌，很有可能使原有的利润空间全无。

长期经营化工品进出口贸易的江先生，从美国朋友那里打听到，北美地区出产的聚氯乙烯价格低廉，经过详细测算，江先生发现如果从北美购入聚氯乙烯，将其运至中国销售，每吨聚氯乙烯将会有约400元的利润空间。这样的套利窗口可遇不可求，江先生自然要好好把握。于是，江先生迅速调集资金，飞赴美国购买5000吨聚氯乙烯，装船运往中国广东，在理想状态下，江先生将获利200万元。当江先生的船货从美国东海岸巴尔的摩港出发时，中国南方聚氯乙烯价格还在6875元/吨，当商船经过巴拿马运河时，中国南方的聚氯乙烯价格就已经下跌到6800元/吨，等船货到达深圳蛇口港时，35天已经过去，广东地区的聚氯乙烯价格就已经下跌到6600元/吨，待到江先生报关，卸货，再送至买家，聚氯乙烯价格就下滑到6550元/吨以下了。虽然，江先生可以通过事先签订的远期供货合同在一定程度上维持利润水平，可是这样大幅度的原料价格下滑，会使江先生的下游买家考虑违约成本，其结果可能会有一个折衷方案以达成交易，但江先生的利润却大幅下滑。

这个时候，如果江先生选择使用期货工具，将能在很大程度上解决这个问题，而且有些时候还会带来意向不到的额外收益。具体的操作方法是这样的：当江先生得知中国大陆地区聚氯乙烯价格虚高，北美地区聚氯乙烯相对便宜，而且中间的贸易流通成本又低于价差，即存在套利窗口的时候，江先生可以立刻对自己的资金状况进行核算，估计自己可以在北美地区收购的聚氯乙烯货品数量，然后及时在中国大陆大连商品交易所卖出相同数量的聚氯乙烯期货合约，交割时间刚好可以满足北美到中国大陆的船期跨度；与此同时，江先生就可安排在美国的货源采购与装船运输，在太平洋两岸同时进行买卖套利交易；而在美国运来的货物到达深圳蛇口港时，恰好临近江先生先前所卖出聚氯乙烯期货合约的交割时间，江先生就可以直接将船货送往交易所指定仓库以备交割。于是，这样一笔获利丰厚的聚氯乙烯环球套利交易就这样达成了。

对比上述两种不同的交易方式，江先生所进行的操作有如下不同：

1. 价格风险控制不同。在现货交易中，江先生在国际套利窗口打开的时候在美国进行聚氯乙烯采购交易，但是面临的风险是由于北美至中国大陆的船期较长，其间存在相当巨大的价格波动风险，很有可能在聚氯乙烯货物运达中国时，利润空间已下降，甚至还有可能出现亏损。但是，在期货交易方式中，由于在美国与中国同时进行着同一个聚氯乙烯交易流程的买与卖，所以价格波动风险几乎是可以忽略不计的。江先生可能面对的风险可能仅仅是货物运输过程中的流通风险，比如船运的延期及安全事故等等，但这些风险在现货交易方式中也是同样存在的。这样看来，期货交易方式就相当于降低了原本现货交易方式中的交易风险。

2. 流动性及违约风险不同。在现货交易中，江先生除了要进行聚氯乙烯的采购、运输、仓储以外，还要寻找下家出货，并要签订一份交易合约，这虽然可以在一定程度上降低价格的波动风险，但同时带来的问题就是流动性风险与违约风险。所谓流动性风险，就是江先生能否及时地在中国大陆地区找到相应的下家作为贸易伙伴，能够接受自己在美国购买的聚氯乙烯货品。而所谓违约风险就是，在江先生找到贸易伙伴，而且签订了交易合约后，贸易伙伴不履约与江先生及时交易的可能性。这种情况往往在聚氯乙烯价格大幅回落使套利窗口消失甚至倒挂的时候出现，在这时候，一旦江先生的贸易伙伴认为违约成本相对交易亏损要小很多时，往往就会选择违约，从而导致江先生交易途径不畅而使其现金流陷入困顿。这样看来，这种违约风险在某种程度上也是和价格波动风险相联系的。当江先生选择用期货交易的方式替代原先的现货交易方式以后，所有的一切都几乎不存在。首先，期货市场的参与者数量相对而言非常可观，所以流动性风险是相当小的，江先生犯愁找不到交易对手的可能性几乎没有；此外，聚氯乙烯期货市场上，买卖双方不直接进行交易，而都是通过交易所间接达成交易，而在我国，交易所是以国家信誉作为信用保证，这样一来违约风险也是不复存在的。

3. 资金占用额度不同。在现货交易中，江先生可以将自己所有可以动用的资金都投入到在美国进行的低价聚氯乙烯货源采购；而在利用期货市场进行的交易中，江先生除了要将大部分货款用于在美国的货源采购，还要预留一部分资金用于交纳聚氯乙烯期货合约的保证金。这样一来，在期货交易的方式中，江先生的交易规模就相比现货交易就要小一些。

从以上的两点对比中我们可以看到，在商业活动中，收益与风险是对等的。江先生在将自己的国际贸易方式由现货交易改为期货交易后，他的交易规模因为期货保证金的占用而缩减，但是正是由于采取了期货交易方式，原先现货交易中价格波动风险、流动性风险、违约风险均不复存在。从这个意义上讲，江先生以获利规模减少的代价换取了交易风险的降低，所以期货在这个时候实际上是充当了保险的角色，为江先生控制了风险，提前锁定了利润规模。

五、聚氯乙烯期现套利成本如何计算?

上面一节中，我们为大家讲述的例子是一个国际贸易商利用期货市场提前锁定利润的故事，这同时也是一个利用聚氯乙烯期货市场进行期现套利的例子。所谓期现套利，顾名思义，就是在期货与现货之间进行套利，在这两个市场中进行买卖，获得较低风险的价差收益；也可以看作将一个交易流程的买与卖两个环节分拆，把它们空间上的统一变为不统一。

我们知道，在平常接触到的交易中，比如你早上上街买菜，你和菜农一手交钱，一手交菜，你的这项交易的买卖操作在时间与空间上是统一的。但当它们二者不统一时，套利交易就发生了，时间不统一的交易就是跨期套利交易，空间不统一的交易就是跨市场套利交易。期现套利是跨市场套利的一种，也就是跨现货市场与跨期货市场之间的交易。在本节与接下来的一节中，我们将详细地为你介绍聚氯乙烯期货的期现套利交易，在本节中我们将为你介绍如何对聚氯乙烯期现套利的套利成本进行核算，并怎样根据成本进行套利方式的决策，在下一节中我们就将更详地介绍聚氯乙烯期现套利的具体交易方法。

首先，我们还是来看看聚氯乙烯期货期现套利的理论基础。聚氯乙烯的期现套利与其他所有期货品种的期现套利操作是一样的，必须要有套利窗口的存在。所谓套利窗口，就是说期货市场与现货市场的价差要高于现货的持有成本，这种期现价差相对现货的持有成本越高，那么进行期现套利所能获得的利润也就越大。那么为什么会在期货市场与现货市场之间会存在价差呢？

在理论状态下的市场环境中，期货市场的某一月份的合约价格与实际的现货价格是存在一定的价差的，而且这个价差应该等于将现货储存在仓库中，并到期参与交割的整个过程中的花费，也就是说在理论的平衡市场条件下，是不存在期现套利的窗口的。但是，实际的市场是一个交易各方进行博弈而产生的复合体，可能受到很多因素的影响，由于这些影响因素的不确定性，使得市场在很多时候并没有处于完全的供求平衡状态，只是在努力向着理想的供求平衡状态发展。如此一来，正是这些“向平衡状态发展”的不平衡瞬间，使得市场的价格偏离了它应有的位置，于是套利的空间就这样打开了。

通过上面的描述，我们就知道期现套利的成本其实也就是将现货储存并完成期货交割的成本，期货与现货的价差高于这个成本，就意味着打开了套利窗口，进行期现套利操作就有利可图。反之，如果期货与现货的价差低于这个成本，那么进行期现套利就没有太大意义，除非进行卖现货买期货，不过这种交易在实际的市场操作中较为鲜见。那么期现套利成本包括哪些费用呢？

总的来说，在这个成本中包括显性成本与隐性成本以及增值税。显性成本也就是我们在交易所交割细则中所列出的几项费用，主要包括入库费、检验费、仓储费、运输费、交易手续费和交割手续费。

1. 入库费。入库费顾名思义就是将交割货物送进交割仓库的手续费，在实际操作中，入库费根据入库方式的不同而执行不同的收费标准。截至2009年11月，全国有资格进行聚氯乙烯交割的仓库共有8个，分别是中储广州、中储上海浦东、广州南储、宁波国储837处、杭州荣大、上海金山华谊、金华尖峰国贸和广州国储830处。在上述8个交割仓库中，可以采用的入库方式大多为汽车，包括小包装平板车入库与集装箱货车入库，但广州830处目前只接受火车直接入库；同时，部分仓库也提供火车直接入库的方式，但由于仓库火车站台限制，一般都会建议用卡车到附近火车站换装入库；而上述仓库都非直接临水，所以不提倡轮船直接入库的方式，若用船运还需货车接驳。经统计，平板货车的入库费用大约15~20元/吨，集装箱货车入库费用大约20~25元/吨，提供火车直接入库的仓库所收取的入库费一般为30元/吨。

2. 检验费。聚氯乙烯指定质检机构的收费采用规定最高限价的方式，费用共包括两项：检验费和取样费。中国检验认证集团检验有限公司（CCIC）和国际通标标准技术服务有限公司（SGS）是聚氯乙烯交割品的指定检验机构，CCIC的最高检验费为2000元/批，取样费为1000元/批，共计3000元/批，SGS的最高检验费为3000元/批，取样费为1500元/批，共计4500元/批，货主可以根据自己情况自行选择任意一家指定检验机构完成货物的检验。聚氯乙烯期货交割时不区分生产批次，相同厂家、相同牌号的聚氯乙烯视作相同样本来源进行抽样和检验，组批单位为300吨，不足300吨的按300吨计。在检验中需要注意的是，检验手续与检验机构由客户自行预约，交割仓库在原则上不直接干预。

3. 仓储费。在刚推出聚氯乙烯期货时，按照其他品种惯例，客户可选择先以现货方式将货品存储于交割仓库中，再在临近交割时改用期货交割品方式存储，但是客户需要交纳一定的现货转为期货的手续费。如此操作的好处在于可以节省存储费用。在聚氯乙烯交割仓库中，如果按现货方式存储，一般的收费标准是0.4元/（吨·天），而期货交割货的仓储费用为1元/（吨·天），现货转为期货交割货的手续费是6元/吨。但是，由于聚氯乙烯交割数量庞大，比如V0909合约交割量达到9万吨以上，为缓解交割仓库存储压力，大部分仓库取消了先入现货，再将现货转位交割货的交割存储方式，转而只接受期货交割货入库存储，这样一来收费标准相对比较简单，按1元/吨·天计算，不过目前金华尖峰国贸与广州国储830处仍接受现货入库后再转交割货的入库方式，收费标准均如上文所述。

4. 运输费。该费用弹性较大，根据货源地不同及交割仓库的相对距离大小，差异比较大，这在核算交割成本时是需要重视的一项交割费用。在有些情况下，选择不同的交割仓库，很有可能因为运费的变化而导致原先核算的期现套利空间消失。在核算运费时，需要查找交割仓库的火车站、港口位置，并且要调查清楚当地货车接驳运输的相对费用等细则。

5. 交易手续费。交易手续费即在期货市场卖出聚氯乙烯期货合约的手续费，按照大多数期货公司的收费标准，聚氯乙烯期货的交易手续费为12元/手，而聚氯乙烯期货合约中1手为5吨，故聚氯乙烯交易手续费合2.4元/吨。

6. 交割手续费。聚氯乙烯交割手续费是由大连商品交易所收取的相关费用，按照聚氯乙烯期货合约交割细则规定的统一收费标准收取，即2元/吨。

通过对上述6项费用的介绍，我们可以看到这就是交割过程中的显性成本，而且与聚氯乙烯的期货合约价格及现货价格均没有直接关系。其中，除运费外的5项均是硬性规定，运费依据实际操作细节的不同而有所变化。

在聚氯乙烯的交割成本中，除了上述的这些显性成本，还需要计算隐性成本，具体到实际的交易中就是资金的占用成本。我们在进行期现套利的交易中，一方面需要动用资金交纳期货合约的保证金，另一方面需要在现货市场上采购现货，这就意味着这两项开支所动用的资金将会被一直占用到期货交割完毕，通俗来说也就放弃了在这段时间内将这些资金用于其他投资项目而获得收益的可能，也就是产生了机会成本。而且在实际调查中我们还发现，有部分客户采取银行借贷的方式获得资金来进行期现套利操作，这样这些资金的使用成本就更加明显了。为便于核算，我们将非借贷资金的成本按最低获利可能进行计算，也就是放弃了利息收入，并且我们进一步忽略存贷息差，一律按照借贷利率来核算资金占用成本。举个例子，比如在2009年11月，聚氯乙烯主力合约V1001的价格是7150元，如果在11月中旬卖出该主力合约，按照大多数期货公司的现行收费标准，在11月的下半个月，保证金比例为12%，交割月前一个月即12月份月均保证金比例为25%，交割月保证金比例为30%，综合起来计算在这两个月中，平均保证比例为23%，如此算来每吨聚氯乙烯期货需要保证金7150元×23% =1644.5元。

而在卖出期货合约时，现货市场的聚氯乙烯价格为6700元/吨，则现货占用金额即为此买入价。如果1年期贷款利率月均为0.405%，则进行1吨聚氯乙烯期现套利所占用的资金成本为：（1644.5元+6700元）×0.405%×2=67.59元。所用公式：资金占用成本=（期货保证金+买入现货使用资金）×月利率×持有月份。

另外需要注意的一项就是增值税，增值税的核算需要考虑相关的现货收购价，我们在此举例说明时按现货6700元/吨为收购价计算，若期货交割结算价为6850元/吨，则每吨需要缴纳增值税：（6850元-6700元）×17%=25.5元。所用公式：增值税=（交割结算价-现货收购价）×增值税率。

经过上面的介绍，现在我们就知道了进行聚氯乙烯期现套利的成本是如何计算出来的。

期现套利成本=入库费+检验费+仓储费+运费+交易手续费+交割手续费+资金占用成本+增值税

其中，入库费、检验费、仓储费、交易手续费和交割手续费由交割仓库或交易所规定收费标准，运输费则根据具体的交割操作进行详细核算。另外两项资金占用成本与增值税由既有公式计算：

资金占用成本=（期货保证金+买入现货使用资金）×月利率×持有月份

增值税=（交割结算价-现货收购价）×增值税率

在下面一节中，我们将用几个例子来说明如何计算聚氯乙烯期现套利的成本，并介绍进行期现套利的具体操作方法。

六、贸易商如何进行期现套利?

在上面一节中，我们从理论的角度向大家说明为什么会有期现套利的空间存在，然后我们向大家说明如果要进行聚氯乙烯期现套利的操作，那么期货与现货之间的价差应该高于套利成本，最后我们又详细说明了如何计算聚氯乙烯期现套利的成本，接下来我们就将用操作实例来向大家说明聚氯乙烯期现套利将如何操作。我们在上文说过，当期现价差高于套利成本时，套利窗口就打开了。套利窗口的产生是一种市场畸形，是正常市场不应该出现的状态，但反过来说，既然期现价差终将恢复到合理水平，那么利用期现套利窗口获得收益就变成了一件可以预料的事情，也就是说这将是一种零风险的交易，这也是为什么许多现货贸易商对期现套利乐此不疲的根本原因。在没有风险的前提下，还可以获得可观的收益，何乐而不为？

在 2009 年 7～8 月间，由于投机资金炒作聚氯乙烯交割仓库库容不足的题材，聚氯乙烯期货主力合约 V0911 在半个月之内由 6800 元/吨飙升到8000 元/吨，而此时现货市场中，聚氯乙烯的价格仍维持在 6800～6900 元/吨的价位。广东地区的赵先生长期从事化工产品贸易，多年锻炼出的敏锐的市场嗅觉使他察觉到目前可能存在较好的期现套利机会，于是进行了期现套利的操作。

首先，赵先生在专业人士的帮助下，对 8 月初聚氯乙烯期现套利的成本进行核算。为尽快完成期现套利并获得利润，赵先生选择了近月合约 V0909 作为操作对象。以 8 月 11 日成交的 V0909 合约中间价 7650 元/吨作为期货价格计算对象，同时选择以当日广州塑料交易市场的现货价 6850 元/吨作为现货价格计算对象，下面我们将逐项对期现套利成本进行计算：

1. 入库费。赵先生的投资计划是在广州塑料交易市场购买聚氯乙烯现货，然后用平板车送至广州市黄埔区的中储广州交割仓库以备交割。根据中储广州的聚氯乙烯交割细则，平板车入库将按照 15 元/吨的入库费标准收取。

2. 检验费。在交割过程中，经大连商品交易所认证，可以聘请的检验机构有中国检验认证集团检验有限公司（CCIC）和国际通标标准技术服务有限公司（SGS）。赵先生经过比较，认为中国验认证集团检验有限公司（CCIC）收费标准较低，而且可以提供广为认可的技术鉴定服务，CCIC 的收费标准是 3000 元/批，每批 300 吨，折合 1 吨聚氯乙烯的检验费用为 10 元/吨。

3. 仓储费。经过赵先生的打听，中储广州对聚氯乙烯将不接收现货方式入库，必须按交割货的方式入库，所以仓储费用是 1 元/吨 · 天，而 V0909 合约的交割日大约在 9 月 15 日前后，所以大概有 40 天的仓储时间，这样算来仓储费用就是 40 元/吨。

4. 运输费。此项弹性较大，但既然赵先生已经确认了现货的采购地与期货的交割仓库，如此一来就可以估算运费的大致水平，赵先生根据经验与当时的市场行情，认为以50元/吨来计算运输费较为合理。

5. 交易手续费。赵先生在广州某家大型期货公司开户，按照该公司标准，赵先生在期货市场卖出期货合约V0909需要交纳交易手续费12元/手，合2.4元/吨。

6. 交割手续费。此项费用按大连交易所交割聚氯乙烯细则收取，标准为2元/吨。

以上6项合计为119.4元/吨。

然后，我们再来核算资金占用成本。2009年，央行规定的1年期贷款利率为5.31%，合月利率0.4425%，不计复利。根据赵先生所开户的期货公司保证金收取标准核算，在赵先生卖出合约至交割日的这段时间内，保证金的平均水平是23%；而且经相关期货分析人士研究，聚氯乙烯V0909合约在交割前突破8000元继续上涨的可能性比较小，可按照8000元/吨计算保证金水平，则赵先生所持V0909合约卖单的保证金占用额度为1840元/吨。同时赵先生的现货采购价为6850元/吨，以上合计占用资金8690元/吨，资金占用成本为：8690元/吨×0.4425%×2=76.9元/吨。

增值税方面，由于需要用聚氯乙烯期货合约V0909的最终交割结算价计算增值税，而V0909合约交割日在9月14日才公布，所以暂时以当前的期货卖出价进行估算，而根据国家税务总局公布的增值税税率，赵先生需要缴纳的增值税为：(7650元/吨－6850元/吨)×17%=136元/吨。

以上合计为332.3元/吨，这就是赵先生在2009年8月初进行期现套利的套利成本。在赵先生的规划里，采取了卖出聚氯乙烯期货合约V0909，并选择广州塑料交易市场为现货采购地及中储广州作为交割仓库。在8月11日，V0909合约的卖出中间价为7650元/吨，广州塑料交易市场聚氯乙烯采购价为6850元/吨，二者价差为800元/吨，高于交割成本332.3元/吨，按此计划操作，赵先生可获得利润467.7元/吨，如果在扣除企业营业税116.9元/吨（按税率25%计算），则赵先生可获得税后净利润350.8元/吨。

从另外一个角度来看，上文已有叙述，赵先生需要动用的单位资金额度为8690元/吨，而可获得的单位净利润是350.8元/吨，则赵先生此次聚氯乙烯期现套利的净利润率为4.037%，操作时间跨度约为40天，年化利润率为 36.84%，可见如果能及时把握住期现套利的机会，可获得的利润是相当可观的。

此外，对于期现套利的操作细节，我们还需要做如下提醒。首先，按我国相关的法律法规与行业准则，进行期现套利交易的交易主体必须是法人，自然人无资格进行期现套利交易及其他各种形式的套利交易。这就是说，作为个人账户的期货投资者是无资格进行期现套利的，如果你想把握期现套利的机会，就需要注册一家公司，然后以公司的名义参与期现套利操作。其次，交易所规定聚氯乙烯期货交割的最小单位是 1 手，即 5 吨聚氯乙烯，所以在你进行聚氯乙烯期现套利交易时，你的现货采购数量一定要是 5 吨的整数倍。此外，大连期货交易所对聚氯乙烯期货交割的货品质量作出了详细规定，并指认了若干品牌的聚氯乙烯产品作为推荐交割货品，所以你在采购现货时请尽量购买推荐品牌相应标准的聚氯乙烯货品，以保证期现套利交割时的顺畅。最后，还需要提醒的是，由于聚氯乙烯容易受潮，而华东、华南地区的气候比较湿润且多雨，所以在运输时一定要做好防潮防雨的准备，以免造成不必要的损失。

七、聚氯乙烯期转现如何操作?

在上面的期现套利交易中，我们可以看到若不计算资金占用成本及增值税，仅仅是期货的交割成本就高达 119.4 元/吨，而且在此项核算中，运费仅仅是广州市内的运输，如果是跨地区甚至是跨省的运输，那么运输费用就会更高。由此可见，期货的交割成本是相当可观的。

那有没有一种交易方式，既可以利用期货市场所提供的种种交易便利，又可以节省这些不必要的交割成本？既然我国期货市场的建立是为了更好地服务于国民经济，那么期货交易所自然会考虑到为客户尽量节省交易成本，以达到整个社会资源的更优化配置。为迎合客户们的需要，我国期货交易所为广大期货投资者提供了期转现的交割方式。

首先，我们还是来介绍一下期转现交割方式的基本知识。期转现的字面意思就是期货转为现货，更确切地说，就是将期货交割模式转换为现货交易模式。

我们知道，期货交割的标准流程是：在期货合约的交割月份，由持有期货合约卖单的客户在交易所规定的时间内将依照合约数量的合格货品交由交割仓库，并在交割仓库的证明下，向交易所提请注册标准仓单；另一方面，持有期货合约买单的客户也需要在指定的时间内，将依据期货合约数额的货款汇至交易所的指定账户；最后，交易所将在一定时间内，将相应数量的标准仓单交由期货合约的买单持有客户，由客户在指定时期内自行安排提货，而交易所也在同时将货款汇往期货额合约卖单持有客户的预先指定账户，从而完成整个期货交割流程。

但是，在期转现的交割模式下，操作方法就有所不同。在上述的传统期货交割模式中，期货合约的买单与卖单持有客户都是与交易所进行货品与货款的交换，而不直接发生交易行为，也正是由于这种不直接进行的交易，才产生了较为可观的交易成本。如果要缩减交易成本，那必然要改变这种交易模式，最容易想到的就是不再以交易所作为交割过程的中介，而由期货合约的买方与卖方直接接洽相关的交割事宜，于是期转现的交割模式就产生了。

我们知道，在我国，聚氯乙烯的生产、消费格局有较强的地域性特征。聚氯乙烯的生产主要集中在华北与西北地区，比如山东、河南、内蒙古、新疆；而聚氯乙烯的消费主要集中在华东、华南的地区，比如浙江、江苏、广东、福建等。为更好地服务于国民经济，聚氯乙烯期货交易交割制度在设计时充分考虑了生产、消费的各方面因素，以求满足尽量多数的生产、消费企业的需求，如聚氯乙烯的八个交割仓库就只分布于上海、浙江、广东三省市。虽然这可以满足大多数的产业客户需求，但是总会有少量客户会认为这种交割制度并不方便他们进行聚氯乙烯期货的交易与交割。举个简单的例子，我们就可以更好地理解这个问题。

王先生是辽宁的一家聚氯乙烯建材生产企业的负责人，5月份，他预期到在8月以后聚氯乙烯的市场价格会有大幅上扬，于是他就选择在5月份购买8月份交割的聚氯乙烯期货合约进行套期保值，以锁定生产成本。

到了7月下旬，由于市场预期聚氯乙烯消费将迎来旺季，于是聚氯乙烯期货合约的价格不断攀升，河北的一家聚氯乙烯企业认为聚氯乙烯期货合约涨势过快，而现货市场的聚氯乙烯的价格并未跟进，未来期货价格回调压力会比较大。因此，为锁定这短暂出现的超额利润，该聚氯乙烯生产企业决定卖出近月聚氯乙烯合约，即8月交割的期货合约，将企业生产的聚氯乙烯原料做交割货处理。

但是，这就带来一个问题。河北与辽宁距离最近的交割仓库如上海、宁波仓库，均有近1500公里，而这两家客户的距离却只有500公里。如果按照聚氯乙烯期货正常的交割程序进行交割，那么河北的这家生产企业将不得不把自己的产品送至华东地区的交割仓库储存并注册仓单，而辽宁的王先生也不得不到华东交割库提货，再将需要的聚氯乙烯原料费尽周折运回辽宁。

这时，如果王先生能在交易所的认可下直接到河北向生产企业办理交货手续，那就能为王先生及聚氯乙烯生产厂家节省一大笔物流、交割的费用。而且，这些费用从整个社会经济的角度看，也是没有任何作用，且缺乏效率的。为了适应这些产业客户的需求，交易所建立了期货交割转现货交易的制度，即期转现制度。具体的操作方式是这样的，首先，王先生可以通过交易所或者期货公司与准备卖单交割的客户联系，比如二者都刚好是北方的一家期货公司的客户，该期货公司就可以安排王先生与该聚氯乙烯生产企业接洽。如果经过谈判、验货，王先生与厂家认为双方可以达成协议，那么就可以在指定时间前向交易所提出期转现申请。

例如，王先生5月份在期货市场建仓备货的价位是6000元/吨，在7月下旬，聚氯乙烯期货价格已经上涨到7500元/吨，生产企业在此价位抛空。经过期货公司公平的核算，在当时聚氯乙烯的交割费用约100元/吨，该费用得到王先生与厂家双方的认可，于是大家商定将平仓价格定在7400元/吨，并报送交易所。交易所根据申请，对相应的仓位按照双方协商的交易价格予以平仓，但是该交易记录不参与当日结算价与交易量的计算，只是持仓量相应缩减，这样就不会干扰其他客户的正常交易。而与此同时，由于期转现为厂家节省了运费及交割费用，厂家也对王先生采取优惠价格进行现货交付，双方商定在7350元/吨的价位成交现货。

于是，厂家实际的聚氯乙烯销售价格为：7350元/吨+（7500元/吨-7400元/吨）=7450元/吨；而如果按照标准期货交割方式，厂家的实际销售价格为：7500元/吨-100元/吨=7400元/吨，且未计算运费，所以经过期转现，厂家的实际售价相当于提高了超过50元/吨。而对于王先生，他实际的采购价格为：7350元/吨-（7400元/吨-6000元/吨）=5950元/吨；

如果采取标准的期货交割方式，王先生的采购价格为6000元/吨，而且也未包括运费，所以由于采用了期转现方式，王先生的采购成本节省了超过50元/吨。

这样，对于买卖双方而言，期转现可以说是互惠互利。而且期转现对于厂家的利益可能还远不止节省了运费与交割成本，期转现实际上为卖方提供了一种变相提前交割、提早回笼资金的途径，所以如果从企业整体的经营运转来看，期转现还会给卖方带来更多的间接收益，于是有时候卖方也情愿在比较高的部位了解头寸，以投入期转现交割。

比如，新疆的一家聚氯乙烯生产企业在7月底聚氯乙烯价格较高的时候如上文的7500元/吨卖出2万吨聚氯乙烯以做交割，合约交割月份是9月，但是在8月中旬该企业急需一笔资金购买扩建设备，如果采用贷款，就会带来额外的资金使用成本。于是为了及时变现以缓解资金紧张的局面，该生产企业就通过期货公司与交易所寻找买家做期转现交割，为了短时间内尽量吸引足够的买家达成交易，该企业决定在现货交易价格上予以较大的让利。比如，双方仍商定在7400元/吨的价位上平仓了结头寸，但是该企业决定采取较低的现货交易价格，以7300元/吨成交，这样买家可以得到的价格就是：7300元/吨－（7400元/吨－6000元/吨）＝5900元/吨，相当于比建仓价格还要每吨便宜100元；而厂家的销售价格是：7300元/吨＋(7500元/吨－7400元/吨）＝7400元/吨，与进行期货交割的实际价格一致，但选择期转现交割为企业节省了时间成本，加快了资金流动的速度。

那么，期转现交割会不会也给交易所带来收益呢？乍一看，期转现的出发点似乎是为了给买方与卖方节省交割费用，那是不是意味着交易所的收入打折扣了呢？其实，恰恰相反，期转现交割实际上给交易所的业务开展也带来了相当多的好处。我们知道，交易所的交割仓库是有限的，而且受到地域性限制，如此物流成本的存在就给期货业务的展开设置了一定的进入门槛，而且扩充过多的交割库容也会带来固定成本的上升，不利于交易所的运营与发展。因此，从长远来看，期转现业务的开展为期货业务的发展开拓了新的路径。

八、贸易商如何利用期货市场进行跨品种套利？

在期货市场中，比较常用的获利方法主要是价差投机与套利。在上面的几节中我们讲到过期现套利，这是期货市场中最为常见的一种套利方式。此外，还有跨期套利与跨品种套利，下面我们就将对这一种套利方式进行一些讨论。

我们曾经对聚氯乙烯的生产工艺进行了一些梳理，聚氯乙烯的生产工艺主要有电石法与乙烯法，我国主要采用电石法，而国际上通行的生产方法是乙烯法。乙烯法生产聚氯乙烯的工艺与乙烯生产聚乙烯的工艺类似，仅仅是多了一个乙烯氯化为氯乙烯的步骤，而且在产品分类上，聚乙烯与聚氯乙烯均属于聚烯烃，是通用五大树脂中的两个，另外三个是ABS、聚丙烯与聚苯乙烯，并且聚氯乙烯与聚乙烯均是国内大连商品交易所的上市交易品种。

在国外的部分大型石化企业中，聚乙烯与聚氯乙烯共线生产，这就在一定程度上说明二者在成本核算上存在较为固定的关系，所以二者在基础价格上必须保持合理的相关性，这样就意味着二者有在期货市场上套利的可能。单单从生产成本上考虑，二者的关系可能是：聚氯乙烯成本 = 聚乙烯成本 × A + B，呈一次线性关系。

但是，在国内市场有两点值得注意：

首先，聚氯乙烯主流生产工艺与聚乙烯相差较大，我国由于煤资源丰富，聚氯乙烯采用煤化工电石法路线，这会在一定程度上改变上述关系；其次，我国聚氯乙烯生产行业接近于自由竞争状态，生产厂家平均规模小而且数量大，但是聚乙烯生产领域有明显的垄断性质，产能主要集中于中石化与中石油，所以这意味着市价与成本之间的关系有所差别。

如果要考虑聚乙烯与聚氯乙烯的期货价格之间的关系，需要借助一些统计学方法，这相关的计算方法可以咨询专业人士。在此，我们只介绍一种简化方法，主要考虑两个指标，一是聚氯乙烯与聚乙烯期货价格的差别，二是聚氯乙烯与聚乙烯价格的比价，即一个是做减法，一个是做除法。一般而言，当这两个指标同向变化比较明显时，就是一个可以进行跨品种套利的窗口。

当然，在进行跨品种套利时，如果有基本面方面的季节性因素配合，那就会使我们的操作更加有把握。举个例子，在每年的第四季度，由于北方广大地区气温在零度以下，这就造成建筑施工陷入停滞状态，使得市面上对聚氯乙烯建材的需求量下降，所以往往在这个时候是一年中聚氯乙烯价格最低的时候；但是在第四季度，临近年底，社会消费旺盛，而且农膜需求也推动聚乙烯行情走向高峰。这样一来，在第四季度很有可能出现聚乙烯与聚氯乙烯之间价差扩大的情况，这个时候可以采取卖聚乙烯买聚氯乙烯的操作策略；等到农历年后，价差逐渐回落到正常，3 月份又是聚氯乙烯的消费高峰，在此时将两头平仓，就可以获得价差利润。

九、贸易商如何利用电子批发市场与期货市场套利？

在实际的现货购销中，除了维持正常的进货出货渠道进行流通，还可以通过各地的电子批发市场进行现货贸易，而且在这些电子批发市场中还可以进行远期交易，目前国内比较有影响力的市场是山东的齐鲁化工城、浙江的余姚塑料市场与广州塑料电子批发市场。

电子批发市场与期货市场套利的本质是期现套利，因为电子批发市场是一种规范化的现货交易市场，有标准化的交易合约，但是其运行机制与营业目的还是与期货市场存在较大差别。在实际的套利操作中，对于套利成本的核算可以采用期现套利的模式进行核算，需要注意的是电子批发市场由于提供了标准化的合约与一定数量的市场参与者，所以其市场流动性较一般现货市场要好，容易达成接近市场均价的交易，而且货品质量有保证，不过其交割标准还是与期货有一定的差别，这在实际操作中也是需要注意的。既然电子批发市场相对一般现货市场提供了这么多的套利操作便利性，那么自然就需要相应的溢价水平，其表现形式就是电子批发市场需要收取一定的管理费或交易手续费，收费水平一般在 10 元/吨 ~15 元/吨。

在实际操作中需要注意的是，电子批发市场与期货市场在交割交易规则上存在较大的不同，具体到聚氯乙烯，有以下几点值得注意：

1. 大连商品交易所聚氯乙烯期货合约不区分电石法与乙烯法生产工艺，

而广州塑料电子批发市场区分电石法与乙烯法。

2. 大连商品交易所对聚氯乙烯交割品生产期限的限制为120天，即生产日期起至仓单注册日止；而广州电子塑料批发市场的限制是6个月，所以进行套利时要注意这些差别。

3. 大连商品交易所与广州塑料电子批发市场对聚氯乙烯交割货品质量要求有所差别，这主要体现在少量细节方面。总体看来，期货交割的限制更多一些。

延伸阅读：我国聚氯乙烯现货市场定价模式如何？

我国PVC生产厂家分散，多数为民营企业，下游加工企业众多，PVC市场是一个竞争相对充分的市场。PVC的价格主要通过如下几种方式形成：(1) 生产厂家每天给出出厂价格，一般中小贸易商直接根据出厂价拿货，对于优质大客户生产厂家一般会在月底给出结算价；(2) 现货批发市场，主要是贸易商和中小下游消费企业交易形成；(3) 中远期电子批发市场，主要通过撮合成交形成，交易成本较高。目前PVC电子批发市场主要有：广东塑料交易所、余姚塑料城、金银岛网交所，大连商品交易所上市PVC期货将拓宽PVC价格形成途径，也将使PVC价格更具权威性和公平性。国际上，目前已知有PVC期货交易的仅印度大宗商品交易所，但成交不甚理想，在国际上的影响力不大。

聚氯乙烯期货上市以来，由于生产企业、贸易商、加工企业以及众多投机客户积极参与，所形成的价格对现货价格具有明显的引导性和权威性，具体表现在聚氯乙烯价格相对于现货价格的领跌领涨性。据调查，目前华东、华南地区的部分贸易商已经形成了根据期货价格波动状况来报价的习惯。

自 测 题

一、不定项选择题

1. 期货市场能为贸易商提供的便利有(　　)。

A. 保证金交易方式可以以小搏大

B. 利用期货提前建立库存

C. 利用期货规避库存风险

D. 利用期货提前锁定贸易利润

2. 可以利用聚氯乙烯期货建立库存的市场参与者有(　　)。

A. 聚氯乙烯生产企业

B. 聚氯乙烯国内贸易商

C. 聚氯乙烯进口商

D. 聚氯乙烯建材生产企业

3. 进行聚氯乙烯期现套利需要的费用有(　　)。

A. 仓储费　　B. 资金占用成本

C. 运费　　D. 增值税

4. 进行聚氯乙烯期现套利，下列费用因不同的交割仓库而有所差别的是(　　)。

A. 入库费　　B. 运费

C. 交割手续费　　D. 检验费

5. 期转现交易能带来的好处是(　　)。

A. 节省交割成本　　B. 节省交割库容

C. 加快客户资金流动速度　　D. 扩大期货市场参与者范围

6. 下列各省有聚氯乙烯期货交割仓库的是(　　)。

A. 上海　　B. 江苏

C. 浙江　　D. 广东

7. 可以进行聚氯乙烯期货交割检验的机构是(　　)。

A. CCIC　　B. P&G

C. KPMG　　D. SGS

8. 聚氯乙烯期货交割中集装箱入库的费用范围是(　　)。

A. 5 元/吨 ~10 元/吨　　B. 10 元/吨 ~15 元/吨

C. 20 元/吨 ~25 元/吨　　D. 30 元/吨 ~40 元/吨

9. 聚氯乙烯期货交割中交割检验费用有哪几个检验收费标准？(　　)

A. 3000 元/批

B. 3500 元/批

C. 2000 元/批

D. 4500 元/批

10. 聚氯乙烯与哪个期货品种之间进行套利最为方便？(　　)。

A. 线性低密度聚乙烯　　B. 对苯二甲酸

C. 燃料油　　D. 棉花

二、判断题

1. 贸易商可以在期货市场进行杠杆交易以获得更大的利润。(　　)

2. 贸易商利用期货市场化解库存风险是零成本的。(　　)

3. 一般贸易商在进行期现套利时，只需要交纳大连商品交易所规定的交易手续费即可。(　　)

4. 国际化工产品贸易商进口聚氯乙烯时如果利用期货合约进行保值，能在很大程度上化解市场价格波动的风险。(　　)

5. 我国聚氯乙烯生产地与消费地相隔较近，所以市场价格传导较快。(　　)

6. 我国聚氯乙烯交割仓库均集中于华东、华南地区，在上海、浙江、广东之外的地区没有交割仓库。(　　)

7. 交易所的制定的聚氯乙烯合规检验机构是 SGS 与 KPMG。(　　)

8. 目前市场上多采用聚氯乙烯与线性低密度聚乙烯进行跨品种套利。(　　)

9. 期转现交割方式会给交易所带来业务费用的损失，所以交易所一般不提倡以该方式进行交割。(　　)

10. 利用塑料电子交易市场也可以与期货市场一起进行套利交易，而且双方的交割交易规则都是相同的。(　　)

参考答案

一、不定项选择题

1. ABCD　2. ABCD　3. ABCD　4. AB　5. ABCD

6. ABCD　　7. AD　　8. C　　9. AD　　10. A

二、判断题

1. 对　　2. 错　　3. 错　　4. 对　　5. 错
6. 错　　7. 错　　8. 对　　9. 错　　10. 错

第六章 聚氯乙烯下游企业如何参与期货市场

【本章要点】

本章主要介绍了PVC下游加工企业如何利用期货市场以及参与期货市场的意义。通过本章的阅读，有助于PVC下游企业初步掌握进入PVC期货的途径和方法，为进入PVC期货做好初步准备。

一、聚氯乙烯下游企业主要有哪些?

要了解我国聚氯乙烯下游企业有哪些，首先应该了解我国聚氯乙烯的消费状况以及所涉及的行业。我国聚氯乙烯（PVC）的消费量近年来一直呈稳步增长态势，2007年我国PVC表观消费量为1027万吨，产量972万吨。2008年因受国内房地产不景气和国际“金融危机”的影响，国内PVC的消费出现了明显的下滑，2008年，我国PVC表观消费量为902万吨，出现了-12.85%的下滑。但随着2008年底开始的经济刺激政策落实，以基建投资为主的刺激手段将给建材市场带来较大需求，2009年1~9月我国城镇固定资产投资完成额累计同比增长 33.3%，其中，房地产开发投资完成额同比增长 17.7%，由于 PVC 将近一半的消费量与建筑相关，2009 年 PVC 需求量应能有较大提升。2000 ~2008 年我国聚氯乙烯下游消费量增长变化见表 6-1。

表 6-1　2000 ~2008 年我国聚氯乙烯下游消费量增长变化

年份	表观消费量（万吨）	增长率（%）
2000	445	20.1
2001	538	20.9
2002	557	3.5
2003	625	12.18
2004	664	6.2
2005	817	22.99
2006	920	12.6
2007	1035	12.5
2008	902	-12.85

聚氯乙烯主要用于什么地方呢？其实从日常生活中我们处处都能见到聚氯乙烯的影子，家里的 PVC 下水道、水管、窗框、小孩子的玩具、雨衣等等。聚氯乙烯用途很广，它主要用于生产型材、异型材、管材、薄膜、电缆料等，其中型材、异型材是我国聚氯乙烯消费量最大的领域，约占聚氯乙烯总消费量的 25% 左右，主要用于制作门窗和节能材料；聚氯乙烯管材是其第二大消费领域，约占其消费量的 20% 左右，这使得聚氯乙烯下游需求企业中占比最大的即为基建和房地产行业相关企业。PVC 膜领域在聚氯乙烯消费量中位居第三，使得农膜生产企业在下游需求中占比也较大，约占 10% 左右。电缆料消费约占 PVC 总消费量的 7%，电缆生产企业也是重要的下游企业。其次生产玩具、鞋、雨衣、人造革皮具等等厂家都是聚氯乙烯下游需求企业。

目前看，聚氯乙烯需求 70% 以上来自建筑业、农业和医药行业，未来随着我国建筑业的发展，农村城市化进程的加快，以及新医改进程的推进，我国建筑、农业设施、基础公用设施建设和医疗等行业的发展都将拉动国内 PVC 需求的快速增长。

聚氯乙烯加工企业上市公司有哪些？

因为聚氯乙烯所可以应用到的区域很广，涉及聚氯乙烯加工的企业数量很多，主要包括塑料制品加工企业，建筑型材、管材制造企业，农业薄膜制造企业，某些新型型材研发企业等。涉及聚氯乙烯加工的上市企业主要有以下几家：

武汉塑料（000665）：公司是中国塑料制品加工企业的第一家上市公司，经科技部认定为高新技术企业，是湖北省武汉市50户大中型重点企业之一，是湖北省最大的塑料制品商之一，现在配套产品涉及汽车塑料燃油箱、汽车流油管、通风管、管接头、塑料保险杠、车门防水衬垫、汽车坐椅塑料件、汽车车门锁塑料件等产品，成为目前国内为轿车工业配套的生产塑料零部件产品种类最多的生产厂家之一。

海螺型材（000619）：公司全名芜湖海螺型材科技股份有限公司，是中国首家以塑料型材为主业的上市公司、科技部确定的重点高新技术企业。以产销量计算，公司在国内、国际塑料型材行业稳居首位，公司产能达到60万吨，规模位居世界前列。

凯乐科技（600260）：公司是中国领先的以高科技新材料为基础的多元化实业服务商，在北京、上海、广州、深圳、武汉、重庆等地设有27个分支服务机构，服务领域主要涉及光电缆、塑料管材制造、房产置业、教育服务。目前，公司已成为中国四大电信主流运营商光缆材料的主流供应商，凯乐塑料工业城已成为亚洲通信硅芯管、土工合成材料生产基地。

太化股份（600281）：公司的控股股东是太原化学工业集团公司，集团公司是我国最早的三大化工基地之一。公司集生产经营、产品研发、销售服务、铁路运输为一体，是大型的综合型煤化工企业。公司主要生产多种化学肥料、煤焦深加工产品等多种化工产品原料，现有的66种产品其中21种属高新技术产品，有30多种获国家、部、省优质产品奖。公司拥有15万吨PVC、10万吨烧碱、2万吨离子膜碱技改项目和2万吨纳米碳酸钙项目的年生产能力。

佛塑股份（000973）：公司是一家为现代工、农业以及现代科技、交通通讯领域提供新型材料的高新技术企业集团，是中国塑料加工工业的“排头兵”。主要从事各种塑料复合包装材料、PVC薄膜和人造革、塑料编织复合制品、塑料建筑与装饰材料以及其他功能性高分子材料等五大系列产品的生产经营，主要产品BOPP薄膜、BOPET薄膜、BOPA薄膜、PVC人造革、各类塑料片材和宽幅塑料编织复合材料，多年来在全国同行中产销量和市场占有率均处于领先位置。是全国唯一的BOPA（双向拉伸尼龙）薄膜生产基地。主要生产设备和生产工艺达到国际先进水平。

国通管业（600444）： 公司是安徽省重点高新技术企业，国内首家专业生产新型塑料管材的上市公司。公司主营 UPVC、PE 大口径塑料双壁波纹管，PE 燃气、供水管以及其他多种新型塑料管材产品，是目前国内同行业生产规模最大产品品种规格最全、市场占有率最高和品牌竞争力最强的新型塑料管材专业化生产基地。

国风塑业： 国风塑业是安徽省 15 家重点扶持的企业之一、全国最大的综合塑料加工基地之一，国家级重点高新技术企业、国家质量信誉 AAA 等级企业、中国企业管理科学实验基地、国家级重合同守信用企业、优秀出口企业；“国风”商标被认定为中国驰名商标，薄膜产品获得国家免检产品和中国名牌产品称号。公司先后通过 ISO9001 质量管理体系、ISO/TS16949 质量管理体系、ISO14001 环境管理体系、OHSAS18001 职业健康安全管理体系、QS 质量安全管理体系、英国 UKAS 质量管理体系等认证。国风塑业的产品类别包括塑料薄膜、塑料建材、木塑材料、非金属碳酸钙、塑料注塑件，其中塑料建材有聚氯乙烯塑料中空板、聚氯乙烯塑料线材隔断、聚氯乙烯百叶门窗、聚氯乙烯结皮发泡板、聚氯乙烯多功能活动房等。

中达股份： 江苏中达拥有国内一流的软塑新材料生产线和先进的软塑新材料制造技术及国内一流的软塑新材料研发中心，拥有一支国内知名的专家队伍和一大批软塑新材料行业的专业技术人才，具有强大的技术创新和新品研发能力。

江苏中达是我国“软塑材料生产基地”和国家“烟辅材料”定点生产企业，下属三大生产基地、十二家骨干企业，分布于江苏江阴、南京、成都、四川内江、厦门等地区；主要生产和销售 BOPP 薄膜系列材料、BOPET 薄膜系列材料、CPP 薄膜系列材料三大系列两百余种产品，总产能 22 万吨。其中 BOPP 薄膜生产规模国内第一，位居亚洲前列，BOPP 香烟专用包装薄膜产销量全国第一。

二、聚氯乙烯加工企业参与期货市场有何必要？

随着经济全球一体化和金融全球化进程不断深化，国际大宗商品特别是原油等工业品价格大幅波动，给相关商品价格造成不小影响，聚氯乙烯价格即受原油价格影响较大，自 2008 年 6 月全球金融危机爆发以来，浙江地区聚氯乙烯出厂价已从 9000 元/吨左右的价位急剧下跌至 5700 元/吨，波动幅度高达 37%；自 2008 年 11 月触底反弹后，到 2009 年 4 月再次恢复至 6800 元/吨位置，上涨 20% 左右。价格的巨幅快速波动已给聚氯乙烯下游加工企业经营造成很大不确定性，增加了企业经营风险，使得大多企业管理层都感触到在一个如此动荡的市场中搏击，充满了赌性，辛辛苦苦依靠主营业务所积累起来的企业价值有可能在一次较大幅度的波动中就损失殆尽。

老王就经历过这样一幕。老王是一家 PVC 管材贸易商，在 2008 年以前依靠大胆的经营风格，在事业上蒸蒸日上。借助着原料价格和房地产开工投资的红火，老王的商家到了 2008 年已发展成为一家大型的 PVC 贸易企业，每日的资金流量上百万元。看到红火的行情和市场越来越强的通胀预期，老王的库存量也越来越多，经常会主动囤货，待价而沽。但 2008 年中的这场金融危机让老王吃尽苦头，首先是自 2008 年初以来，房地产就陷入低迷，使得老王出货就比较艰难，库存总是维持高位。2008 年 6 月开始，PVC 价格就一路大跌，下游需求急剧缩小，使得老王满满的仓库只能看着贬值却无能为力，此时占用的大量流动资金都需要支付利息，下游货款有时还迟迟不能收回，老王的企业苦苦支撑，到年底终于因为现金流紧缺，而不得不关闭十几年辛辛苦苦经营的企业。故事中的老王其实在现实中随处可见，特别是这波金融危机导致的价格大幅波动，使得很多以往经营风格较为大胆的中小企业都难以幸免。

现在随着 PVC 期货商品的设立和完善，给聚氯乙烯下游加工企业带来了锁定成本，控制风险的利器。

聚氯乙烯加工企业参与期货市场的必要性主要体现在如下几个方面：

1. 可规避原材料成本大幅波动的风险。例如 PVC 管生产企业产品主要成本即为聚氯乙烯，往往原料成本占到产品总成本 90% 以上，人工等其他费用占比较小。这样就使得聚氯乙烯价格的波动会对企业生产总成本产生较大影响；玩具生产企业产品附加值稍高，但原料成本所占比重大多仍将近 50% 以上。我国塑胶产品大多低附加值的现状，使得运用期货市场规避聚氯乙烯加工企业成本风险非常必要。

2. 成本风险得到有效控制，有利于企业经营计划的制订，方便企业管理层更准确地制定决策，便于节省精力去解决其他企业管理问题。同时，成本风险得以控制也使得利润更趋于稳定增长。

3. 优化企业资金管理。企业在经营生产过程中，常常会遇到下游订单较为稳定且原料市场行情上升趋势明显，此时很有必要为日后订单储备原料库存，但现金流紧张使得企业难以购买到足够量原料，期货市场的保证金交易制度，使得企业运用少量资金储备足够原料成为可能。

4. 拓展了加工企业原料来源。现货市场或许会由于商家看涨囤货而造成现货紧俏，加工企业不能以合理成本从现货市场上买到原料时，可以考虑从期货市场交割这一途径获得原料。

5. 从长远的宏观面观察，由于全球经济一体化影响，大宗商品价格波动幅度已日趋增大，地区事件或能引起某一商品的大幅上涨或下跌，企业在一个不断变化的经济环境中要想长远发展，必须学会如何规避风险，使利润稳步增长，而能善于运用期货市场的企业无疑能提高自己的生存能力，长久生存往往能带动企业价值与日俱增。

如果 PVC 期货已在金融危机前上市，上面案例中提到的老王完全能利用这一规避风险的工具，在趋势不对时选择卖出套保的策略，至少能为高库存贬值给予一定补偿，或许不会沦为破产的地步。当然，现在关注 PVC 期货品种也为时不晚，大宗商品的剧烈波动有时会超出很多人的想象，未来难免会再次出现重大事件引起价格暴涨暴跌，PVC 加工企业家们在价格巨大波动时能做到事前学习，事发运用，事后总结将对企业的稳定发展非常有利。

三、聚氯乙烯加工企业如何利用交易所提前建立库存?

聚氯乙烯加工企业要利用期货市场建立虚拟库存，实际就是通过期货市场买入未来需要的商品，而买入的商品可以先存放在交易所的交割库中，甚至该商品当前根本就还未生产出来，但对于加工企业而言，这不重要，重要的是企业已经确定在未来的某个时刻可以以现在确定的价钱购入原材料。在企业利用交易所建立库存，进行买入套保之前，首先要了解这一市场运作原理，为什么企业通过在两个市场上对聚氯乙烯进行方向相反，数量相等的交易操作后，可以起到两个市场盈亏抵消，规避价格波动风险的作用。

其基本原理有两点：第一，期货交易过程中，期货价格与现货价格尽管变动幅度不会完全一致，但变动趋势基本一致。以 PVC 期货为例，当 PVC 现货价格趋于上涨时，其期货价格也趋于上涨，反之亦然。这是因为现货市场是期货市场的基础，对于某一特定商品而言，期货价格和现货价格主要影响因素是一致的。套期保值者就是利用这两个市场价格关系，在期货市场和现货市场做相反的交易来达到保值的目的，使生产成本稳定在目标水平上。第二，现货价格与期货价格随着合约到期日的临近，两者将逐渐趋向一致。期货交易规定合约到期时，必须进行实物交割，到交割临近时，如果期货价格高于现货价格，就会有套利者买入低价符合交割规则的现货，卖出高价期货，以较低价买入的现货在期货市场上抛出，这种无风险套利使得期现最终趋于合理价差（价差一般为符合交割规则的现货运到交割库的运费、注册仓单等费用）。

了解完期货市场基本原理后大家困惑的就是如何去建立期货市场上的虚拟库存，到底什么叫做虚拟库存。简单而言，期货合约就是一个标准化的远期合同，大家在这个市场上买入或卖出一个合约实际就是和交易所签订了一个远期的买卖协议，买入期货合约的一方虽然商品还要到未来某个时间才交割，但产权实际已经归买家所有。此时买家所签合同中的标的物已储存在交割库中或者甚至还并未生产出来，但这并不重要，买家在购买期货合约之时已经为企业经营准备了库存。

聚氯乙烯加工企业以聚氯乙烯为主要原料，企业为规避原材料价格波动风险，在运营过程中需要囤积一定原料库存以备未来生产之需。但购买原料首先需要占用全额资金，其次是筹建仓库需要投入更多管理费用。另外，直接囤积原料现货必然承担流动性不足的风险，当原料价格大幅下跌，产品滞销时，囤积的原材料现货将难以脱手而造成损失，甚至直接导致企业破产。

加工企业运用期货市场能有效弥补以上不足：（1）首先期货市场采用的是保证金制度，保证金比例一般状况为12%（期货公司一般在期货交易所的保证金基础上加4个百分点左右），杠杆比例约为8倍，即加工企业只需付1/8的资金则可买入全部的原材料，这样对于一定时期内有采购原料需求却又资金短缺的企业非常有利。（2）加工企业能比较自由的选择交割时间，可随生产之需随时调整参与的聚氯乙烯期货合约，如企业某日接到订单，暂定4个月后生产，那么该企业可以在期货市场上买入计划需求数量的聚氯乙烯4个月到期的期货合约。不论期间价格如何波动，企业都能稳定的从交割库获取货物；或交割前平仓，从现货市场买入，同样规避了价格波动风险。当然，当企业需要原料时，到底是从交割库获取货物还是将期货市场合约平仓，从现货市场买入，要看两者哪种获取货物的成本较低，离交割库较远的企业一般选择将期货合约平仓，从当地现货市场买入现货可能更划算也更方便。(3) 企业不需自己负责原料仓储，货物的储存都已由交割库负责，只需少量出库费、运输费等即能完成交割，这样为企业筹备原料节省了库存空间，也规避了在囤积原料时期的价格波动风险。(4) 当聚氯乙烯基本面发生明显变化，或出现会引起其价格发生较大变化的信息，加工企业认为聚氯乙烯价格趋势将发生改变，由上涨趋势明显转变为下跌趋势之时，可选择将期货市场上的买入合约平仓，不再进行套保措施，而待确需原料时，可从现货市场上低价买入。

聚氯乙烯加工企业参与期货市场进行套保应该从哪里入手呢？聚氯乙烯加工企业参与套保建立库存前首先应建立一套套保制度，这是使企业风险管理规范化的必要过程，制度化建设能使企业套保更加有效，且避免实际操作过程中套保演变为投机行为。企业为期货套保所建立的原则主要包括以下几个方面：

1. 专人专组负责。企业高级管理层应重视套保工作，做到专人负责，企业领导应经常了解企业套保具体情况。这可以起到监督防范的作用，防止因个人原因导致重大恶性事件发生，造成不可挽回的经济损失。企业套保制度可首先设计部门职能和人员配备，期货市场运营部可以由相关部门抽调人员组成，例如财务人员、企业管理层等，或直接招聘外部有经验人员。企业操作初期也可只设立规模较小的期货运营小组，设置操盘手、风险控制、资金管理等职位即可，突变行情应及时向管理层报告。操作计划应以服务企业物资管理和财务管理为基础，以中长期趋势性判断为操作方向，除突发事件杜绝短线操作。

2. 选择与现货相关的品种进行套保。聚氯乙烯加工企业参与期货市场进行买入套保，涉及的期货品种当然只能是聚氯乙烯。现实中经常有一些民营企业，在最初的套保方案设计时，都已经把计划设计得很好，操作的品种只会是实际需要规避风险的商品或原料。但往往企业主偶尔发现投机一下其他有行情的品种，赚取的快钱也挺过瘾，从此期货套保往往产生了质变。因为很多民营企业的制度化管理并不严格，企业家一人独大，更加容易造成在短暂的投机利益驱动下引诱企业资金向其他期货品种转移。

3. 以防御现货经营风险为目的。套保者的目标是在转移价格风险后能专心致力于经营，获取正常主营业务利润，而不是为了追求金融市场上的投机盈利。这一点是很多企业家应该牢记于心的。李总是一家玩具厂的老板，公司在一知名期货公司的宣传下进入期货市场，为企业制造的玩具原料——PVC和塑料进行买入套保，每次企业都严格按照事先制订的生产计划进行期货市场的操作。偶然一次，李总听说到朋友炒钢材期货赚了不少，而且趋势明显，赚钱把握很大，朋友叫李总也赶紧入市。李总听信朋友指导，将公司期货账户一部分资金投入到钢材期货的炒作中，哪里预料到，刚进场不久趋势就发生较大改变，使得李总公司账户出现了较大亏损。如果李总在这次钢材期货投机中有所获益，也必将使得他更加陶醉于投机之中，期货套保的初衷将发生质变。这是很多企业家应该予以戒备的。

4. 企业进行套期保值应遵循一定原则。企业首先应遵守套保交易原则，即交易方向相反、商品种类相同、商品数量相等、交货月份相同或相近。比如一些企业初期进入期货市场目的是为了套期保值，但由于后来对头寸未能进行有效控制，超出其需求的规模，使得套期保值转为了期货投机，导致套保操作走样，最终损失惨重。

5. 估算操作成本，制定预算。企业最终决定是否进行套期保值和如何进行套期保值，就是要考虑规避风险带来的利益和付出成本之间的关系，套保成本包括：(1) 交易手续费方面成本。期货交易要交纳期货交易手续费，如果企业要进行实物交割，还需要考虑交割手续费。(2) 资金占用方面的成本。占用资金是要支付利息，这就构成企业进行期货套保的资金成本。一般PVC期货合约公司保证金为12%，临近交割的近月合约保证金会有所提高。另外，企业要做好可能出现追加保证金的准备，避免因为现金流短缺造成套保方案不能有效执行，而给企业造成不必要的损失。

加工企业建立库存时点的选择。在期货市场上建立虚拟库存首先需要把握建仓点，建仓时点主要受企业生产运营的实际需要决定，但必然要参考价格走势和基差状况，以便于更好套保，甚至还能获得额外收益。

企业可先行向期货公司研发部门，其他专业PVC市场研发部门咨询，如对PVC市场价格判断向上趋势较为明显，对于有买入套保意愿的加工企业此时入场建立期货虚拟库存时机较好。

另外，套保企业还应对基差变动状况有所了解。虽然套期保值可以大体抵消现货市场价格波动风险，但不能使风险完全消失，其主要原因是存在“基差”这个因素。基差是指在某一特定时间和地点，某种商品现货价格和该品种期货合约（一般指参与套保的那个月份期货合约）价格的价差，即：基差 = 现货价格 - 期货价格。基差总是在不断变化，基差变化是判断能否完全实现套期保值的依据。理想的套期保值在整个保值过程中，基差保持不变。但是实际上这种理想状态很少发生，因为基差总是处于不断变化中，这将会导致套期保值者利润增加或减少。套期保值者可利用基差的有利变动，不仅可以取得较好的套保效果，还可以通过套期保值交易获得额外的盈余。对于买入套保者而言，一般情况下，基差数为正时参与套保更有利。

套保策略首先定位于为企业服务，套保进入时点和退出时点都是配合企业钢材需求时点。当然，买入套期保值钢价的趋势判断非常必要，一般情况下，企业在钢价上涨趋势或震荡趋势中可选择全额套保；在下跌趋势中，企业可选择部分套保甚至不套保。基差的走势对于套保选择点同样重要，对于买入套保企业而言在正向市场，当判断基差会扩大时，选择买入套保时点；在反向市场，当判断基差很可能缩小时，选择买入套保时点。

【案例6-1 聚氯乙烯加工企业利用期货市场建立库存】

某华东地区一 PVC 管中型生产企业年 PVC 产能约10万吨，2009 年 6 月1 日与下游客户签订订单，合同约定 2009 年 10 月该 PVC 管生产企业需供货约1 万吨。企业规划 8 月 1 日开始生产这一订单，但目前看，由于全球经济复苏迹象明显，国内政策大力刺激经济，其中又以基建为主，企业管理层通过调研认为中期内聚氯乙烯等建筑材料上涨几率很大，需要为两个月后的生产储备原材料，但此时企业仓库已满，现金流也因为要满足其他订单生产而较为紧缺。为了能规避原材料价格上涨的风险，企业管理层决定运用 PVC 期货市场建立虚拟库存。首先在企业总经理办公会上通过成立公司期货运营部，由相关部门抽调或招聘有经验金融类人才专门从事企业套期保值和风险监控工作，制订公司关于运用期货市场套期保值的管理人员编制、操作流程等制度，从制度上确立期货运营部职能，这有利于公司真正将套保方案程序化，提高套保效用；同时，又能避免公司套保操作演变为投机行为。

实际操作前期货运营部可选择一家大型有知名度的期货公司为合作伙伴，开设公司户，同时也能获得期货公司相关商品研究、期货操盘等指导。期货运营部对于目前1万吨的PVC管材原料套保方案可制定如下具体操作：

6月1日当合同签订之时企业买入2000手PVC 0910期货合约（每手5吨），买入价为6600元/吨，此时PVC现货价为8100元/吨。8月1日，此时PVC现货价已涨至8150元/吨，PVC0910期货合约由6月1日的6600元/吨涨至7月31日的7550元/吨。8月1日，企业确需1万吨聚氯乙烯投入生产，现金流方面也已充沛，此时企业可将期货市场上的虚拟库存卖出平仓，然后在现货市场上买入现货。这样虽然现货价格涨了50元/吨，估算企业约要为现货市场购买PVC原料多支付50万元，但企业从期货市场上赚取了950元/吨的差价，总共赚取950万元，以弥补原材料价格上涨造成的潜在损失。

四、聚氯乙烯加工企业如何利用期货市场降低产品库存风险？

聚氯乙烯加工企业所面临的产品库存风险主要是公允价值波动风险。聚氯乙烯加工企业产品库存公允价值波动风险主要是指大多以聚氯乙烯加工为主营业务的企业的库存产品价格风险，通常此类企业产品附加值较低，产品价格一般与其原料价格走势相关性很高，例如型材、异型材、管材、薄膜等产品，因为其产品成本中占比主要为原材料，产品价值一般跟随原材料价格波动，如果聚氯乙烯加工企业因为产品滞销，库存过高，很容易因为聚氯乙烯价格的下跌，而造成公司资产贬值。

例如，某农膜生产企业，其生产的农膜产品成本中聚氯乙烯原料占比约80%，其他材料、加工费、折旧等只占其20%。如果聚氯乙烯价格大幅下滑，而农膜供需平稳，农膜价格必将大幅下滑。该农膜生产企业由于前期需求活跃，企业加速生产，8月中企业库存中已囤积大量农膜产品待市场消化，此时聚氯乙烯价格开始出现下滑，农膜价格同时下滑，为规避企业产品库存的价值波动风险，保证企业资产不出现大量贬值，企业管理层可采取卖出聚氯乙烯期货合约的措施，运用套期保值原理规避风险。

假设该农膜企业目前产品库存500吨，8月15日，此时PVC当地市场价格为7300元/吨，农膜市场价格为10050元/吨，企业计划部门预计目前产品库存偏高，而按计划每半个月可减少库存50吨，预计11月1日，企业可将产品库存减小至合理库存250吨，按生产一吨农膜成本中需1.1吨PVC，约占比80%估算，为每10吨农膜产品库存套保需要卖出11吨PVC期货合约，每手PVC期货合约为5吨，则每10吨农膜产品库存套保需要卖出2.2手。根据该企业产品库存状况，每时点企业在期货市场上的卖出保值合约量需进行动态调整，具体调整数表6-2。

表6-2　　企业库存和套保动态调整

	8月15日	9月1日	9月15日	10月1日	10月15日	11月1日
农膜库存数（单位：吨）	500	450	400	350	300	250
PVC期货市场卖出套保数（单位：手）	110	99	88	77	66	55

8月15日，企业可在期货市场上卖出110手3个月到期的PVC0911主力合约，到9月1日时，平仓11手，剩下99手PVC空单继续为产品库存套保；至9月15日时，此时PVC主力合约可能已经换月，原0911主力合约已换为0912主力合约，企业为保证合约成交活跃度，此时可平掉99手PVC0911空单，卖出PVC0912合约88手，继续为其产品库存套保。10月1日，该农膜企业产品库存为350吨，此时应再平掉11手PVC0912合约，留77手PVC0912合约空单继续为剩余库存套保。10月15日和11月1日套保措施以此类推。

总之，企业在期货市场如何操作出发点是以企业运营为基础，套保方案的设计首先要考虑到所需规避风险的标的物头寸变化。当然，在实际操作中，企业也可选择部分套保，例如如果上述农膜企业在8月15日，农膜库存数为500吨，该企业认为农膜价格即使出现大幅波动，200吨以内的数量企业完全能承受，但超过200吨的库存，如出现价格大幅波动，企业承担的风险将会严重影响其运营。那么该企业在8月15日，可选择只为300吨农膜库存做套期保值，卖出 66 手 PVC0911 合约。从套期保值目的出发，企业不应卖出超过仓库头寸的期货合约，避免套保转变为投机，给企业造成更大的风险。

五、聚氯乙烯加工企业如何利用聚氯乙烯期货市场降低原料库存风险？

原料库存风险主要是财务风险和原料公允价值变动风险。

财务风险又可称为现金流风险，财务风险一般出现在企业建立实际原料库存之前因为资金流紧缺所造成无法提前建立库存而造成的原料价格波动风险。传统的原材料库存首先需要的是全额现金支付，而企业一旦有稳定订单，约定在一段时间后才开始生产，此时聚氯乙烯价格呈上涨趋势中，企业为避免期间承担更高原料成本，希望近期购买原材料以备日后生产所需。如果此时企业资金短缺，则难以购买足量备用原料，而不得不承担原料价格波动风险。而由于期货市场一般采用保证金交易，一般 12% 的资金即可购买 100% 货款的原料，使得企业运用财务杠杆即可规避原材料价格波动的风险。

例如，某建筑型材小型生产企业 6 月 1 日和下游一房地产建筑商签订合同，约定 9 月建筑型材生产企业提供 400 吨 PVC 管材。企业预计两个月生产期可以完成这一订单，如原材料价格波动不大，7 月初采购原材料开始生产可使得企业效用最大化，这样既没有占用资金，也不必过长时间占用企业库存，但必然要承担自 6 月 1 日签订合同日起到 7 月初开始生产之时 PVC 价格波动风险，如果此段时间 PVC 价格出现大幅上涨，该建筑型材生产企业这一订单很可能出现亏损。

如果此时，该企业从现货市场购买 400 吨 PVC 原料作为库存，现货 PVC6 月 1 日价格为 6600 元/吨，则企业需筹集 264 万元购买这些原料。为不占用现金流资源，同时又能规避原料价格波动风险，提前建立库存满足生产，该企业可选择 6 月 1 日签订合同之时在期货市场上买入 80 手 PVC 期货合约，所需保证金仅约 12%，按 6 月 1 日 PVC 主力合约 6598 元/吨计算，需缴纳期货保证金约 31.7 万元，为企业在 6 月份减轻了 232 万元的现金流压力。7 月初当企业有足够现金和仓储空间时，平掉 PVC 期货合约，从现货市场上买入现货。根据现货价与期价一般呈现同涨同跌的特性，当 7 月初企业从期货市场买入 PVC 合约之时，就已经建立起虚拟的原料库存，此后四个月不论价格如何变化，企业已基本实现成本锁定。

原料库存公允价值风险和产品库存公允价值风险类似，聚氯乙烯价格的下跌同样将会造成企业资产贬值，而企业通过期货市场买入与库存数相同数量的聚氯乙烯主力合约，根据原料库存数动态调节。

例如：2009 年 1 ~8 月某建筑型材生产企业聚氯乙烯原料库存如图 6 –1 所示。

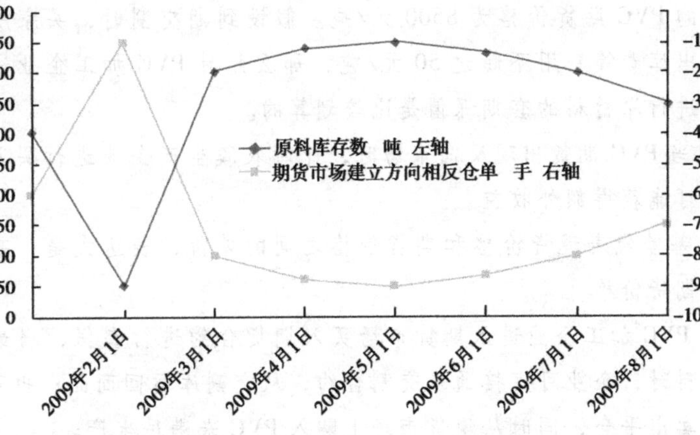

图 6 –1　2009 年 1 ~8 月某企业聚氯乙烯原料库存图

该建筑型材生产企业根据生产计划，可制定相应套保策略，在期货市场上做卖空期货合约以规避库存价值波动风险，PVC 期货合约每手 5 吨，则根据库存计划，该企业在 2009 年 1 月 1 日，从期货市场卖出 PVC 期货合约 40 手，2 月 1 日增加至 90 手空单，3 月 1 日减少至 20 手空单，4 月 1 日减少至 12 手空单，以此类推。

自 测 题

一、判断题

1. 聚氯乙烯使用范围很广，主要用于的是农业农膜产业。　　　(　　)

2. 聚氯乙烯加工企业进入期货市场主要是为了给公司赚取营业外收益。 ( )

3. 某 PVC 管材私营企业主意识到在商品价格剧烈波动的市场环境中，企业风险控制至关重要，该企业主从朋友渠道了解到运用 PVC、塑料等期货市场进行买入套保效果很好，该企业主认为要为公司建立一套套期保值制度最好的方式就是自己直接管理，这样更有利于操作的方便，也不容易遗失战机。 ( )

4. 目前 PVC 同期货交割品牌和规则的现货市场价位为 6600 元/吨，3 个月期的 PVC 期货价格为 8500 元/吨。假设到期交割时，买家所支付的仓储费、出库费等费用不超过 50 元/吨，那么此时 PVC 加工企业进行买入期货合约进行原材料的套期保值是比较划算的。 ( )

5. 当 PVC 期货出现反向市场时，此时农膜生产企业进行买入期货合约套保将可能获得额外收益。 ( )

6. 基差代表现货价格和期货价格之间的差价，表达式是：基差 = 现货价格 - 期货价格。 ( )

7. PVC 加工企业进入期货市场买入期货合约进行套保，当最终生产需要原材料时，企业可直接通过交割合约，从交割库运回商品；也可采取在期货市场卖出平仓，同时从现货市场上购入 PVC 来满足生产。 ( )

8. PVC 期货合约采用保证金交易，一般情况下，客户只需要交纳 12% 的资金，就可以进行交易。 ( )

9. 企业运用期货市场进行套期保值，首先要了解两个基本原则，其中一点就是期货市场价格和现货市场价格不论长期、中期、还是短期，两者价格的波动都是一致的。 ( )

10. 随着交割期限临近，期现价格应该趋于一致，但考虑到交割费用，一般临近交割时，期货结算价与现货价有一定差距。 ( )

11. 假设一大型生产汽车配套塑料制品的企业，其主要原料为 PVC，6 月 15 日该汽车配套企业与一汽车制造商签订一笔合同，11 月底之前，该汽车配套企业须为汽车制造商提供 5 万套汽车坐椅配件，约需聚氯乙烯原料 1000 吨。汽车配套塑料制品企业依靠期货市场进行买入套保，此时他应该在期货市场上买入 PVC 主力合约 100 手。 ( )

12. 参与买入套保的企业一旦参与进来，套保头寸就应该固定不变。（ ）

13. PVC 加工企业在期货市场上只能采取买入套保的操作。（ ）

14. PVC 加工企业选择买入套保只需要关注自己企业需求状况和库存状况，不必在意 PVC 价格走势的判断。（ ）

15. 企业在选择期货市场套保时，应该和物资、财务等部门协调，做到有计划的实施套保策略，特别是现金流的保证。（ ）

16. 企业选择套保时点的进入，可多和行业人士交流，通过一些专业机构的调研来选择较好时机，也可选择一些大型期货公司作为合作伙伴，将专业化的套保策略交给他们设计。（ ）

17. 某建材生产商已制订买入 PVC 期货合约套保策略，此时期货价高于现货价，该生产商现在采取买入套保时机很好，会给套保带来额外收益。（ ）

18. 交割环节是联系期货和现货的一个桥梁，交割环节通畅保证了期现价格走势趋于一致。（ ）

19. 买入套保者建立虚拟库存后，实际货物的产权已归其所有。（ ）

20. 期货合约实际就是买卖双方根据自己需要签订的远期合同，合同条款可自由更改。（ ）

二、不定项选择题

1. 某建筑管材生产企业的主要原材料是聚氯乙烯，该企业为更好地规避经验风险而参与期货市场进行套保，在进入市场之前，该企业应把握的原则包括（ ）。

A. 选择与现货相关的品种进行套保　　B. 专人专组负责

C. 已盈利为主要目的　　D. 估算操作成本，制定预算

2. 在基差扩大的状况下，采取对标的物全部买入套保策略会造成以下效果（ ）。

A. 正向市场时，买入套保盈利大于亏损

B. 正向市场时，买入套保盈利小于亏损

C. 反向市场时，买入套保盈利大于亏损

D. 反向市场时，买入套保盈利小于亏损

3. 一个农膜生产企业，3月1日，企业PVC库存有3万吨，按照生产计划，3月15日，企业要消耗掉PVC2500吨；4月1日，再次出库6000吨；5月1日，第三次出库1万吨，但同时企业也从现货市场购入了8000吨新库存。该企业自3月开始进入期货市场，采取买入PVC主力合约进行套保。下列套保头寸正确的是(　　)。

A. 3月15日应买入PVC期货合约5500手

B. 4月1日应平掉PVC期货合约空单1200手

C. 5月1日此时应剩下3900手PVC主力合约空单

D. 5月1日此时应剩下2100手PVC主力合约空单

4. 期货经纪公司在期货市场中的作用主要体现在(　　)。

A. 节约交易成本，提高交易效率

B. 为投资者期货合约的履行提供担保，从而降低投资者交易风险

C. 提高投资者交易的决策效率和决策的准确性

D. 较为有效的控制投资者交易风险，实现期货交易风险在各环节的分散承担

5. PVC期货合约在哪个期货交易所上市？(　　)

A. 上海期货交易所

B. 郑州商品交易所

C. 大连商品交易所

D. 深圳商品交易所

6. 期货经纪公司为客户开设账户的基本程序包括(　　)。

A. 风险提示　　B. 签署合同

C. 缴纳保证金　　D. 下单交易

7. 期货市场建立了一整套完整的风险保障体系，其中包括(　　)。

A. 涨跌停板制度　　B. 每日无负债结算制度

C. 强行平仓制度　　D. 大户报告制度

8. 期货交易成本有(　　)。

A. 仓储费　　B. 佣金

C. 交易手续费　　D. 保证金利息

9. 基本分析法的特点是(　　)。

A. 价格长期趋势　　B. 宏观因素

C. 价格变动根本原因　　D. 价格短期变动趋势

10. 目前我国PVC期货合约最小变动单位是多少?(　　)

A. 1元/吨　　B. 2元/吨

C. 5元/吨　　D. 10元/吨

11. 我国期货交易的保证金分为(　　)和交易保证金。

A. 交易准备金　　B. 交割保证金

C. 交割准备金　　D. 结算准备金

12. (　　)可根据市场风险状况改变执行大户报告的持仓界限。

A. 期货交易所　　B. 会员

C. 期货经纪公司　　D. 中国证监会

13. 我国实物商品期货合约的最后交易日是指某种期货合约在交割月份中进行交易的最后一个交易日,过了这个期限的未平仓期货合约,必须进行(　　)。

A. 实物交割　　B. 对冲平仓

C. 协议平仓　　D. 票据交换

14. 期货交易所在指定交割仓库时,主要考虑的因素是(　　)。

A. 仓库所在地区的生产和消费集中程度

B. 仓库所在地区距离交易所的远近

C. 仓库的存储条件

D. 仓库的运输条件和质检条件

15. 以下说法不正确的是(　　)。

A. 通过期货交易形成的价格具有周期性

B. 系统风险对投资者来说是不可避免的

C. 套期保值的目的是为了规避价格风险

D. 因为参与者众多、透明度高,期货市场具有发现价格的功能

16. 期货交易中的套期保值的作用是(　　)。

A. 消除风险　　B. 转移风险

C. 发现价格　　D. 交割实物

17. K线图的四个价格中，(　　)最为重要。

A. 收盘价　　B. 开盘价

C. 最高价　　D. 最低价

18. PVC期货合约的市场研究应当从(　　)几个方面着手。

A. 该品种的现货价格波动特征、仓储分布等现货市场研究

B. 该品种合约交易管理，结算交割和风险管理等期货市场研究

C. 该品种合约将来的期货市场发展规模等市场前景的分析

D. 该品种相关上下游市场状况

19. 期货市场在微观经济中的作用是(　　)。

A. 有助于市场经济体系的建立和完善

B. 利用期货价格信号，组织安排现货生产

C. 促进本国经济的国际化发展

D. 为政府宏观调控提供参考依据

20. 下列企业一般状况下可采用PVC期货市场买入保值的是(　　)。

A. 农膜生产企业　　B. PVC管材生产企业

C. 雨衣生产商　　D. 基金

参考答案

一、判断题

1. 错　2. 错　3. 错　4. 错　5. 对　6. 对　7. 对
8. 对　9. 错　10. 对　11. 错　12. 错　13. 错　14. 错
15. 对　16. 对　17. 错　18. 对　19. 对　20. 错

二、选择题

1. ABD　2. AD　3. ABC　4. ACD　5. C　6. ABC
7. ABCD　8. BCD　9. ABC　10. C　11. D　12. A
13. A　14. ACD　15. B　16. B　17. A　18. ABCD
19. B　20. ABC

第七章 追逐价差的投机交易

【本章要点】

本章内容主要针对个人投资者，是前面章节内容的重要补充。从 PVC 期货波动特点出发，本章主要介绍了 PVC 期货市场的一些基本特点、个人投资者进入 PVC 期货市场应当注意哪些方面、个人投资者进入 PVC 期货市场有哪些投资方式等。通过本章内容的阅读，个人投资者可以初步了解和掌握个人投资者在 PVC 期货市场中的操作方式，为进入 PVC 期货市场做好铺垫。

一、何谓波动性？聚氯乙烯期货上市以来运行有何特点？

波动率是指价格不计方向的百分变化率，比如我们一般可以用当天最高价与最低价的价差除以当天的收盘价得到的数据再乘以 100%，来计算当日的波动率。我们考察了 PVC 期货自 2009 年 5 月 25 日至 2009 年 10 月 19 日期间的当日波动率，以PVC期货指数计算，期间的日内波动率为1.88%，同期塑料指数的当日波动率为1.97%，也就是说如果投资者进行日内短线交易，从赚钱的概率来看，PVC期货不如塑料期货。

为了更好地服务投资者，我们考察了聚氯乙烯期货上市以来的运行状况，并对有关现象进行了解析。我们认为聚氯乙烯期货上市以来的主要表现可以概括为以下四个方面：首先，参与众多价格发现功能初步体现；其二，充分利用期货市场机构客户参与积极；其三，PVC期货趋势明显利于普通投资者参与获利；最后，PVC期货金融属性明显炒作概念丰富。

期货市场的重要功能之一就是发现价格，但是期货品种发现价格功能最终能否充分发挥，最终还要依托于该期货品种参与者的广泛性。换句话说，也就是某商品价格的发现需要从生产商、贸易商、加工商以及投机者广泛的参与才能形成。当然前提是：期货市场各项制度完善，所形成的价格不会扭曲。20世纪90年代以来，我国期货市场经过长期治理整顿、相关期货监管制度法规不断完善以及持续的投资者教育等工作的不断推进，期货交易愈加透明，逼仓等恶性事件也基本绝迹，因此，进入21世纪之后我国期货市场价格发现功能的发挥主要依托于投资者参与的广泛性。

在PVC期货上市前，我国期货市场已经分别于2006年12月18日和2007年7月31日推出了PTA期货和LLDPE期货两个化工期货品种，经过3年多的市场培育，已经有了一批熟悉化工品期货的投资者，同时也吸引了一批塑料贸易商和塑料加工商参与大连的LLDPE期货。尤其是LLDPE期货与PVC期货同属大连商品交易所，二者的合约设计类似，同时两种化工品种均用于塑料制品，因此经过LLDPE期货市场的培育，投资者也更容易接受PVC期货。截至2009年6月25日，PVC期货上市一个月的总成交量达到了2910276手，持仓量达到了63428手，日均成交量为132285手，而PTA、LLDPE上市一个月的日均成交量分别为30742手和4417手。同时，2008年11月18日PTA日成交量首次突破50万手，达到57.7万手，对应的持仓量为13.9万；2008年11月19日，大连LLDPE期货日成交量首次突破50万手，达到55.5万手，对应的持仓量达到4.5万手；2009年8月4日，PVC期货日成交量首次突破50万手，达到51.6万手，对应的持仓量达到21.2万手。显而易见，上市初期，PVC期货相对另外两个化工品种成交更加活跃，而且 PVC 期货相对另两个化工品种的期货，成交量由一般到明显放大的时间明显缩短。

PVC 期货上市后，由于成交活跃，价格发现功能也初步体现，这表现在：2009 年 5 月 25 日至 2009 年 8 月 11 日期间聚氯乙烯期货的上涨明显提前于现货聚氯乙烯的上涨，在基本面没有明显变化的情况下，聚氯乙烯现货的上涨主要受期货带动；随后，2009 年 8 月 12 日至 2009 年 9 月 29 日期间，聚氯乙烯期货再次领跌现货聚氯乙烯，受期货阴跌影响，聚氯乙烯现货市场交投清淡，之后 9 月 30 日聚氯乙烯期货率先反弹，可见，期货市场所形成的聚氯乙烯价格已经起到一定的价格风向标的作用，期货市场价格发现的功能已经初步体现，这也体现在当前现货市场聚氯乙烯产业链上的生产商、贸易商和加工商已经开始习惯在议价前先看看聚氯乙烯期货行情。

尽管 PVC 与 LLDPE 同属于常见的五大合成树脂（PE、PP、PVC、PS、ABS，即聚乙烯、聚丙烯、聚苯乙烯、聚氯乙烯及 ABS），而且二者主要用于加工塑料制品，但由于两者的现货市场结构不同，现货市场定价体系不同，导致 PVC 和 LLDPE 期货市场机构客户参与主体不同。由于我国 LLDPE 产能主要集中在中石化、中石油两大集团以及部分中石化与外资合资企业，因此 LLDPE 的现货定价形成过程中具有一定的垄断色彩，而且受我国相关政策限制，目前中石化、中石油集团并不参与国内 LLDPE 期货市场，当前我国 LLDPE 期货市场机构客户的参与主体主要分布在 LLDPE 产业链的中、下游：即贸易商和 LLDPE 加工商，上游生产商缺失。2003 年以来，由于国内 PVC 产能扩张速度远大于需求增长速度，至 2005 年我国聚氯乙烯供需格局由供不应求转为供大于求。2008 年我国聚氯乙烯装置平均开工率不足 56%，与此同时，保守估计 2009 年我国聚氯乙烯新增产能 200 万吨至 1781 万吨，预计聚氯乙烯装置开工率 50% 左右，由此可见我国聚氯乙烯行业产能过剩严重，正是由于当前聚氯乙烯供大于求的供需格局以及严重过剩的产能，导致目前聚氯乙烯现货定价体系中，上游生产商的话语权弱于下游加工商，这也可以解释为什么聚氯乙烯期货上市后上游生产商参与的积极性明显强于终端加工商。由于定价体系相似，参与 PVC 期货的机构客户结构体系与参与上市初期的 PTA 期货机构客户结构比较类似，参与 PVC 期货的机构客户以生产商和贸易商为主，下游加工商略少。而且与 PTA 和 LLDPE 相比，一开始机构客户就对 PVC 期货表现出了极大热情，首次交割 PVC 期货交割了 18436 手，而 PTA 和 LLDPE 首次交割的数据分别为 363 手和 149 手，这也从侧面反映出生产商对参与 PVC 期货的热情较高，而且也积极地利用期货市场规避现货市场的价格风险。

与其他期货品种，尤其是农产品期货相比，由于较少受到难以预测的天气因素以及国家调控政策，如收、放储等非可测的偶然因素影响，加之装置运行和产能维持等因素的持续性，与其他化工品期货类似，PVC 期货上市以来表现出较强的趋势性。2009 年 5 月 25 日至 2009 年 8 月 11 日期间，PVC 期货处于上涨趋势中；2008 年 8 月 11 日至 2009 年 9 月 29 日期间，PVC 期货的处于下跌趋势中，期间 6 月 9 日，PVC 期货主力 0909 合约第一次突破 7000 元/吨关口，经过近 2 个月的盘整 7 月 27 日 PVC 期货 0909 合约再次突破 7000 元/吨关口，随即展开拉升行情。8 月 11 日，PVC 期货放量上涨，主力 0911 合约盘中最高突破 8000 关口，主力拉高出货意图明显，之后 PVC 期货持续下跌，下跌期货没有形成像样反弹。由于 PVC 期货不但具有较强的趋势性，而且运行过程中技术形态明显，因而 PVC 期货有利于不熟悉 PVC 现货市场的广大普通投资者结合技术分析参与获利，这也是 PVC 期货上市初期成交火爆的原因之一。

期货商品不同于现货商品的最大特点就在于期货商品具有金融属性，而现货商品在它进入金融市场前不具备金融属性。常见的金融属性就是期货商品相对现货商品的超涨、超跌性。2009 年 7 月下旬，聚氯乙烯期货的快速上涨，主要是多头炒作大商所交割库容紧张、交割检验严格以及商品通胀等非基本面因素。在此因素的影响下，2009 年 8 月 3 日 V0911 合约收盘价与华东、华南市场现货均价的价差由 170 ~ 180 元/吨一线上升至 1065 ~ 1165 元/吨一线，远远超过其 400 元/吨左右期现套利成本。

另外，PVC 期货的涨跌受整个金融市场的影响很大，PVC 期货上市至 8 月中旬的上涨也受到了当时国内商品市场尤其是工业品上涨的影响。此外，PVC 的上涨与下跌也会受到国内 A 股的影响，这是因为国内 PVC 的消费大约 50% 以上用于房地产市场，PVC 消费与中国整体宏观经济密切相关，而中国股市恰恰是中国宏观经济的镜子。2009 年 8 月 17 日开始的 PVC 期货盘中一度多个合约跌停，最终主力 V0911 合约大跌 310 点，跌幅达到 4.02%，这天的暴跌显然是受到了当天中国 A 股上证指数跌破 3000 点关口的影响。2009 年国庆过后，PVC 期货再次追随 A 股和国内其他商品，尤其是整个化工板块反弹。

当然，除了化工板块的 PTA 和 LLDPE 期货外，由于需求主要都用于房地产市场，而且同样都面临产能过剩问题，PVC 期货上市以来与上海期货交易所 2009 年上市的钢材期货也表现出了较大的相关性，我们拟合了 PVC 期货上市以来 PVC 期货指数收盘价与螺纹钢指数收盘价的相关系数，2009 年 5 月 25 日至 2009 年 10 月 19 日期间，二者的相关系数为 0.93，期间 PVC 期货指数与 LLDPE 期货指数的相关系数为 0.92，与郑州 PTA 指数的相关系数为 0.90，均超过了 0.80，可以认为相关性较大。

二、一般投资者如何参与聚氯乙烯期货市场？

前面的章节中，我们已经介绍了机构客户如何利用聚氯乙烯期货市场进行保值以规避现货市场风险，以及低风险的期现套利。对于聚氯乙烯产业链上的企业如生产商、贸易商和加工商等机构客户，我们认为还是应当把精力放在主营业务上，换句话说，产业链客户参与聚氯乙烯期货市场最好以套期保值和套利的方式为主，不建议经常在期货市场中投机搏杀，以免影响主营业务。对于国内大多数的机构资金：如私募基金、保险资金、信托产品等而言，可以适当的参与期货市场，而且主要以投机方式介入期货市场。对于一般普通投资者，参与聚氯乙烯期货的主要方式是追逐价差，投机获利，当然无论是前面提到的机构投资者还是普通投资者也可以参与套利获利，主要是跨品种套利和跨期套利两种套利。本质上，套利也是一种投机行为，只不过套利追逐价差波动，风险相对投机要小得多。

首先，什么叫做投机？对于期货而言，投机就是投资者预测未来期货价格或期货走势的变动方向，并介入其中赚取价差的行为。如果想成为一个成功的投机者，需要兼具三方面的能力：行情判断、资金管理和交易心态，三方面缺一不可。行情判断决定投资者入市的方向，本质上决定投资者未来一段行情是赚钱还是亏钱。当然，由于我们都是普通大众，并非上帝，并不能次次正确判断对行情，长期看，期货投机是否赚钱很大程度上是一个概率问题，只要我们对行情判断正确的概率大于错误的概率，赚钱的可能性就大，因为我们并非在期货市场中玩一次就走，而通过基本面分析和技术面分析可以大大增加我们判断正确的概率。资金是投资者在期货市场中战斗的“武器”和“子弹”，因此资金管理能够决定投资者能否笑到最后。最后的是交易心态，在期货市场中战斗，每天都将面临恐惧与贪婪的抉择：过于恐惧将使投资者错失赚钱良机；过于贪婪也将使投资者到手的金钱化为乌有，投资者只有在期货市场中，不断磨砺，才能达到两种心态的良好平衡。

其次，按照持仓长短，一般可将投机操作可分长线投机和短线投机。长线投资者以更偏重商品的基本面分析，并结合技术分析选择入市时机和方向。基本面分析关注期货市场价格变动的根本原因，主要是通过分析一些影响价格的实质性因素来判断期货价格未来走势，所谓实质性因素主要是：供应与需求、国内国外的经济政治形势、国家政策等。而技术分析则是通过分析市场行为来预测价格走势，比如通过一些常见的技术图形、技术指标等来分析研究。一般技术分析对任何商品品种均适用，而不同的商品具备不同的基本面，因此针对不同商品有不同的基本面分析。长线投资一般追逐行情波动的中长线趋势，持仓一般几十天至几个月不等。而短线投资则注重短期价格波动，更侧重于运用技术分析来获利。短线投资一般追求波段操作，多为日内交易，长则几天。投资者选择长线还是短线操作主要视个人偏好而定，如果投资者担心隔夜风险或者不愿意承担基本面变化风险，甚至没有太多时间充分关注商品的基本面，那么投资者可以选择短线操作。比如对于 PVC 期货，日内投资者不必担心隔夜原油价格、外盘股市波动、不必担心国家政策变化等消息对盘面的影响，落袋为安。即使投资者不熟悉 PVC 的基本面状况也可以凭借单纯的技术分析进入 PVC 期货市场，进行投机操作。PVC 期货上市以来的运行特点就具备趋势性强、技术形态明显的特点，这就更加易于短线投资者最大程度抓住和利用短线趋势，最大程度的增加获利机会。例如，2009 年 7 月 27 日 PVC 期货突破前期高点，2009 年 7 月 30 日，V0911 回撤确认、合约增仓上行，此时短线投资者加重仓位，并持仓过夜最大程度的增加账户盈利能力。如果投资者对 PVC 现货比较熟悉，同时也熟悉 PVC 的基本面，在资金容许的情况下，投资者可以尽量长时间的持有头寸，以期充分的利用行情的上涨或下跌，最大程度的享受账户资金增加的快感。PVC 期货上市以来，运行表现出很强的趋势性，而且一波行情往往持续 1~3 个月，适合长线操作。此外，短线交易者中还有一类专门从事盯盘交易的投资者，这类投资者注重日内趋势的把握，通常一天内进行多次操作。

投资者操作风格选择短线还是长线，除了受个人投资风格以及风险偏好不同影响外，入市资金对投资者操作风格的选择也有一定的影响。如果投资者初始入市资金量比较偏少，比如 1 万元~2 万元，那么就不适合做长线交易。这是因为由于长线交易持仓时间长，不可预测风险相对短线较多，也就要求长线一般止损空间较短线交易大，初始仓位一般长线较短线低。一般情况下，长线交易初始仓位一般不要超过 30% 左右较好，短线交易可以将初始仓位提升至 50% 左右，如果把握大也可以提升至 70%~80%。长线投机止损一般控制在总资金的 20% 至 25% 较为适宜。短线投机一般控制在总资金的 5% 至 10% 较为适宜。

结合技术分析，一般行情向上突破或向下突破时，无论是长线交易还是短线交易都可以顺势增加仓位，以最大程度地增加账户盈利能力。投资者需要注意的是加仓是盈利的基础上进行的，我们不鼓励逆势操作，尽管理论上可行。我们希望投资者更多的顺势而为，这是因为大多数投资者在心态上是无法忍受资金的急剧萎缩，逆势增仓往往意味着一定时间内或至少是短期内，投资必须忍受账户资金的加速缩水，对于多数投资者，最后的结局多是投资者怀疑自己的判断，并在行情反转前止损认亏离场；逆势操作最不幸的就是，最后一刻因无钱追加保证金，头寸被强行平仓，不幸死在了黎明前。

一般投资者除了进行投机交易外，还可以进行具有一定技术含量的套利操作。一般投资者由于不是法人客户，无法进行交割，因此不推荐普通投资者进行可能涉及交割的期现套利和跨市场套利。目前普通投资者可以操作的比较成熟的套利是跨月套利和跨品种套利。例如 V0911 和 V0909 合理价差大概在 170 元/吨左右，2009 年 9 月 21 日盘中 V0911 与 V0909 合约的价差多在 100 元/吨一线，此时投资者可以果断进行买入 V0911 合约卖出 V0909 合约的操作，并持有到二者恢复合理价差是平仓。同样，投资者也可以利用 10 月至 11 月期间塑料期货基本面偏强而 PVC 期货基本面偏弱的特点进行跨品种套利，投资者可以择机进行买入 L1001 卖出 V1001 合约的跨品种套利，考虑2009年5月25日至L1001与PVC1001合约的价差多数在3000元/吨之上，2009年8月中下旬二者之间价差曾突破4000元/吨关口，而在2009年9月28日二者收盘价差跌破3000元/吨关口，2009年9月29日二者收盘价价差更是跌破了2900元/吨关口，此时投资者可以介入进行买L1001卖V1001合约的套利，比较安全的是待二者价差升至3500元/吨之上时平仓离场。

三、投资者进入PVC期货市场前要准备什么？

如果你是一位普通投资者，打算进入PVC期货市场前应当做些什么准备呢？首先，进入PVC期货市场时，你需要一笔初始资金，这笔资金至少可供你建几手头寸，而且更为重要的是这笔资金是你短期内不需要的闲钱，更不会由于你不幸在期货市场亏光了这笔资金而影响到你的生活质量。此外，考虑到性格问题可能会影响到日后你的投资心态，因此如果你是一位投资风格偏于保守或者更喜欢将钱存入银行而不是进行涉及风险的投资，那么你也不适合进行期货这种高风险的投资活动。从性格上看，胆大心细的人更适合在期货市场中搏杀。

接下来，你所要做的是PVC期货投资前的基础知识准备，这是你将要进入期货市场搏杀前的热身。根据投资者的经验不同可以分为三种情况：如果投资者是一位熟悉PVC现货市场的朋友，例如：投资者在进入PVC期货市场前曾在或目前正在PVC相关企业工作，对国内PVC市场基本面已经有了一定了解，那么此类投资者进入PVC期货市场前的热身运动主要是补充相关的金融知识，比如投资者可以找来一至两本有关技术分析方面或期货基础知识方面的书籍，进行研读学习；如果投资者并不了解PVC的有关基础知识，但是已经投资过股票或者其他品种的期货，换句话说投资者已经具备了一定的技术分析方面的知识，那么投资者需要补充聚氯乙烯相关的基础知识，如果没有接触过期货市场，当然还需要额外补充期货方面的基础知识。如果投资者既没有投资基础，也不熟悉PVC市场，那么投资者最好能够静下心来，学习期货基础知识、PVC基础知识以及技术分析基础知识。即使投资者是纯技术派的，最好还是学习一些基础知识，以免聚氯乙烯有什么重大消息，投资者无法甄别是利好还是利空消息。当然，因为是保证金交易，期货交易会通过杠杆作用放大风险，介入或离场的时机也很重要，为了避免投资者倒在黎明前或账户资金坐了一回过山车，投资者还是有必要学习一些技术分析方面的知识，由于不能持有期货头寸不能像持有股票那样长期“捂”着，技术分析对于期货投资者而言远比其对于股票投资者显得重要。当然，为了增强理解，加快学习，投资者可以在期货公司网页上下载相关的模拟交易软件（一般期货公司网页都可以下载免费模拟交易软件），一边进行模拟交易，一边学习有关知识。

最后，投资者所要做的便是选一家服务优良、收费合理的期货公司作为投资者。由于期货交易必须集中在交易所内进行，而在场内操作交易的只能是交易所的会员，包括期货经纪公司和自营会员，因此普通投资者必须借助期货公司通道进行交易，并向期货公司提供一定的经纪费用。由于竞争国内期货经纪业务激烈，与国外期货经纪业务不同，当前国内期货公司的一般都提供免费的培训、咨询服务以及相关的行情、交易软件，投资者可以根据服务质量的好坏结合佣金也就是经纪费用来选择代理经纪业务的期货公司。

慎重选择期货代理机构以及经纪人

老刘做事风风火火，是个热情豪爽的急性子。听说一个亲戚做期货发了大财，便动了炒期货的念头，于是老刘便来到了一家坐公交车经常经过的期货公司营业部。一进营业部大门便对工作人员说想找个经纪人咨询一下。这时候从旁边的房间里走出一个人，自称是某期货公司营业部的经纪人，并递上名片。老罗一看，还是一个副经理，于是便跟他聊起来。随后，在那个自称是经纪人的介绍下，老罗签了期货交易的相关合同。

老刘没有怎么考察该期货公司营业部，便签订了经纪合同，可以说做法过于草率，也十分危险。不过与李奶奶相比，他还算幸运。李奶奶年轻时靠经营一家小饭店养大了一双儿女，同时也攒下了25万养老钱存在银行。一日李奶奶在银行办理存款，遇到自称是“期货交易高手”的王某。王某对她说：“现在银行存款利息这么低，存款有啥用呀？不如用来做期货，投资升值，几个月就能翻倍。”李奶奶听了，心中一动，但又担心被骗，问到“你不会把我的钱骗走吧？”王某忙说：“你可以自己到期货公司开户，钱在你自己的账户里，我是赚不走的，我只是帮你操作，赚了钱三七开，我就分点红就行

了!”李奶奶看王某这么自信，暗自庆幸遇到了交易高手，于是跟着王某到期货公司开户，签署合同时看也不看就着急地签了，并把自己的交易密码也交给了李某。开户入金三个月后，李奶奶想着资金也该翻倍了，便去期货公司查看账户。一查，李奶奶当即晕倒在地，原来25万初始保证金已经不到5万了。李奶奶急了，急忙电话联系王某，却发现前几天还联系王某手机已经暂停服务了。

那么，投资者怎样才能避免上当受骗呢？首先投资者准备进入期货市场前要慎重选择一家期货公司。期货公司是普通投资者和交易所之间的纽带，期货公司服务质量的高低直接关系到客户的利益。此外，签署合同时最好选择期货公司的期货从业人员，不要盲目听信不知底细经纪人或居间人的诱导。

因此，投资者选择期货公司是不应当仅仅考虑手续费高低，还应当综合考虑公司的实力，尤其是投资聚氯乙烯期货最好选择离聚氯乙烯消费市场较近或聚氯乙烯消费市场地的期货公司。

此外，期货交易具有杠杆左右，风险较高，任何包赚不赔的获利承诺都是不切实际的。投资者在进行期货交易前，应认真阅读期货交易风险揭示书和合同条款，切勿听信他人的获利承诺。另外，由于博客不具备法律约束，因此投资者交易过程中不要盲目听从博客的交易提示或建议。

新手上路，应先参与模拟交易

小张听说了武汉女期民半年从4万做到1000多万的故事后，加上听朋友开玩笑说“要致富重仓隔夜是条路”，便急忙拿出工作几年积蓄的钱到期货公司开户交易，并动员退休父母也拿出了部分积蓄入伙。期货公司出具的风险提示看都不看，他就签了合同，期货公司进行的免费期货交易知识培训他也懒得去听。开户后，小张自己买了本技术分析的书，边学边操作，想早日发财致富。不料，不到两个月，他就把自己的积蓄和父母的部分积蓄亏光了。

而老王是位伴随中国成长起来的“老股民”。2008年年初，老王凭借自己多年的经验成功地撤离了股市。看到股市阴跌不止，没有投资机会，老王决定拿出部分盈利资金去期货市场一搏。于是老王来到有关期货公司，咨询参与商品期货有关事宜。期货公司的工作人员耐心为老朱讲解了我国商品期货市场的现状，并讲解了股票与期货的区别，建议老王先熟悉商品期货特性、交易规则和交易方式。学习的同时，还帮助老王学习公司的模拟交易软件，让老王有一个熟悉期货市场和交易软件的机会。

其实作为一个新进入期货市场的交易者，只有熟悉行情、交易软件、认真分析和交易方法，才能达到尽快成为一名期货熟手。新手参与模拟交易的好处是可以通过实战熟悉有关商品，熟悉期货交易规则。通过模拟交易可以使投资者初步了解自己是否喜欢期货交易，能否承受“过山车”式的行情。当然，模拟交易并不能完全替代真实交易，投资者在模拟交易中赚钱容易，并不能保证投资者在正式交易中赚钱。但模拟交易却能使投资者在日后的交易中少犯一些低级的技术性错误，比如下错单等，而且投资者也能够确实感受期货交易规则，从而在成长为期货交易熟手的道路上少走弯路。

另外，真实的期货战场风险还是非常大的。弹指一挥间，投资者资金可以从几万变成千万，也可以从千万变成几万，甚至一分不剩，这也是期货市场的魅力之一，即高收益伴随着高风险；另外也很多人只是纸上富贵，转眼又回归赤字；甚至还有很多人只听说了“期货”两字就盲目入市，结果倾家荡产。因此，在决定是否参期货市场之前，投资者应认真了解期货交易的风险究竟有多大，同时也要研究自己能否承受“过山车”般的行情，自己是否有多余的闲钱用于期货交易。

四、一般投资者进入聚氯乙烯期货市场需要掌握哪些常见的技术分析方法?

由于本书已经对聚氯乙烯的基本面状况、影响聚氯乙烯基本面的主要因素进行了详细的表述，因此，本章将不再介绍基本面分析，而将重点放在基本技术分析上。当然，如果投资者已经熟悉和掌握了一定的技术分析方法，并且已经完全有能力应付期货交易中的技术分析问题，那么完全可以跳过本节内容。

首先，投资者需要了解技术分析构成的基本元素：价格、交易量和持仓量。当天的价格一般包括：最高价、最低价、开盘价、收盘价。当然直接影响到投资者收益变化的是投资者买入或卖出的合约的成交价以及每日的结算价，但这两类价格在技术分析中不是很重要。国内交易量是指一段时间内买入和卖出合约的总量，在 K 线图或者分时图中位于价格走势图下方框中的竖直线表示成交量，曲线表示持仓量。通过对价格、成交量和持仓量的分析可以观察主力资金动态，观察日内这三个指标的变化，也就是投资者通常所说的盘口变化，这对短线交易者尤其是盯盘交易者尤其重要。在期货交易中，投资者可以时时观察到价格、交易量、持仓量的变化，而在股票交易中，投资者是无法看到时时持仓的，一般需要一季报才公布一次机构持仓。但是，期货投资者很幸运，不但可以时时观察到持仓变化，还可以在交易所网站看到经纪会员和自营会员的交易数据。有关聚氯乙烯期货交易的交易数据可以在大连商品交易所网站（http：//www.dce.com.cn）菜单栏的数据服务中寻找，在统计数据子栏目中投资者可以找到：日成交持仓排名、阶段成交排名、各个合约的日、周、月的成交量、持仓量、持仓量变化、最高价、最低价、开盘价、收盘价、结算价、成交额等交易数据。另外，还可以在这里了解每日交易所聚氯乙烯的仓单状况。通过交易所公布的持仓变化状况，投资者可以推测机构或主力资金变化方向或动向，从而帮助投资者分析和预测下面将要谈到的趋势变化。

其次，我们需要了解什么是趋势？如何判断趋势的形成？无论是投资股市还是期货市场，我们经常会听到顺势而为的告诫，这里的势就是指趋势。无论是长线操作还是短线操作，都需要把握价格波动的趋势。所谓趋势就是市场价格变动的方向，一个的大的趋势有一系列依次上升或依次下降的波峰或波谷构成，构成也就是我们通常说的震荡上行或震荡下行。一般可以认为趋势有上升、下跌和横盘整理三种形态（见图7－1），但是通常投资者也将横盘整理称为没有趋势，认为横盘整理后行情向上突破或者向下突破预示着趋势将要出现，是资金介入的机会；当然横盘整理期间最好是持币观望，静等趋势出现。从趋势延伸的长短和涨跌的幅度来看，趋势又可以分为主要趋势、次要趋势和短暂趋势（见图7－2），其中主要趋势也可以称为大趋势、次要趋势也可以称为中短趋势，而短暂趋势也可以成为小趋势。大的趋势有时可以延续数年，比如2003年至2008年7月纽约商品交易所的WTI原油延续了5年的上涨趋势，通常我们也可以把延续半年到一年的趋势称为主要趋势，成功的中长线投资者仅需一年把握一次到两次大趋势，即可把投资资金增加数倍了，不过由于保证金交易风险放大以及趋势运行中的震荡和调整，一般仅有极少人能够成功把握住大趋势，通常能够把大趋势中的一段，也就是次要趋势即可获得很不错的收益了。主要趋势和次要趋势的判断更需要投资者具备深厚的宏观功底、长远的眼光，而头寸的持有更需要资金的配合以及坚韧的心态。把握短暂心态也就是把握短线交易，短线交易好处是不确定性相对长线交易要降低很多，仓位可以更重些，这样也就可以弥补把握趋势过短的不足了。趋势的把握，我们可以通过交易软件中提供的均线系统或趋势通道来判断，比如金叉、死叉、向上突破、向下突破等，因此投资者还需要掌握如果判断支撑位、压力位以及一些比较常见的反转形态，比如：头肩顶、圆弧底、三角形等。这些技术形态、压力位、阻力位、金叉、死叉等技术分析的掌握和理解需要投资者阅读一些技术分析方面的书籍并在实际运用或模拟交易中领会。

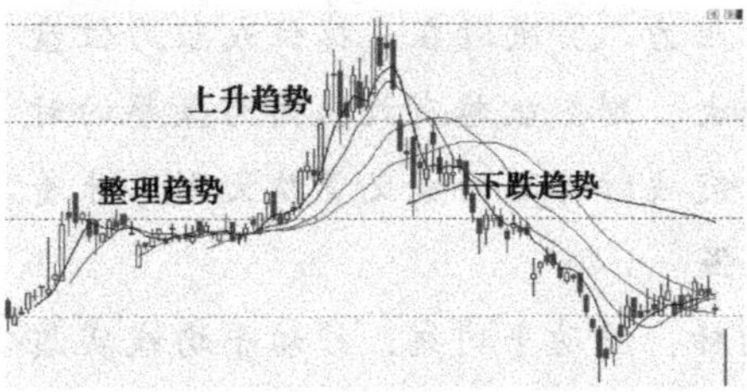

图 7－1 上升趋势，下跌趋势和整理趋势

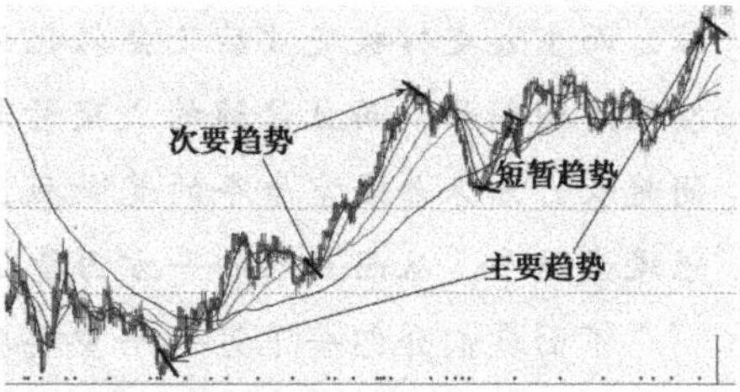

图 7－2 主要趋势、次要趋势和短暂趋势

最后，投资者也可以了解一些辅助性指标，比如帮助投资者判断趋势的移动平均线、支撑线、压力线、金叉、死叉等，以及摆动类指标，例如：威廉指标、KDJ 指标、相对弱项指标等。这些指标对中短线操作意义比较重大，可以帮助投资者增加获胜的概率。

如果投资者是短线爱好者，对技术分析也比较痴爱，那么除了上述一些最基本的技术分析方法和指标外，也可以学习更多的技术分析方法或指标等。只阅读一些技术分析方面的书籍对技术分析的掌握仅限于纸上谈兵，要想要真正的掌握和熟悉技术分析，还需在实战中不断磨炼。

延伸阅读：技术分析常见术语解析

在技术分析术语中支撑与阻力最常见也是最重要的判断趋势方向的指标之一，支撑与阻力通常也被称为支撑位和阻力位。支撑位和阻力位在技术图形中通常表现为成交密集带，这个密集带的形成是多空双方不断交易、争斗的结果，可以看做是多空双方力量的对比在技术图形中的一个体现。支撑位是指一直下跌的商品价格在这个区域开始稳定，后期价格会出现反弹或上涨，对于一直下跌的商品价格，该区域就好比一个可以支撑的平台；阻力位是指上涨的商品价格在该区域受到压制，后期下跌可能性很大。无论是支撑位还是阻力位，该区域受到反复冲击、测试的次数或时间越多，往往越有效，不过一旦价格跌破支撑或者突破阻力，那么对应的价格通常会大幅下跌或大幅上涨。不过支撑和阻力并非一成不变，而是可以相互转化的。重大阻力位突破后会转化为后期的支撑，而重大支撑被突破后又会转化为阻力。突破时在支撑位或阻力位盘整的时间越长，而且伴随的成交量越大，则突破越有效，因为盘整的时间越长，意味着多空争夺的越激烈，突破时伴随的成交量越大则意味着跟风盘越多，从而获胜的一方力量越强。

下面我们介绍一下另一个重要指标：移动平均线，移动平均线实质上是一种追踪趋势的工具。其目的是为了甄别和发现老趋势是否结束或反转以及新趋势形成的关键契机。移动平均线由于是过去价格的平滑，具有滞后的特点。移动平均线的作用就是去掉短期商品价格变动对价格中长期走势的干扰和影响，从而将价格趋势平滑的表现出来。移动平均线对于我们判断趋势有很大的作用，操作上通常短线交易依托10日均线；中长线交易操作通常可以依托30日均线系统。具体而言，进行中长线交易者，如果收盘价格跌破30日均线，则可以考虑离场；如果价格突破30日均线，则空头交易者可以考虑离场。对于短线交易者，如果价格跌破10日均线，则多头可以考虑离场；如果价格突破10日均线则空头可以考虑离场。

如果投资者连接K线图中任意两个高点或低点就会得到一条趋势线，不过这种任意连接的趋势线通常意义不大。一般一条趋势线连接过程中，触及的低点或高点越多，趋势线的有效性越强。一条有意义的趋势线至少会碰到三个点，当趋势线被突破时，通常意味着趋势可能会发生改变。上升趋势中，商品价格跌破趋势线通常意味着价格要下跌；而下跌趋势中，商品价格向上突破通常意味着价格要上涨。不过，需要注意的是，趋势线的倾斜度越大，趋势改变的有效性越小。换句话说，当价格跌破一条倾斜度较大的上升趋势线时，价格可能只是回调或调整，形成下跌趋势的概率相对较小。趋势线的倾斜度越小，突破趋势线的意义越重大，形成反转趋势的概率越大。

关于技术分析，不是作者在这里三言两语就可以描述清楚的，推荐投资者阅读约翰·墨菲的《期货市场技术分析》一书。

五、投资者如何进行聚氯乙烯短线交易操作？应当注意些什么？

短线交易获利的本质就是要抓住爆发行情或者基本面变化时的突变行情，对于聚氯乙烯而言这种行情短的时候持续1至2天，长的时候一般是一周左右。最初，投资者进入期货市场的方式往往是采用短线交易：快进快出，有事无事总喜欢在期货市场中折腾一把，给人的感觉就是生怕放弃了任何一个赚钱的机会，但结果却往往不尽如人意，亏多赚少。

短线抓住爆发行情最好的方式就是提前几天或一天甚至当天潜伏进去，但是聚氯乙烯期货的波动特点就是盘整持续的时间较长，如果不是先知先觉或者运气好，投资者很容易难以忍受期货市场中的煎熬而提前撤离市场，最后在交纳了一定的佣金后无功而返。所以，如果打算做短线交易，最好等技术出现一些变化后再结合消息面进入市场，这就需要投资者对技术分析比较熟悉；另外，对聚氯乙烯消息面要紧密跟踪，这样就可以尽量争取在行情爆发初始介入。例如：商务部公布的聚氯乙烯出口退税上调，对美、韩等五国反倾销终审结果等，一般服务优良的期货公司都会在第一时间将消息通知客户。出现这种短期爆发行情后，投资者最好要尽可能长的持有头寸，以期将利润最大化。

另外，做短线最好顺趋势而为，开始的时候可以先轻仓试单，突破行情发生时要敢于追进，盈利就加仓，而且由于是短线，可以将持仓调高至5成左右。趋势一旦有结束的迹象就立即离场，落袋为安。试仓时发现势头不对，马上止损离场，炒短线意外的亏损是不可避免的，但千万不可以一时意气跟趋势赌气或者因侥幸心理而在市场中左顾右盼，舍不得砍仓。做短线要看趋势而动，不可因对行情有先入为主的判断而钻牛角尖，更不可以凭着赌一把，不撞南墙不死心进行短线交易。总结成一句话，做短线交易要快止损、快止盈。具体操作时，如果做多，则依照左手规则入市，依照短期均线系统止盈；如果做空，则可以依照右手规则入市，依照短期均线系统止盈。入市后，一旦发现与预期不符，跌破或者上穿均线，或者短期内未能产生盈利，即可止损或离场。也有人会以资金的5%作为止损点，一旦资金亏损超过5%，就立即止损。当然，每个人的止损习惯不同，具体操作时可以依照个人习惯设立止损。这里提到的右手规则和左手规则是指入场的时机。所谓右手规则是在K线图中以波峰最高点为中心，在波峰右侧入场就是右手规则；反之，就是左手规则，其实就是指以顺势的方式进入期货市场。

接下来，还要谈谈日内交易，因为很多投资初入市场比较喜欢这种交易模式。日内短线交易是一种短线交易，顾名思义是指持仓时间短，不留过夜持仓的交易方式。日内短线交易捕捉入市后日内波动带来的交易机会，如果不能马上获利，就准备迅速离场。因为这种交易方式在市时间短，所以承受的市场波动的风险较低。所以，有些短线交易者专门以日内交易为主，相对隔夜的短线交易者，日内交易往往风险小但利薄。

日内短线交易也可以分为日内超短线交易和日内趋势交易。日内超短线交易者可以利用行情软件中1分钟K线图、3分钟K线图、5分钟K线图等进行交易，只要预期盈利会超过交易成本就可交易，持仓短时仅有几秒，长时往往几分钟，一般超过10分钟，这样一天可以进行多次交易。日内趋势交易者往往利用15分钟K线图、半小时K线图甚至更长分时图来交易，做日内的趋势，一天只做几波，相对前一种获利更丰盛些。日内交易者比较适合资金小或者不愿意承担较大风险的投资者操作。但是，不得不说的是，从聚氯乙烯上市近一年的表现来看，至少在目前，由于较其他工业品如橡胶或塑料等，聚氯乙烯每日波动幅度较小，因而从机会成本来看，聚氯乙烯期货日内短线交易优势并不突出。不过，由于国内的聚氯乙烯期货上游横跨煤炭市场和原油市场，下游连着房地产市场，炒作点颇多，随着日后聚氯乙烯逐渐为资金关注，聚氯乙烯期货日内波动也将更加剧烈，聚氯乙烯期货也将成为日内交易好品种之一。

最后，需要告诫短线投资者的是：成功的短线交易需要长期的交易经验积累，而这些交易经验是通过投资者的真金白银在期货市场中的亏损来得到的，而不是通过看书就能学会。成功的短线交易者一般都具有很强的盘感，也就是对盘面的理解和感悟能力，这是一种通过长期交易而形成的综合素质。

六、聚氯乙烯期货中长线交易操作应当注意些什么？

与短线交易更注重技术分析、注重盘感相比，中长线交易更注重基本面与宏观大势分析，更注重交易纪律的遵守。如果将短线交易比喻成花样滑冰，需要高超的交易技巧，那么中长线交易更类似马拉松赛跑，需要耐力与毅力就资金方面，中长线交易一般需要更多资金。这是因为中长线交易持仓一般最好不超过30%，而短线交易持仓可以相对重些。

中长线交易更注重理性分析，更注重客观性，这也就使得中长线交易者要对一些大幅日内波动视而不见，以免干扰自己交易。另外，长线交易者也不希望被别的观点打扰，久而久之长线交易者就形成一种孤独的心态和更需要忍耐力的交易行为，这种巨大的孤独和忍耐力是常人无法承受的，因此，很多中长线交易者又会重新加入到短线交易行列中去。长线交易追逐中长线趋势，认为大趋势才是自己利润的来源，他不重视价格的日内波动和短期价格波动，认为价格的日内波动几乎和自己没有关系。有些长线投资者甚至会在下单后，关闭行情软件，一两个月甚至更长时间不看行情，以免持仓信心受到干扰。可以长线交易者持仓的忍耐力绝非一般投资者所能理解，也非一般投资者所能承受。

长线交易者在入市之前，一般会对市场作充分的调研。对投资聚氯乙烯期货而言，长线投资者更需要从宏观大局把握和研判聚氯乙烯未来价格走势。这种宏观的把握不仅包括聚氯乙烯自身基本面状况的大局判断，诸如现阶段聚氯乙烯供需格局的判断、未来一段时间内聚氯乙烯供需格局的判断、成本趋势的判断等等，还需要国际和国内整个商品大势的把握，比如国际原油、铜等大宗商品走势，也就是整个商品市场的整体氛围。这是因为作为普通商品的一员——聚氯乙烯期货同样会受到资金、通胀预期等因素的影响，从而与其他商品有着千丝万缕的联系。当然，入市和持仓过程中还需要技术分析来保驾护航。因此，与短线交易相比，中长线交易者更需要在入市前做足工作。

无论是长线投资者还是短线投资者，都是普通人，我们无法先知价格走势，我们所能做的只是尽可能地追踪趋势，并尽可能地增加获胜的概率。一般情况下，中长线交易对市场介入时机不是特别介意，甚至会有人会主动买套，当然多数投资者还是会采取顺势方式介入市场。跟踪趋势时，中长线趋势投资者更需要遵守纪律，该止损时就止损，该加仓时就加仓。这就要求投资者要设好止损和止盈，通常长线交易的止损点设置要比短线交易更大些，一般可以借助中长期的均线系统，如20日均线、30日均线、60日均线等，也可以重要的整数关口或者前期重要支撑位、压力位作为止损点，当然投资者也可以资金30%左右作为止损点。行情突破则加仓，反之就要减仓或止损。而止盈则一般是以趋势发生转变为时间点，具体操作中可以前期关键点位作为止盈点，比较明显的是均线系统形成死叉或金叉作为市场退出点。具体而言，买入持多单，趋势经过上涨后调整，并在顶部形成死叉即可止盈；卖出持空单者，趋势经过下跌后反弹，并在底部形成金叉即可止盈。在持仓过程中，行情可能反复震荡，有的时候一个小的波动可能就会使交易者前期浮盈荡然无存，甚至很可能再次陷入账面亏损。而长线交易者在持仓过程中必须严格遵守交易计划，因此长期交易者通常要忍受常人不好理解的痛苦，就像股民经常将赔钱卖股称为割肉，期货市场中，长线投资者可能要经常面临割肉的感觉。好在，聚氯乙烯期货上市以来表现出较强的趋势性，对长线投资者而言追寻趋势投资聚氯乙烯并非难事。在持仓过程中，行情突破后，即可以前期突破的重要关口作为新的止损点，这样就容易保住前期利润了。

如果说短线交易是一种类似于薄利多销的累积式交易，那么长线交易更追求一次性的高额回报。当然，长线交易面临的风险和不确定性也最大，可谓经历的痛苦最大，收获也最丰厚。

七、如何进行聚氯乙烯基本面分析？

前文中，我们简单介绍了技术分析，那么接下来我们将着重介绍一下聚氯乙烯基本面分析。基本面分析法也叫基本分析法，是根据商品的产量、消费量和库存量（或者供需缺口），即通过分析期货商品的供给和需求关系以及影响供求关系变化的不同因素来解释和预测期货价格变化趋势的方法。基本面分析主要分析的是期货市场的中长期价格走势，即所谓大势，不太注意日常价格的反复波动而频繁地改变持仓方向。一直以来，金融市场中技术分析学派和基本分析学派就争执不休，认为只有本学派的分析方法才最有效。但对于期货投资者而言，大可不管这些，将两种方法烂熟于肚可能才是最好的，尤其是对于专注中长线交易的交易者。

在经济学上，市场经济中商品价值转化为生产价格，商品价格随市场供求关系的变动，围绕生产价格上下波动，商品的价格反映的是供求双方力量均衡点的价格。通俗地讲，如果市场上聚氯乙烯供应增加了，但是下游加工企业一直没有什么购买兴趣，市场上聚氯乙烯货物供应相对于需求明显偏多，那么为了促销生产商或贸易商通常降价，商品价格自然就下跌了；反之，如果产不足销，或者交通运输不便，导致某地区聚氯乙烯供不应求，当地的聚氯乙烯价格自然会上升。所以，供求状况对商品价格具有根本性的影响，尽管商品期货置身于金融市场环境中，相对现货多了金融属性，但由于商品期货可以实物交割，影响商品期货价格变化的根本因素依然是供求关系。

基本因素分析法主要分析的就是供求关系，商品供求状况的变化与价格的变动是互相影响、互相制约的，同时二者又是动态变化的。商品价格与供给负相关，与需求正相关：供给增加，价格下降；供给减少，价格上升；需求增加，价格上升；需求减少，价格下降。金融市场中，期货价格不仅受商品供求状况的影响，而且还受其他许多非供求因素的影响。这些非供求因素包括：金融货币因素、政治因素、政策因素、投机因素、心理预期等。因此，期货价格走势基本因素分析需要综合地考虑这些因素的影响。

首先，我们先看一看供给因素。供给是指在一定时间、一定地点和某一价格水平下，生产者或卖者愿意并可能提供的某种商品或劳务的数量。决定聚氯乙烯供给的主要因素有：聚氯乙烯的产能、聚氯乙烯装置检修或重新开工的费用、聚氯乙烯的生产成本（聚氯乙烯企业的生产利润）、气候与交通运输等。聚氯乙烯商品市场的供给量主要由期初库存量、本期产量和本期进口量三部分构成。

期初库存量是指上年度或上季度积存下来可供社会继续消费的商品实物量。对于聚氯乙烯商品而言，期初库存量主要包括生产商库存和贸易商库存。这两种库存可根据价格变化随时进入市场转变为供给，可视为市场商品可供量的实际组成部分。截至 2008 年，我国共有聚氯乙烯生产企业 100 多家，由于统计众多，实际操作上对所有企业的期初库存量进行统计是非常困难的。另外，由于一年四季聚氯乙烯生产比较平均化，不像粮食等农作物有集中的产出期，相对农产品期货的分析，聚氯乙烯的期初库存量重要性要小些。

本期产量是指本年度或本季度的商品生产量。它是市场商品供给量的主体，其影响因素也甚为复杂。短期内，聚氯乙烯产量主要受生产能力的制约和生产成本的影响。聚氯乙烯生产企业可以通过调高或降低装置开工率来调节企业的产量，调节装置开工率的依据主要是聚氯乙烯的生产成本和生产利润。当聚氯乙烯生产利润可观时，生产企业有动力提高装置开工率甚至满负荷开工以期将企业利润最大化。当聚氯乙烯价格跌破生产成本时，生产企业就会降低开工率甚至会完全停产，以降低利润损失。目前，已有不少计算公式可以对聚氯乙烯的生产成本进行估算，可以将聚氯乙烯现货价格与估算出来的生产成本之差看作大致的聚氯乙烯生产利润，从而推测聚氯乙烯的产量趋势和供给趋势。当然，不同地区生产企业的生产成本是不一样的，但对不同地区的企业分别进行估算，劳动量过大，我们可以统一用消费地的现货价格与消费地的生产成本来估测聚氯乙烯的生产利润。

影响聚氯乙烯供给的还有本期进口量，进口聚氯乙烯是对国内生产量的补充，通常会随着国内市场供求平衡状况的变化而变化。同时，进口量还会受到国际国内市场价格差、汇率、国家进出口政策以及国际政治因素的影响而变化。尤其是进出口政策这一块对聚氯乙烯的进出口影响很大，值得关注。相对于国内庞大的聚氯乙烯产能及产量而言，通常聚氯乙烯的进口所占比重很小。

下面，我们探讨一下聚氯乙烯的需求因素。商品市场的需求量是指在一定时间、一定地点和某一价格水平下，消费者对某一商品所愿意并有能力购买数量。决定一种商品需求的因素主要有：商品的价格、消费者的收入、消费者的偏好、相关商品价格的变化、消费者预期的影响等等。某种商品市场的需求量通常由国内消费量、出口量和期末商品结存量三部分构成。

国内消费量主要受消费者的收入水平或购买能力、消费者人数、消费结构变化、商品新用途发现、替代品的价格及获取的方便程度等因素的影响，这些因素变化对期货商品需求及价格的影响往往大于对现货市场的影响。国内聚氯乙烯消费主体主要由塑料加工商构成，并由加工商加工成管材、型材、塑料玩具、电缆等，最终销售给房地产开发商、市政以及普通居民消费者。由于聚氯乙烯消费中的房地产所占份额最大，房地产状况就成了预测聚氯乙烯消费的主要指标之一了。

出口量是本国生产和加工的商品销往国外市场的数量，它是影响国内需求总量的重要因素之一。分析其变化应综合考虑影响出口的各种因素的变化情况，如国际、国内市场供求状况，内销和外销价格比，本国出口政策和进口国进口政策变化，关税和汇率变化等。其实，由于中国是全球最大的聚氯乙烯消费和产地，其出口量和进口量与产量相比较小，但出口量和进口量的动态趋势对价格的影响不容忽视。

期末库存量就年底的商品库存量。一方面，它是商品需求的组成部分，主要是下游加工企业存货；另一方面，它又在一定程度上起着平衡短期供求的作用，主要是指生产企业和贸易商被迫将一部分销售困难的聚氯乙烯产品转化为库存。当本期商品供不应求时，期末结存将会减少；反之就会增加。因此，期末库存可以反映出聚氯乙烯的供需格局，而且短期库存量也是影响聚氯乙烯价格走势的重要因素。尽管聚氯乙烯库存统计困难，但是投资者仍然可以通过观察大连商品交易所指定的交割库的聚氯乙烯存货来推测现货市场聚氯乙烯库存。当然，交割库库存对聚氯乙烯期货价格有直接影响。库存较大往往会压制期货价格上行或者助跌期货价格，反之，会助长期货价格上行。

第三章中已经提到长周期看聚氯乙烯价格波动通常与经济波动周期紧密相关。由于我国聚氯乙烯期货市场和现货市场都与国际市场紧密相联，尤其是在全球化的今天，期货市场价格波动不仅受国内经济波动周期的影响，而且还受世界经济的景气状况影响。经济周期一般由复苏、繁荣、衰退和萧条四个阶段构成。复苏阶段开始时是前一周期的最低点，产出和价格均处于最低水平。随着经济复苏，生产恢复和需求增长，价格也开始逐步回升。繁荣阶段是经济周期的高峰阶段，由于投资需求和消费需求的不断扩张超过了产出的增长，刺激价格迅速上涨到较高水平。衰退阶段出现在经济周期高峰过去后，经济开始滑坡，由于需求的萎缩，供给大大超过需求，价格迅速下跌。萧条阶段是经济周期的谷底，供给和需求均处于较低水平，价格停止下跌，持续低迷。在整个经济周期演化过程中，价格波动略滞后于经济波动。认真观测和分析经济周期的阶段和特点，对于正确地把握商品大势具有重要意义，也是中长线趋势交易者必备的功课之一。通常经济周期阶段可由一些主要经济指标来判断，如季度 GDP 增长率、失业率、制造业采购经理人指数等。

商品期货交易与金融货币市场有着紧密的联系。利率的高低、汇率的变动都直接影响商品期货价格变动。

利率调整是政府紧缩或扩张经济的宏观调控手段。例如，2008 年为了刺激经济恢复，中国央行实施货币宽松化政策，不断调低利率、增加信贷。为了刺激经济复苏，欧洲和美国央行也都实施定量宽松的货币政策，纷纷将利率水平调低至历史最低水平。利率的降低、市场货币的增多也造成 2009 年国内外商品通胀预期增加，从而进一步推涨商品价格上涨。

汇率是本国货币与外国货币交换的比率，汇率主要影响商品的进出口。当本币贬值时，以本币表示的本国商品实际价格下跌，但以本国货币表示的外国商品价格将上升，此时通常会刺激本国商品出口，从增加商品需求。反之，会刺激同类商品的进口，从而增加该商品的供应。为了维护一个稳定的外贸环境，各国政府通常会将本币维持一个相对稳定的水平，也就是说，汇率通常是缓慢变化，因此对商品价格的影响也是一个缓慢的过程。当然，2008 年金融危机促使一些政府破产，从而导致该国货币大幅贬值的事件另当别论。

聚氯乙烯是一个受国家宏观政策影响较大的商品之一。关注聚氯乙烯期货价格就需要关注国家出台的一系列调控政策，包括电价调控、环保政策、反倾销政策、调控产能政策等。特殊时期也需要关注聚氯乙烯主产国或消费国的政治局势，因为可能会影响到聚氯乙烯的生产和消费。

自然因素主要是气候条件、地理变化和自然灾害等。聚氯乙烯主要产地在北方，主要消费在华南、华东，产销分离。交通运输状况往往成为影响聚氯乙烯短期价格的主要因素之一。

在期货市场中有大量的投机者以及市场跟风者，当价格看涨时，投机者会迅速买进合约，从而进一步推动期货价格的上涨。2009 年 7 月末 8 月初，聚氯乙烯的快速拉升就有投机的因素。反之，当价格看跌时，投机者会迅速卖空，从而促使期货价格进一步下跌。再有就是投资者心理因素，当人们对市场充满信心时，即使没有什么利好消息，价格也可能上涨；反之，当人们对市场缺乏信心时，价格往往表现疲弱。

八、期货交易为什么要注意资金管理？

炒期货成功的三要素之一就是投资者要有合理而正确的资金管理。对期货投资者而言，资金好比战士战场上的武器和子弹。期货市场中往往会出现一波行情看对了，也真金白银的投入战场了，但由于没有做好资金管理，期货账户爆仓了，最终竹篮打水一场空，倒在了曙光初现的黎明前。

小程是个年轻的股民，2007 年看着股市一派大好，就兴冲冲拿着几万存款入了股市，经过一两年股市搏杀小程在股市基本没有赚什么钱。一日，小程听说期货可以以小博大、双向投资后，认为期货市场中的机会更多，便在期货公司开了户。小程经过研究后认为，2009 年国内商品将在流动性（货币）充足、全球经济见底回升的大势下上涨。2009 年 5 月 25 日聚氯乙烯期货上市了，上市初期小程认为尽管国内聚氯乙烯基本面由于产能过剩而走势较弱，但相对其他商品偏低，有补涨机会。入金 5 万后，小程开始了期货生涯。2009 年 7 月 2 日小程以 6920 元/吨的成本买入了 10 手 V0911 合约，保证金为 10%。2009 年 7 月 28 日，大连聚氯乙烯强势向上突破，小程用浮盈来加仓，新加仓成本为 7280 元/吨，共加仓 5 手，此时小程的仓位已经接近 7 成，平均持仓成本提高至 7040 元/吨。2009 年 7 月 31 日，V0911 合约向上突破 7500 元/吨，按照头一天结算价计算，小程已经盈利了 2.78 万元了。尝到了重仓甜处的小程决定再次加仓，当天小程再次以 7650 元的成本加仓 5 手，至此小程的总仓位已经接近满仓了，并将持仓成本提高至 7190 元/吨一线。8 月 11 日，结算后小程共盈利 6.6 万元左右，资金达到 11.6 万元，短短一个多月，小程的收益率已经超过了 130%。小程对自己操作信心满满，8 月 12 日，小程再次利用前期盈利进行加仓，盘中小程的加仓成本为 8000 元/吨，共加仓 10 手。经过加仓小程的总持仓再次接近满仓，小程的总持仓成本提高至 7462 元/吨。期间，小程所在的期货公司有关人员多次提醒他要注意风险，并建议小程降低仓位，无奈被胜利和喜悦冲昏的头脑的小程根本就听不进去任何劝解，并认为投机就是为了赚钱，而重仓则可以最大程度的利用资金。2009 年 8 月 13 日，结算显示小程期货账户中的总资金为 11.4 万元，2009 年 8 月 14 日，聚氯乙烯期货暴跌，小程盘中穿仓严重，与小程商量后期货公司依照要求将小程持仓按照 7650 元/吨的成本强减了 10 手，并规劝小程将持仓仓位降低。小程心中实在不甘，并认为这只是一次短期调整，聚氯乙烯马上还会继续上涨，继续持有剩下的 20 手 V0911 合约，当日结算小程期货账户中的总资金为 8.6 万元左右。2009 年 8 月 17 日，聚氯乙烯期货再次跳空暴跌，小程仍然拒绝减仓。2009 年 8 月 18 日，聚氯乙烯期货下跌，期货公司按照交易规则再次将小程聚氯乙烯期货头寸强平 4 手，平仓成本为 7260 元/吨，至此小程聚氯乙烯 V0911 合约持仓还有 16 手，当日结算小程保证金账户资金为 7.1 万元左右。2009 年 8 月 19 日，小程因聚氯乙烯期货暴跌头寸再次被强平 6 手，平仓成本为 7020 元/吨，至此小程总持仓降为 10 手，当日结算账户资金也锐减为 4.5 万元。聚氯乙烯期货持续下跌，期间没有像样反弹，2009 年 9 月 2 日，聚氯乙烯期货继续下跌，小程的头寸以 6850 元/吨成本强减了 6 手最后被削减为 4 手，当日结算后小程的账户资金已经变为了 1.6 万元。看着短短几周，账户就由 8.6 万元降低到 1.6 万元，小程直后悔当初自己太贪心，没有及时止盈，固化盈利，但小程觉得现在再止损，实在划不来，不如持仓观望等待反弹。结果，市场的走势往往和投资者的期望相反，经过短期弱势盘整后，2009 年 9 月 14 日聚氯乙烯期货跳空低开，因为盘中穿仓的原因，也就是保证金不足，小程的头寸全部被以6700元/吨的成本强制平仓，强制平仓后小程的期货账户资金只有千元左右。小程的例子告诉我们，期货不是股票。如果基本面向好，股票被套后可以长期持有等待解套，但是期货由于实施每天结算、逐日盯盘制度，如果仓位过重或行情波动较大时，期货头寸往往等不到解套就会被强制平仓，从而失去头寸，因此，进行期货操作一定要做好止损止盈，做好资金管理。

期市里有句话：“不怕错，只怕拖”。捂股是很正常的，捂期货就万万不能了。由于没有保证金杠杆，通常股票买入后可以一直持有。但期货合约都有到期日，到期就要摘牌，而且期货是保证金交易且每日结算，因此买卖期货不能像买卖股票一样，交易后就不管，必须注意合约到期日以及账户的保证金变化，以决定是提前了结头寸，还是等待合约到期。期货市场中的每个人都不是神仙，不可能次次行情判断正确，操作正确，因此发现与市场不一致时，到了自己的止损点，一定要立即执行止损。期货市场中强调“勤止损、慢止盈”，强调出现错误时，要及时纠错。经验表明，期货交易最重要的就是要养成第一时间进行“止损”的好习惯。第一时间止损的好处是：即使出现不利于你的突变情况，你已在第一时间止损了，千万不可犹豫不决，以致头寸最后被强平或爆仓。

过于强调运气，把期市看成是赌场，这反映了很多初学者的浮躁心态，和对期货市场的错误认识。投资者没有完全退出期货市场前，即使盈利了可能也仅是纸上富贵。聚氯乙烯投资者要想获得持久的盈利，首先需要熟悉聚氯乙烯的基本面状况以及主要影响因素，把握聚氯乙烯的行情走势特点，接下来投资者就可以认真分析各种影响因素，留意行情变化规律，研究一套能够适合自己的稳健投资策略。

要做好期货交易一定要做好资金管理。资金管理不仅包括前面提到的止损止盈还包括仓位的控制，如前文提到的：长线操作仓位一般在30%左右，短线可以略高，提升至50%左右。另外，最好是顺势操作，在盈利且市场突破后才可以加仓，加仓后的总仓位仍然不可过重。

期货网上交易需注意保密安全

小刘平时上班，没时间去期货营业部交易，而且公司附近也没有期货公司或者期货营业部，进行期货交易非常不方便，因此尽管小刘想炒期货却一直没有开户。一日期货公司的业务人员提醒他，参与期货网上交易很方便，就像现在可以网上炒股一样。于是小刘便在期货公司开了户，同时也在该期货公司网站下载有关交易行情软件，工作闲暇之余做几手聚氯乙烯期货，调剂调剂工作。小刘逢人就说：期货网上交易真方便，工作赚钱两不误。

期货网上交易与传统书面指令、电话自助委托相比，具有成交快、准确性高、不受地域限制、可实时获得咨询及多样化分析工具等各种优势。网上交易系统操作非常简单，即使初入门者，花几分钟时间学一学也能掌握，至于下载行情软件和交易软件，期货公司网站上就有；实在不懂，期货公司工作人员也会为您服务。至于使用也是一学就

会，易如反掌。但是，也正是由于上述优点，投资者要特别注意不要掉以轻心下错单。

特别是新手交易，应该从小单量开始。期货行情变化很快，新手由于缺乏实战及应对各种情况的经验，一旦出现不利情况而不能及时处理，必将遭受重大损失，也会严重打击新手的交易信心。比如，常见的将平仓单下成了对锁；限价单和市价单搞混等。

另外，网络安全也是投资者必须注意的。小冯由于担心记不住自己网上交易的账号及密码，就把自己期货交易密码设置成888888，并将账号及密码记在自己的记事本上。小冯平时不注意保管自己的记事本，随处乱扔，还喜欢在网上到处下载免费软件、影视剧、网上购物等。一日，小冯下载安装一个内置木马程序的行情分析软件，结果被人盗用了期货账户，对其造成了不必要的损失。

总之，网上交易一方面要防止下单失误，一方面要小心要保护账户秘密。采用网上交易的期货交易者需要重视安全保密。安全保密极其重要，密码设置时尽量不要用生日、电话号码或过于简单易猜的数字。在互联网上进行期货交易，必须输入自己的账户及密码，一旦你的账户及密码被不怀好意的人知晓，风险就会随之而来。如果你的账户因密码泄露而被非法进入后交易，很可能给你带来无法挽回的损失。这就提醒投资者，不要轻易下载那些不明真相的软件，以免给电脑黑客有可乘之机。还有一个办法就是经常更改密码，确保不被他人知悉。

“市价指令”别乱按

小刘刚刚在期货公司开户进行期货交易。一天他在交易软件上看到除了“限价”指令外，还有一个“市价指令”，如果选择市价指令，就不用输入价格，可以快速成交。他觉得非常方便，于是不管什么情况下都使用市价指令。结果有一天，由于行情剧烈波动，小刘本想在7050/吨一线买入开仓聚氯乙烯01合约，但在小刘发出市价指令的同时，行情突然调整，结果小刘的市价指令成交价就成了当天最高价。不过，反过来市价成交对行情突变情况下，客户快速平仓是很有利的。市价指令是指按当时市场价格即刻成交的指令。这种指令的特点是成交速度快，一旦指令下达后不可更改或撤销。快倒是快了，但是也蕴藏了不小的风险。特别对于容易粗心大意的投资者来说，在行情剧烈波动时，投资者应当谨慎使用市价指令，以免造成不必要的损失。

此外，我们也发现一些粗心大意投资者平仓时，仅注意了买卖的方向，而没有注意操作选择“开”或“平”，本来是要平仓的，最后却又反方向开了新仓，最终变成了“锁仓”，无端地占用了保证金。

九、聚氯乙烯跨期套利具体如何操作?

PVC 跨期套利是针对聚氯乙烯期货不同月份合约之间的价差来进行的操作一种交易。本质上跨期套利也是一种投机，但由于跨期套利同时在两个合约上建立相反头寸，利用两个合约的价差来获利，价差的波动幅度要小于价格波动幅度，因而通常跨期套利的风险要小于投机风险。由于一般不涉及交割，跨期套利既适合机构客户操作也适合普通客户操作。考虑到普通投资者相对接触和参与跨期套利较多，因此将跨期套利的操作放入本章讲述。理论上跨期套利的价差一般包括不同月份合约交割时间差期间的仓储费、资金利息、交易交割费用和增值税等。当不同月份合约之间的实际价差大于或小于理论价差的时候，就会出现跨期套利机会。

接下来，我们具体了解一下投资者进行的 PVC 期货买低卖高，跨期 2 个月的套利成本，假设投资者在 2009 年 11 月初买入 V1001 合约，买入价 6740元/吨；卖出 V1003 合约，卖出价格为 6930 元/吨。

不考虑聚氯乙烯 20 元/吨入库申报定金等零星短期资金占用，以及企业所得税成本。交易过程为：建仓—持仓至近月交割—持有仓单和远期空单—交割。费用构成：仓储费用 + 交割费用 + 交易费用 + 增值税；因各阶段保证金比例不同，且逐步提高，加之盘面上的浮动盈亏，我们按 15% 的保证金来计算这部分成本。

表 7－1 聚氯乙烯跨期套利

期货买入价 =	6740 元/吨	
期货卖出价 =	6930 元/吨	
仓单仓储费	60 元/吨	1元/（吨·天），以 60 天计
交割手续费用	4 元/吨	买入 V0909，卖出 V0911 两次交割
交易费用	4.8 元/吨	(12 ×2) 元/手
增值税	27.6 元/吨	(期货卖出价 - 期货买入价) ×17%/ (1 + 17%)。本例中交割结算价按卖出价计算
融资成本	60.2 元/吨	(期货买入价 + 仓单仓储费) ×2 × 月利率，月利率 = (5.31%/12)
保证金成本	27.3 元/吨	保证金按双边计算，平均比率 15% 计算，近月持有 2 个月远月持有 4 个月 (8.9 + 18.4) 元
总费用	183.9 元/吨	

原则上，从成本上来说，当 V1003 合约与 V1001 合约之间的价差大于 183.9 元/吨时，可以进行买近卖远的正向跨期套利操作；当 V1003 合约与 V1001 合约之间的价差小于 183.9 元/吨时，可以进行买远卖近的反向跨期套利操作。跨期套利有两种结束方式：如果合约差价按预期缩小或扩大，则直接在期货市场中将两合约平仓了结，实现目标利润；如果两合约之间的价差没有如期缩小或扩大，则可通过两次实物交割完成交易，实现套利利润。需要注意的是，普通投资者无法进行交割，故只能以第一种方式结束，这也就意味着对普通投资者而言，跨期套利也存在一定风险；对于机构投资者，由于可以进行交割，因而可以以两种方式结束跨期套利，风险相对普通投资者下降很多。

跨期套利相对于投机而言，机会较少，尤其是对于上市比较久，运作比较成熟的期货品中。跨期套利的机会需要投资者去扑捉，这种机会并非时时出现。另外，对于普通投资者，进行跨期套利时要充分考虑期货合约的流动性，尽量避免选择流动性不活跃的合约进行套利，以免建仓或平仓时不能获得合适的价差，或仅有一个合约成交。所幸，现在大连商品交易所已经针对大连商品交易所上市品种研制出了跨期套利和跨品种套利软件，解决了套利两个合约下单无法同时成交的问题。

跨期套利的成功与否，除了价差是否合理外，往往还要看时机选择是否恰当。牛市中，较近月合约的价格上涨幅度往往要大约较远月合约的上涨幅度，这种情况下，进行买近卖远跨期套利获利可能性比较大；熊市中，较近月份合约的下降幅度往往要大于较远期合约价格的下降幅度，因此进行买远卖近的反向套利操作。需要注意的是：当远月合约与近月合约的价差为正时，牛市中进行正向跨期套利损失相对有限而获利潜力巨大；进行反向套利时，当近月合约价格已经相当低时，进行反向套利获利的难度比较大。

最后，进行 PVC 跨期套利时，需要注意以下有关事项：要充分考虑到利用法人户进行交割时，对方的信用状况；要制定好市场出现极端风险交易所强行平仓时应对的措施；融资交易时，利率提高时对套利效果的显著影响；对于融资交易来讲，两合约跨期时间越长，成本越高；避免交接货的交易策略，价差缩小至测算的总成本点可选择减半仓，继续缩小可继续持仓；为加快资金周转效率，仓单注册后可采用质押给交易所充抵交易保证金或质押给银行。

十、PVC与LLDPE以及PTA之间能够进行跨品种套利吗?

在期现套利、跨期套利以及跨市套利交易策略中，组合内的不同期货合约、商品间具有相对确定的因果关系，可以在不考虑交易成本的前提下，得出无套利均衡时资产价格间的等式，而跨品种套利策略中的期货合约或商品间却只具备一定程度的相关关系。

接下来，我们将对PVC与LLDPE和PTA套利进行可行性分析。前文提到跨品种套利指的是利用两个不同的、相关性较强的期货品种之间的价差进行交易，这两个期货品种之间具有相互替代性或受同一供求因素制约。这句话包含两层意思：一是两个期货品种之间的价格走势有强有弱，从而可以利用两者间的价差交易获利；二是两个期货品种之间必须具备相关性。首先我们要看看PVC与LLDPE和PTA的相关性如何？从产业链来看，PVC的生产链条是：原油—石脑油—乙烯—PVC（乙烯法）；LLDPE的生产链条是：原油—石脑油—乙烯—LLDPE；PTA的生产链条是：原油—石脑油—PX—PTA。从整个生产过程来看，三者的相关性还是很强的，都要经过石脑油而后到达产成品，尤其是这三个期货品种的源头都是原油，这直接决定了三者之间必然具有相关性。此外，作为PTA的兄弟产品，MEG的走势对PTA影响也很大，而MEG的直接原料就是乙烯。因此，从这个角度来看，PTA与PVC的相关性是不可忽视的。

其次，从三个期货品种的用途来看，PVC主要用于管材、型材和薄膜等领域，LLDPE主要用于薄膜和注塑等领域，PTA则主要用于纺织行业。那么，从用途的角度来看，PVC和LLDPE在薄膜的使用上具有替代性，从而导致两者在需求影响因素方面具有相关性。而对于PVC与PTA而言，因为在PVC的生产过程中，需要用到烧碱，尤其是现在，PVC厂家在生产PVC时，烧碱的平衡作用是其需要考虑的一个重要因素，而烧碱的用途非常广泛，用于造纸、纺织、印染化纤、氧化铝等领域。因此，从这个角度说，PVC与PTA也具有一定的相关性。

最后，通过对三个期货品种的生产、需求方面的探讨，我们知道，就整个产业链而言，三个品种的相关性是比较强的，尤其是 PVC 与 LLDPE，两者的相关性更高些。

通过对 2005 年初至 2008 年年底的历史现货价格数据的分析，我们得到 PVC 与 LLDPE 的相关性达到 0.96，与 PTA 的相关性达到 0.90，这也正好验证了上面从产业链角度所进行的分析。为了研究不同阶段 PVC 与 LLDPE、PTA 的相关性，我们再将现货价格数据分为上涨和下跌两个阶段进行分析，结果表明，上涨阶段的相关性大于下跌阶段的相关性，而不管是上涨还是下跌，PVC 与 LLDPE 的相关性始终大于 PVC 与 PTA 的相关性，这也与 PVC 和 LLDPE 同属合成树脂，同为塑料原料，而 PTA 独属化纤原料相吻合。

通过对 PVC 与 LLDPE、PVC 与 PTA 的现货价格组合进行协整检验，结果显示，PVC 与 LLDPE、PTA 之间大致存在长期稳定的关系。之所以这样说，是因为一方面，从产业链角度我们对其进行了分析，结果表明三者之间是有相关性的；另一方面，由于影响各品种的关键因素在不同时候可能是不同的。因此，这种稳定的关系时而牢固、时而脆弱，但总的来说，通过协整检验，三者之间还是存在协整关系的。

最后，一个期货品种的流动性将直接决定这个品种是否适合和其他品种进行跨品种套利，以及在实际套利操作过程中面临的对冲成本。一个品种越成熟，流动性越充裕，套利时面临的对冲成本越小；反之，则越大。而对冲成本的大小，将直接影响到套利的收益。

衡量一个期货品种的成熟程度，可以使用流动性这个参数，而流动性参数又可以用广度、深度和弹性三个指标来衡量。在这里，为了起到说明的作用，我们采取非常简单的两个指标来衡量流动性，即成交量和持仓量。PTA 和 LLDPE 分别于 2006 年 12 月 18 日和 2007 年 7 月 31 日上市，经过交易所和期货公司不断推广、市场培育以及品种自身特性和魅力，两化工品种市场日趋成熟。2009 年年初至 2009 年 11 月 3 日，PTA 的日均交易量与持仓量分别为 36.80 万手和 15.33 万手；LLDPE 的日均交易量与持仓量分别为 37.67 万手和 10.38 万手。有了前两个化工品种铺垫，PVC 期货自 2009 年 5 月 25 日上市以来就表现活跃，截至 2009 年 11 月 3 日，PVC 期货的日均交易量与持仓量分别为 20.38 万手和 12.19 万手。从三个品种上市以来的活跃度来看，三者之间进行跨品种套利是不存在问题的。

现在我们看看 PVC 与 LLDPE、PTA 之间如何套利。通常，跨品种套利需要考察两个品种之间的价差波动范围或者比价波动范围，如果价差或比价偏离常见的价差或比价中轴较多，即可考虑入市进行跨品种套利了。当然，考虑跨品种套利时，如果基本面也比较配合，就锦上添花了。首先，我们看看 PVC 与 LLDPE 的基本面状况：从供求因素来看，2009 年前后 LLDPE 的基本面强于 PVC。从前面的章节中，我们知道国内 PVC 面临着严重的供求矛盾，而国内 LLDPE 产能仍然无法完全满足国内需求，且产能主要掌握在中石化、中石油两大集团。从季节性来看，每年的秋季的 10 月、11 月，和春季的 2 月、3 月、4 月，LLDPE 消费会因农膜季节性需求而出现小旺季，LLDPE 表现较强。不过由于农膜在 LLDPE 消费中比例逐渐下降，近些年，LLDPE 的旺季季节越来越不明显了。由于建筑需求，每年的 7、8、9 月份是 PVC 的季节性消费旺季，此时往往是聚氯乙烯价格的年中高点，另外，每年 3 月份聚氯乙烯价格往往也会因环保检查等原因而上涨。因此，从基本面分析国庆节后的 10 月、11 月以及每年的 3、4 月份，塑料和聚氯乙烯价差扩大可能性较大，可以考虑季节性的跨品种套利。

最后，我们对 PTA 与 PVC 近些年的基本面进行一下比较：PTA 的终端需求主要是纺织业，聚氯乙烯的终端需求主要集中在房地产建材市场；2009 年前后尽管国内 PTA 产能仍然供不足需，但由于东亚地区是 PTA 产能集中地区，大量的进口也导致国内 PTA 供需格局处于供大于求的局面，聚氯乙烯同样处于供大于求的供需格局中；PTA 的生产比较分散，但相对于聚氯乙烯更为集中。总体上 PTA 与聚氯乙烯基本面比较类似，都比较偏弱。从季节性消费特点来看，每年的春季的 3、4 月和秋季的 9、10 月是 PTA 的消费旺季。因而，就基本面而言，每年的 10 月以及 4 月 PTA 与 PVC 价差扩大的可能性比较大，可以考虑季节性 PTA 与 PVC 的跨品种套利。

十一、PVC 与 LLDPE 以及 PTA 之间跨品种套利如何操作？

2009 年国庆前夕，期民老李仔细分析了 LLDPE 与 PVC 各自的基本面，认为尽管二者都在下跌，但节后 LLDPE 存在一定的刚性农膜需求，而聚氯乙烯需求则在节后逐渐转淡，加上 LLDPE 自身长期供需基本面要强于聚氯乙烯，因此认为节后塑料的走势将强于聚氯乙烯的走势。随后，老李考察了聚氯乙烯期货上市以来至国庆休市前夕，曾经的主力合约塑料 L0909 合约与聚氯乙烯 V0909 合约、L0911 合约与 V0911 合约，以及即将成为主力合约的 L1001 合约与 V1001 合约的价差和比价关系。研究发现，L0909 合约与 V0909 合约、L0911 合约与 V0911 合约这两组合约收盘价的价差高点分别是 4095 元/吨和 4230 元/吨，低点分别是 2835 元/吨和 2870 元/吨，塑料合约与聚氯乙烯合约的价差超过 90% 的概率分布在 3000 元至 4000 元/吨之间，当然上述数据也可以用塑料合约收盘价除以聚氯乙烯合约的收盘价即二者的比价来表示。考虑到流动性问题，老李决定观察 L1001 与 V1001 合约之间有无套利机会，因为主力逐渐向这两个合约移仓，日后这两个合约的流通性将逐渐充裕。2009 年 9 月 24 日老李注意到当天 L1001 合约与 V1001 合约收盘价价差跌破 3000 元/吨至 2960 元/吨，老李意识到套利机会正在降临。第二天，L1001 合约与 V1001 合约收盘价价差进一步收窄，盘中老李成功进行了买 L1001 空 V1001 的套利下单，建仓价差成本在 2910 元/吨。2009 年 10 月 23 日，盘中两个合约的价差扩大至 3900 元/吨一线，老李同时在两个合约平仓，平仓价差成本在 3920 元/吨，至此，期民老李买一手 L1001 合约卖一手 V1001 合约的套利共赚了 5050 元。

同样，老王在聚氯乙烯期货上市前主要以投机 PTA 期货为主，聚氯乙烯上市后，老王也开始关注聚氯乙烯期货，并打算拿出一部分资金进行套利交易。老王也仔细研究了聚氯乙烯期货上市以来至 9 月中下旬期间，TA0909 合约与 V0909 合约、TA0911 合约与 V0911 合约以及 TA1001 合约与 V1001 合约的收盘价价差关系。结果表明期间 TA0909 合约与 V0909 合约价差的高点为 1076 元/吨，低点为 -318 元/吨；TA0911 合约与 V0911 合约价差的高点为 598 元/吨，低点为 -236 元/吨，其中两个合约价差超过 85% 的概率为正值。考虑到流动性问题以及国庆节后 PTA 需求仍处于消费旺季，而聚氯乙烯消费旺季结束，老王打算进行买 PTA 买 PVC 的跨品种套利。老王观察到 9 月中旬以来，TA1001 合约与 V1001 合约连续出现了负价差，而这种状况往往很难停留很久。2009 年 9 月 23 日当 TA1001 合约与 V1001 合约盘中价差再次为负时，老王及时分别下了一手买 TA1001 与卖 V1001 的套利单并分别成交，算上建仓成本，两个合约的价差为 -20 元/吨。2009 年 10 月 28 日，老王注意到两个合约的价差与前一天相比变化不大，加上价差已经靠近价差范围的上限，老王盘中同时将两手合约平仓结束套利，算上平仓成本结束套利时老王的价差为 620 元/吨，这样老王进行的买一手 TA1001 合约卖一手 V1001 合约的跨品种套利共获利 3200 元。

十二、套利交易就没有风险了吗？

小林刚进期货市场不久，就听说套利交易没有风险，而且还听说业内不少高手做投机发家后，就开始放弃投机只做套利了。小林觉得只做套利不做投机是一条安全而又快捷的致富之路。于是小林开始研究常见的套利，为了避免失去机会，只要价差一偏离正常价差，小林就介入进行跨期套利或者跨品种套利了。小林觉得既然套利无风险，为什么不充分利用资金多建几手单呢？于是小林做套利时一般是能做几手尽量做几手。结果，没过多久，小林的头寸就因为保证金不足而被强平光了。

其实，套利由于是追逐价差的波动，其操作风险明显小于纯粹投机的风险，但并不意味着完全无风险。而且对于种类的投资者，不同品种的套利其风险度不同。例如：对于机构投资者，由于可以进入交割阶段，除了保证金风险外，期现套利、跨市场套利和跨期套利基本上都可以提前锁定利润而风险很小。但对于普通投资者而言，由于无法进入交割环节，导致操作上期货市场少了一种退出方法而风险增加。另外，对于跨品种套利而言，由于与聚氯乙烯期货其他两个化工品种 PTA 和 LLDPE 进行跨品种套利的依据之一是：乙烯法聚氯乙烯与 LLDPE 和 PTA 均采用石油化工路线生产，但实际上我国的聚氯乙烯主要采用电石法生产，且受政策性因素影响较大，因此价差变动有时会与预期相反。另外，有时恰遇资金炒作或挤仓时，中短期也会出现价差变动不符合预期的情况。

从事套利，投资者必须熟悉所作期货套利的原理，并同时考虑到多种影响因素，如资金状况和基本面状况等。目前，大连商品交易所的套利保证金还是按照双边收，因此套利操作相对单纯投机占用资金较大。尽管套利被占用的保证金波动幅度一般较投机小，但是如果仓位过重以致后续保证金没有跟上，还是会影响到交易计划的。对于期货市场单方面持仓的套利，如期现套利和跨市场套利，由于期货市场中缺乏对冲，期货市场中的资金波动会更剧烈些，因此，进行套利交易也要做好资金管理才行。一般套利多以中线持仓为主，期间价差还是会有所波动，因此，尽管风险较低，但套利盘的总持仓一般不要超过资金的 50% 为佳，最大持仓以不超过总资金的 70% 为宜。另外，即使是套利，如果碰上炒作或者挤仓行情，价差与预期方向相反，且已经出现较大的偏差时，也可以将手中的部分套利单减仓或止损。如果以减仓方式降低风险，则最好将手中的套利单持仓减至不超过总资金的 70% 左右。

另外，除了期现套利或者跨市场套利外，期货市场上进行的跨期套利和跨品种套利必须同进同出，也就是开仓时同时买入或卖出，平仓时也要同时卖出或买入。现实中，经常碰到一些套利者将套利单变为投机单，也就是将自己认为不利的头寸先平了，只持有预期有利的头寸，这样投资者就由套利操作转为了投机操作，意味投资者的盈利空间可能放大，但同时风险也在放大。

联系方式变更要及时通知期货公司

小吕在期货公司开户做期货交易，指定联系方式只有手机号码。一天小吕的手机丢失，被迫更换了手机号码。小吕在 0703 合约开仓做多后，由于股市调整，期价下跌，小吕股指期货保证金账户可用资金不足。正逢小吕那几天工作忙，没时间上网到中国期货保证金监控中心网站查看自己的账户结算单，且更换手机号码未及时通知期货公司，期货公司通过电话方式发出的追加保证金通知小吕也接收不到，耽误了追加保证金的时间，强行平仓给小吕造成了不必要的损失。

打电话找不着人是期货公司最着急的。客户在期货公司开户合同预留的指定联系方式用于接收期货公司的各种通知，如果客户指定联系方式变更，应及时通知期货公司，保证自己指定联系方式有效性。同时客户开仓交易后，也可以随时通过中国期货保证金监控中心网站关注自己账户的情况。

自 测 题

一、单选题

1. 投资者开户一般在如下哪个机构开户？（　　）

A. 具有 IB 业务证券公司　　B. 期货公司

C. 投资咨询公司　　D. 交易所

2. 期货保证金由如下哪个机构监管？（　　）

A. 银行　　B. 期货公司

C. 中国期货保证金监控中心　　D. 中国证监会

3. 目前大连交易所对套利交易保证金收取实施什么方针？（　　）

A. 单边收取，以多者为基准　　B. 双边收取

C. 根据市场情况，进行打折　　D. 统一按照 10% 收取

4. 通常聚氯乙烯与 PTA 的套利被称作（　　）。

A. 互换　　B. 跨市套利

C. 跨品种套利　　D. 跨期套利

5. 跨期套利的风险相对投机风险小，是因为（　　）。

A. 跨期套利是价差交易　　B. 跨期套利的持仓相对投机低

C. 跨期套利单边收取保证金　　D. 跨期套利参与者众多

二、不定项选择题

1. 一般投资者进入期货市场，主要从事投机交易，那么进行投机交易常见的分析方法有（　　）。

A. 基本分析法　　B. 演绎法

C. 举证分析法　　D. 技术分析法

2. 以下哪些会员可以在期货交易所进行场内交易？（　　）

A. 期货公司　　B. 自营会员

C. 个人投资者　　D. 投资咨询公司

3. 普通投资者可以进行如下哪些交易？（　　）

A. 中长线投机交易　　B. 短线投机交易

C. 日内盯盘交易　　D. 跨期套利

4. 技术分析的基本元素有(　　)。

A. 价格　　B. 成交量

C. 均线系统　　D. 持仓量

5. 一般投资者可以参与的聚氯乙烯套利有(　　)。

A. 期现套利　　B. 跨期套利

C. 跨品种套利　　D. 跨市套利

三、判断题

1. 投机期货也要像炒股，一定要捂得住。　(　　)

2. 炒期货只要能对商品价格走势研判正确就可以赚钱了。　(　　)

3. 期货市场上，个人投资者除了可以投机外，也可以套利。　(　　)

4. 投资期货能否获利，除了行情判断正确，还需要合理资金管理以及成熟的交易心态等。

5. 套利交易风险很小，因此可以放心满仓交易。　(　　)

6. PVC 与 LLDPE 和 PTA 的跨品种套利相对于其跨期套利而言，风险具有不可控的特征。　(　　)

7. 目前，投资者也可以将期货账户委托期货公司进行投机管理。　(　　)

8. 投资者可以根据个人的资金状况以及投资习惯选择中长线交易或短线交易。　(　　)

9. 期货交易选择入场时机时，通常做多选择左手法则，做空选择右手法则。　(　　)

10. 与法人户相比，个人投资者不能进入交割阶段，因此进入交割月后个人投资者头寸将被强平。　(　　)

参考答案

一、单选题

1. B　2. C　3. B　4. C　5. A

二、不定项选择题

1. AD　2. AB　3. ABCD　4. ABD　5. BC

三、判断题

1. 错　2. 错　3. 对　4. 对　5. 错　6. 对　7. 错
8. 对　9. 对　10. 对

后　记

本书是以期货投资者为主要服务对象而编写的一本普及性读物。同时，本书也特别针对各类不同机构投资者如何根据自身经营需求，尤其是在套期保值、套利和资产组合管理方面，提供了不少值得借鉴的应用案例。因此，本书也供期货从业人员和企业投资决策者参考。

本书作为一本期货投资者教育普及性读物，遵循基础性、通俗性、实用性、规范性的原则，避免累述深奥的期货理论，从实际案例入手，通过浅显易懂的语言，针对聚氯乙烯（PVC）的生产、经营、消费等各个环节的具体情况，着重介绍实体企业和普通投资者如何通过期货市场的独特功能来实现规避价格风险、创新经营模式、投资增益增效的基本思路和操作原理。同时，本书结合聚氯乙烯行业的特点，从供求关系入手，详细介绍了影响聚氯乙烯期货市场的各方面因素，为投资者提供参考。

与证券、债券等金融工具相比，期货作为风险管理工具，专业性强，杠杆率高，风险大，这在客观上要求投资者具备一定的专业投资知识、经济实力以及风险承受能力。“期市有风险，入市需谨慎”，本书由于篇幅限制，无法尽述相关实体企业及投资者在期货市场上可能面临的所有具体情况，不管是实体企业还是普通投资者，参与到期货市场中，都务必结合自身需求，制定科学合理的交易策略。企业参与套保要避免变成投机，普通投资者要严格评估自身能力，尽可能地熟悉并掌握交易品种的市场特点及操作技巧，并严格控制交易规模，避免遭受不必要的损失。

作为《期货投资者教育系列丛书》之一，本书由中国期货业协会组织编写，广发期货有限公司蒋婵杰、程伟、李晨铭、曹晓军、李冰、付阳、陈震址同志承担了本书的编写任务，浙江省永安期货经纪有限公司匡波同志对本书书稿进行审阅并提出了宝贵建议。本书在编写过程中还得到了中国证监会投资者教育办公室、期货二部，大连商品交易所广州服务部和广发期货有限公司领导的指导和帮助，在此表示衷心的感谢。书中的错误之处，敬请批评指正。

中国期货业协会
《期货投资者教育系列丛书》编委会
2010 年 11 月 22 日